Die einheitliche kapitalmarktrechtliche Prospekthaftungstheorie

Europäische Hochschulschriften

Publications Universitaires Européennes
European University Studies

Reihe II
Rechtswissenschaft

Série II Series II
Droit
Law

Bd./Vol. 4184

PETER LANG
Frankfurt am Main · Berlin · Bern · Bruxelles · New York · Oxford · Wien

Bernd Ochs

Die einheitliche kapitalmarktrechtliche Prospekthaftungstheorie

PETER LANG
Europäischer Verlag der Wissenschaften

Bibliografische Information Der Deutschen Bibliothek
Die Deutsche Bibliothek verzeichnet diese Publikation in der Deutschen Nationalbibliografie; detaillierte bibliografische Daten sind im Internet über <http://dnb.ddb.de> abrufbar.

Zugl.: Saarbrücken, Univ., Diss., 2004

D 291
ISSN 0531-7312
ISBN 3-631-53580-5

www.peterlang.de

Meiner Familie gewidmet, insbesondere meinen Eltern Barbara Ikas und Peter Ochs, die mich stets unterstützt haben. Mein besonderer Dank gilt meiner Tante Traudel Ikas.

Inhaltsverzeichnis

Kapitel 1: EINLEITUNG

I. EINFÜHRUNG UND GANG DER UNTERSUCHUNG

Über viele Jahrzehnte hinweg war die Entwicklung des Kapitalmarktes in Deutschland allein durch die Anlageform der Aktie und das hinzugehörende Vertriebsmedium der Börse geprägt. Zum Schutze des Anlegers wurden durch den Gesetzgeber umfassend geregelte Verhaltenspflichten für die Emittenten sowie ein sich ständig erneuerndes Institut der spezialgesetzlichen Prospekthaftung herausgebildet.

Das vorhandene Kapital in Deutschland drängte mit der Zeit jedoch zunehmend auch in andere Anlageformen, wobei solche Gründe wie mehr Rendite und besondere steuerliche Vorteile entscheidendend dafür waren. Es entwickelte sich neben dem Bereich des organisierten Kapitalmarktes ein eigenständiges, nichtorganisiertes Marktsegment, der sog. „Graue Kapitalmarkt". Die Rechtsprechung griff zum Schutze der Anleger die vom Gesetzgeber für den Bereich des „Grauen Kapitalmarktes" versäumte Verantwortung auf und schuf hierfür nach allgemeinen zivilrechtlichen Grundsätzen ein eigenständiges Haftungsinstitut, um den Vertrieb von unrichtigen oder unvollständigen Prospekten entsprechend zu sanktionieren, also gleichsam eine allgemein – zivilrechtliche Prospekthaftung. Was früher noch als unseriös, dubios und risikoträchtig dargestellt wurde, ist mittlerweile zu einem bedeutenden und finanzstarken Segment des deutschen Kapitalmarktes gereift. Obschon die Entwicklung der allgemein-zivilrechtlichen Prospekthaftung im Ergebnis allseits begrüßt wurde, erfuhr sie massive Kritik durch die Rechtswissenschaft, welche vor allem auf die Beanstandung einer schlüssigen dogmatischen Konzeption zielte. Es wurden verschiedene Lösungsansätze zur Erfassung der allgemein-zivilrechtlichen Prospekthaftung entwickelt, die dogmatisch einerseits in der Rechtsgeschäftslehre, andererseits im Deliktsrecht und daneben auch „zwischen Vertrag und Delikt stehend" wurzelten. Die rechtswissenschaftlichen Begründungen der allgemein-zivilrechtlichen Prospekthaftung gingen hierbei weitgehend von einer isolierten Betrachtung der Prospekthaftung des „Grauen Kapitalmarktes" aus.

Indes geht es lediglich oberflächlich betrachtet um die Frage der dogmatischen Konzeption allein der allgemein-zivilrechtlichen Prospekthaftung. Eine Gesamtschau der Problematik der Haftung für primäre Vermögensschäden, welche im Bereich der Prospekthaftung durch den Vertrieb von unrichtigen und unvollständigen Prospekten entsteht, entfernt sich von einer isolierten Betrachtung der verschiedenen Haftungsbereiche und nimmt Gemeinsamkeiten, Parallelen, mithin einen Gedanken der einheitlichen dogmatischen Haftungskonzeption der Prospekthaftung auf.

Forderungen nach mehr Organisation, struktureller Einbindung und damit einhergehend einer rechtlichen und institutionellen Erfassung des „Grauen Marktes“ werfen zwangsläufig die Frage nach einer einheitlichen Rechtsgrundlage für den Schutz des Anlegers und somit für die Prospekthaftung auf. Mit vorliegender Ausarbeitung sollen die Notwendigkeiten und Voraussetzungen einer einheitlichen kapitalmarktrechtlichen Prospekthaftungstheorie aufgezeigt werden. Dabei ist die Ermittlung der zugrunde liegenden dogmatischen Grundlagen ebenso wichtig, wie die methodisch schlüssige Gewinnung eines einheitlichen Haftungsansatzes.

Zielsetzung der einheitlichen Prospekthaftungstheorie ist es, eine gesamtkapitalmarktübergreifende vertrauenstheoretische Haftungsgrundlage zu entwickeln. Damit einhergehend soll eine Harmonisierung der Prospekthaftung im Rahmen allgemein-zivilrechtlicher Regeln erfolgen. Hierdurch wird der bisherigen sonderprivatrechtlichen Stellung der Prospekthaftung entgegengetreten, indem diese mit allgemein-zivilrechtlichen Regeln zusammengeführt und gelöst wird. Dies führt dazu, dass sich die Problematik der Prospekthaftung entgegen der gegenwärtigen Situation insgesamt in einen allgemeinen Zusammenhang der Rechtsdogmatik einfügt. Durch die dogmatische Verankerung in dem Institut der Vertrauenshaftung, als wesentlichem Bestandteil der Theorie, wird schließlich auch ein Beitrag zur wichtigen Abgrenzung der Haftungsdisziplinen „vertragliche Haftung - Vertrauenshaftung - deliktische Haftung“ erzielt.

Im Gegensatz zur allgemein-zivilrechtlichen Prospekthaftung hat der Gesetzgeber für die spezialgesetzliche Prospekthaftung ein detailliertes Haftungskonzept entwickelt. Dies hat mit dazu beigetragen, dass es im Bereich des „Grauen Kapitalmarktes“ zu strukturellen Schwächen und Unzulänglichkeiten gekommen ist. Die Lösung der Rechtsprechung, eine Haftung generell durch „eine Weiterführung des Grundgedankens einer Vertrauenshaftung“[1] zu begründen, ohne eine tragfähige dogmatische Grundlage hierfür jemals präsentiert zu haben, aber auch die Lösung der Problematik anhand von sich weiter entwickelnden Fallgruppen, ohne eine dahinter stehende Systematik dargetan zu haben, kann strukturelle Probleme des nichtorganisierten Kapitalmarktes nicht beseitigen. Diese Art der Problemlösung leidet stets an der für diesen Bereich des Schutzes von Vermögensinteressen notwendigen Vorhersehbarkeit der Verantwortlichkeit und Haftung. Gleichermaßen fehlen die erforderlichen dogmatischen Grundlagen, um neu entstehende Probleme des Haftungsrechts unter Wahrung einer gewissen Stringenz zu bewältigen. Diese mangelhafte Struktur im bestehenden Haftungsrecht des „Grauen Kapitalmarktes“ trägt nicht zu dessen Stärkung bei. Hierbei ist zu vergegenwärtigen, dass gerade auch das Segment des „Grauen Kapital-

[1] So in: BGH NJW 1981, 1449 ff.

marktes“ ein finanzstarkes ist und insofern sowohl rechts- als auch wirtschaftspolitisch interessant und strukturell nicht vernachlässigt werden darf.[2]

Der Bereich des Haftungsrechts ist ein zentrales strukturelles und institutionelles Element des „Grauen Kapitalmarktes“. Eine klare institutionelle Haftungsregelung sanktioniert nicht nur, sie erzeugt auch Prävention. Die Stärkung eines derartigen Kernbereiches des „Grauen Kapitalmarktes“ auf institutioneller Ebene ist mithin dringend notwendig.

Der Gedanke des einheitlichen Schutzes der Anleger im Bereich des organisierten und nichtorganisierten Kapitalmarktes ist, von verschiedenen Standpunkten aus beleuchtet, sowohl ein Argument zur Begründung der Notwendigkeit einer einheitlichen Haftungstheorie als auch eine Voraussetzung und Grundlage derselben. Teilweise werden hinsichtlich der Qualität des Anlegerschutzes Unterschiede zwischen organisiertem und nichtorganisiertem Kapitalmarkt gesehen, was vor allem in der gesteigerten „Selbstgefährdung“ der Anleger im Bereich von Risikokapitalanlagen liege.[3] Diese Gedanken betreffen vordringlich die Voraussetzungen und Grundlagen der einheitlichen Prospekthafungstheorie. Hinsichtlich der „Notwendigkeit“ geht es um das Postulat des einheitlichen Anlegerschutzes, welches im Kontext mit der vorstehend erörterten strukturellen Angleichung von organisiertem und nichtorganisiertem Kapitalmarkt sowie der dahinter stehenden Erkenntnis der Förderung eines „Gesamtkapitalmarktes“[4] steht. Gerade für die Realisierung struktureller Reformen, ausgerichtet auf einen homogenen Gesamtkapitalmarkt, muss auch hinsichtlich des anzustrebenden Anlegerschutzes bereichsübergreifend gedacht werden. Das hehre Postulat der Markthomogenität kann jedoch nur über einen homogenen, d.h. einheitlichen, Anlegerschutz verwirklicht werden.

Eine weitere wichtige Zielsetzung der einheitlichen Haftungstheorie ist die Schaffung von Vertrauen in den Markt in seiner Gesamtheit, oder mit anderen Worten, die Erhaltung der Funktionsfähigkeit des Marktes in seiner Gesamtheit. Gerade unter dem Aspekt Funktionsfähigkeit des Marktes spielt das Phänomen „Vertrauen“ eine entscheidende Rolle. Zur Verdeutlichung des Zusammenhangs zwischen dem Erhalt und der Steigerung der Funktionsfähigkeit des Kapitalmarktes und dem Vertrauen ist es hilfreich, sich die grundlegende Forderung an einen idealen Kapitalmarkt vor Augen zu führen: durch die weitgehend personelle Trennung von geldanlegenden Sparern und unternehmerischen Investo-

---

[2] Interessant ist es hierbei, sich alleine die Schäden vor Augen zu führen, die aufgrund struktureller Missstände im Rahmen des „Grauen Kapitalmarktes“ entstehen: vgl. den Bericht der Bundesregierung zum „Grauen Kapitalmarkt“, BT - Drucks. 14/1633 vom 17.09.1999

[3] Vgl. *Köndgen*, AG 1983, 85, 87; *Kübler*, ZHR 145 (1981), 204, 211 ff.; *ders.*, in: Festschrift für Coing, 1982, Bd. II, 193, 203 f.

[4] *Kohl/Kübler/Walz/Wüstrich*, ZHR 145 (1981), S. 13

ren bedarf es eines Mechanismus, der das Kapital von den Sparern sammelt und es den Investoren zur Verfügung stellt. Wenn dieser Mechanismus als Markt mit dezentralisierter Entscheidungsstruktur ausgestaltet ist, muss er marktrationalen Effizienzbedingungen genügen: er muss ein Minimum an institutionellen Sicherungen enthalten, ohne das kein, oder nicht genügend, Anleger ihr übriges Einkommen zur Verfügung stellen würden.[5] Damit schließlich überhaupt Anlagekapital bereitgestellt wird, ist das Vertrauen der Anleger in den Markt ein wichtiges Regelungsziel.[6] Ein solches Vertrauen kann sich aus entsprechenden institutionellen Sicherungen ergeben. Dies setzt voraus, dass hierbei ein qualifiziertes Maß an Transparenz und Abwägbarkeit vorhanden ist. Ein einheitliches Haftungssystem trägt diesen Anforderungen an die Funktionsfähigkeit des Gesamtkapitalmarktes Rechnung. Eine Haftungstheorie, die sich von der kasuistischen Gestaltung durch die Rechtsprechung entfernt, dabei durch die Begründung eines einheitlichen, vertrauenstheoretischen Ansatzes die Brücke zwischen organisiertem und nichtorganisiertem Kapitalmarkt im Bereich des Haftungsrechts schlägt, schützt und erhält das Vertrauen der Anleger ebenso wie es neues Vertrauen erzeugt. Insbesondere dadurch, dass Klarheit und Transparenz über Grundlage, Inhalt und dogmatischen Fortgang der Haftung entstehen. Die Zusammenführung der Haftung im Rahmen eines Gesamtkapitalmarktes nimmt dem „Grauen Kapitalmarkt" gleichsam einen Teil dessen weg, weswegen er als „Grau" betitelt wurde: Undurchsichtigkeit und Unsicherheit. Die Anlehnung und Verbindung mit dem gesetzlich strukturierten Haftungsrecht des organisierten Kapitalmarktes schafft einen Wiedererkennungseffekt, der Sicherheit und dadurch auch Vertrauen schafft. Es ist einzusehen, dass damit noch längst nicht die letzte Hürde gegen die Beseitigung von Missständen des „Grauen Kapitalmarktes" genommen und nicht alles Misstrauen beseitigt ist. Doch ist es ein wichtiger erster Schritt zur Schaffung von mehr Vertrauen in den Kapitalmarkt.

Der eigentlichen Untersuchung nun vorausgehend findet in diesem **Kapitel 1** durch die Erläuterung des Begriffs „Kapitalmarktrecht" eine Abgrenzung des sachlichen, thematischen Anwendungsbereiches vorliegender Prospekthaftungstheorie statt.

Kapitel 2 liefert einen kurzen Abriss der historischen Entwicklung des Instituts der Prospekthaftung, wobei die Entstehung der Zweigleisigkeit von allgemein-zivilrechtlicher und spezialgesetzlicher Prospekthaftung in den Blickpunkt gerückt wird.

Kapitel 3 beginnt mit der eigentlichen dogmatischen Untersuchung der Grundlagen einer einheitlichen Prospekthaftungstheorie. Es erfolgt eine Darstellung der von der Rechtsprechung entwickelten allgemein-zivilrechtlichen Pros-

---

[5] *Kohl/Kübler/Walz/Wüstrich*, ZHR 145 (1981), S. 16

[6] *Assmann*, Entwicklungstendenzen der Prospekthaftung, WM 1983, 138, 142

pekthaftung. Dabei wird das dogmatische Konzept der Rechtsprechung einer Gegenüberstellung mit der Kritik und den alternativen Lösungsansätzen der rechtswissenschaftlichen Literatur unterzogen. Es wird aufgezeigt, dass das Problem der dogmatischen Erfassung der allgemein-zivilrechtlichen Prospekthaftung nicht sonderrechtlich vereinzelt ist, sondern grundlegend die Frage nach dem zivilrechtlichen Schutz von nichtvertraglichen, primären Vermögensschäden aufwirft. Daran schließt sich, gleichsam als Lösungsansatz für vorstehend aufgeworfene Frage, eine eingehende Betrachtung des Haftungsansatzes der Vertrauenshaftung an. In diesem Zusammenhang ist es von nachhaltiger Bedeutung, dass die Vertrauenshaftung als eine, dem zivilrechtlichen System bekannte, legitime „Dritte Spur" der Haftung zwischen Vertrag und Delikt eine grundsätzliche Anerkennung zu erfahren hat. Abschließend ist indes festzustellen, dass die Vertrauenshaftung, als dogmatisches Begründungsmodell der allgemein-zivilrechtlichen Prospekthaftung, aufgrund der Gefahr ihrer Manipulierbarkeit und der Ausweitung zu einer Generalklausel, nicht die Funktion einer unmittelbaren Anspruchsgrundlage übernehmen kann, sondern zumindest der Anlehnung an gesetzlich verfestigte Tatbestände bedarf.

In **Kapitel 4** erfolgt neben der inhaltlichen Darstellung und thematischen Abgrenzung der spezialgesetzlichen Prospekthaftung vor allem eine Untersuchung ihrer dogmatischen Grundlagen. Unter Ablehnung der rechtsgeschäftlichen und deliktsrechtlichen Einordnung der spezialgesetzlichen Prospekthaftung wird sie als vertrauenstheoretischer Haftungskomplex identifiziert. Damit wird zum einen die Erkenntnis gewonnen, dass die Prospekthaftung insgesamt auf der gleichen vertrauenstheoretischen Dogmatik beruht, und zum anderen, dass die spezialgesetzliche Prospekthaftung als Anknüpfungspunkt für die Begründung einer allgemein-zivilrechtlichen Prospekthaftungsgrundlage nutzbar gemacht werden kann.

Aus den gewonnenen Erkenntnissen wird in **Kapitel 5** eine einheitliche Prospekthaftungstheorie entwickelt, der eine kapitalmarktübergreifende Betrachtung zugrunde liegt. Die Notwendigkeit der einheitlichen Prospekthaftungstheorie wird anhand dogmatischer und struktureller Argumente, dem Gedanken eines einheitlichen Anlegerschutzes und der Forderung nach mehr Vertrauen in den Kapitalmarkt erläutert. Kernelement der Theorie ist der Gleichlauf von allgemein-zivilrechtlicher und spezialgesetzlicher Prospekthaftung hinsichtlich der sie in maßgeblicher Hinsicht bestimmenden Faktoren. Als solche erweisen sich die Elemente der zugrunde liegenden real - sozialen Wirklichkeit, die vertrauenstheoretische Dogmatik und die funktional - rechtlichen Elemente, wie z.B. die Bedeutung des Prospekts und die Qualität des Anlegerschutzes. Intendierte Anwendung der einheitlichen Prospekthaftungstheorie ist die der Prospekthaftung innewohnende Problematik der Haftung für den Vertrieb von Kapitalanlagen vermittels unrichtiger oder unvollständiger Prospekte, nebst der Lösung dieser Problematik mit Hilfe des vertrauenstheoretischen Haftungskonzepts. Eine konstruktive Haftungsgrundlage für die allgemein-zivilrechtliche Prospekthaftung wird im Wege der methodischen Rechtsgewinnung durch eine Rechtsanalogie zu den spezialgesetzlichen Vorschriften erschlossen. Dadurch ergibt sich gleichsam eine einheitliche Haftungsgrundlage für beide Segmente der Prospekthaftung.

Kapitel 6 befasst sich schließlich mit einem Konzept des lückenlosen und einheitlichen Anlegerschutzes, das auf der Basis der einheitlichen Prospekthaftungstheorie, als Institut der Vertrauenshaftung, aufbaut. In diesem Zusammenhang wird das Konzept der partiellen Prospektverantwortlichkeit ebenso begründet, wie das Verständnis eines „weiten" Prospektbegriffs außerhalb der gesetzlich geregelten Pflichtprospekte. Durch die Befürwortung der Anwendbarkeit der allgemein-zivilrechtlichen Prospekthaftung in dem Bereich des organisierten Kapitalmarktes, für welchen die Spezialität der spezialgesetzlichen Prospekthaftung nicht gilt, wird die Lückenlosigkeit des Anlegerschutzes zugrunde gelegt. Die Einheitlichkeit des Anlegerschutzes folgt aus einer konsequenten Weiterverfolgung des methodischen Ansatzes der Rechtsanalogie. Hierdurch werden insbesondere der abgestufte Haftungsmaßstab, der Ausschluss einer Haftungsfreizeichnung, das Verständnis des Haftungsanspruchs als eines modifizierten Rückgewährsanspruchs sowie die Regeln über die Verjährung der spezialgesetzlichen Prospekthaftung auf die allgemein-zivilrechtliche Prospekthaftung übertragen.

In **Kapitel 7** schließt sich letztlich eine thesenförmige Zusammenfassung über die gewonnenen Erkenntnisse an, die durch einen kleinen Ausblick auf die Entwicklung des Kapitalmarktrechts abgerundet wird.

II. Der Begriff des Kapitalmarktrechts

Gegenstand dieses Abschnitts soll nicht der Versuch sein, eine differenzierte, abschließende Definition des Begriffs „Kapitalmarktrecht" zu erarbeiten. Erforderlich ist hingegen eine Darstellung des vorliegenden Verständnisses der thematischen Grenzen des Kapitalmarktrechts im Hinblick auf die Prospekthaftung. Dadurch soll abgegrenzt werden, in welchem Rahmen sich die Entwicklung einer einheitlichen Theorie der Prospekthaftung bewegt und welche Marktsektoren und Rechtsgebiete der folgenden Ausarbeitung ihre bestimmenden Faktoren zu Grunde legen.

Insofern erfolgt auch keine umfassende, juristische Kategorisierung, sondern vielmehr eine sachliche und thematische Abgrenzung, durch welche sich die Bedeutung und der Anwendungsbereich der Theorie der Prospekthaftung erschließen kann.

Der Begriff des „Kapitalmarktrechts“ richtet sich zunächst an dem des „Kapitals“ aus. Als „Kapital“ wird allgemein ein Vermögen bezeichnet, das einen Ertrag abwirft. Ein solch ertragbringendes Vermögen wird üblicherweise als Geld- oder Finanzkapital bezeichnet. Der Begriff „Kapitalmarkt“ bezieht sich demnach auf das Finanzkapital, Kapitalmärkte sind damit Finanzmärkte.[7] Das ertragbringende Vermögen kann ganz allgemein auch als Anlage umschrieben werden.

Der vorliegend verwendete Begriff des „Kapitalmarktes“ versteht sich nicht allein als organisierter Markt, in welchem das traditionelle Finanzkapital, die Aktien und Schuldverschreibungen (§§ 793 ff. BGB), sowie die in § 2 Abs. 1 WpHG dargestellten weiteren Anlageformen als wertpapiermäßig verbriefte Anlagen in Umlauf treten (Kapitalmarkt im engeren Wortsinn)[8]. Weiterer Bestandteil des organisierten Kapitalmarktes sind die Investmentanteile an von Kapitalanlagegesellschaften verwalteten Vermögen nach dem Investmentgesetz[9].

Hinzu tritt neben vorliegendem Verständnis auch der Bereich des sog. „Grauen Kapitalmarktes“, auf dem vor allem Anteile an geschlossenen Immobilienfonds, Bauherrenmodellen und Beteiligungen an Abschreibungsgesellschaften angeboten werden (Kapitalmarkt im weiteren Sinn).[10] Der „Graue Kapitalmarkt“ umschreibt dabei Anlagegeschäfte in einem Segment, welches keiner spezialgesetzlichen Regelung und auch keiner institutionellen staatlichen Aufsicht unterliegt.[11] Der Kapitalmarkt ist folglich ein Finanzmarkt, welcher den Marktteilnehmern unabhängig von einzelnen Strukturen und institutionellen Einrichtungen eine breite Plattform für den wechselseitigen Austausch von Kapital und Kapitalanlagen zur Verfügung stellt.

Das „Kapitalmarktrecht“ nimmt von dem so verstandenen Begriff des „Kapitalmarkts“ seinen Ausgang und umfasst demgemäß nach einem vorliegend wei-

---

[7] *Kümpel*, Bank- und Kapitalmarktrecht, 2. Aufl. 2000, Rdn. 8.8

[8] Nach der Umschreibung in § 4 Abs.1 Satz 2 WpHG für den Bereich der ausschließlichen staatlichen Kontrolle auch „Wertpapiermarkt“.

[9] Mit Wirkung zum 01.01.2004 neu eingeführt durch das Gesetz zur Modernisierung des Investmentwesens und zur Besteuerung von Investmentvermögen (Investmentmodernisierungsgesetz) vom 19.12.2003, BGBl. I Nr. 62

[10] *Kümpel*, a.a.O., Rdn. 8.39

[11] Im Gegensatz dazu findet im Bereich des Wertpapiermarkts eine Kontrolle durch das Bundesaufsichtsamt für Wertpapierhandel (§§ 3 ff. WpHG) statt; (Bestehende Ideen und Ansätze zur Erneuerung der institutionellen Strukturen im Bereich des „Grauen Marktes“ finden sich im Bericht der Bundesregierung zum „Grauen Kapitalmarkt“ vom 17.09.1999, BT-Drucks. 14/1633.)

ten Verständnis alle Rechtsnormen[12], die den wechselseitigen Austausch von Kapital und Kapitalanlagen, einschließlich der daraus entstehenden Rechtsverhältnisse, der sie bestimmenden Institutionen, der bestehenden Verhaltensgebote und ganz allgemein der Ordnung des Kapitalmarktes, mittelbar oder unmittelbar, zu Regeln bestimmt und geeignet sind.

---

[12] S. Palandt/*Heinrichs*, BGB, 62. Aufl. 2003, Einleitung zum BGB, §§ 19 ff.; demnach zählen auch die von der Rechtsprechung aus den Rechtsnormen abgeleiteten Rechtssätze im weiteren Sinn zu den Rechtsnormen.

Kapitel 2: DIE HISTORISCHE ZWEIGLEISIGKEIT DER PROSPEKTHAFTUNG

I. DARSTELLUNG DER SITUATION

1. SPEZIALGESETZLICHE PROSPEKTHAFTUNG

Bis in die Mitte der siebziger Jahre diente der Begriff der Prospekthaftung allein zur Bezeichnung der Verantwortlichkeiten für die Unrichtigkeit von Börsenzulassungsprospekten (§§ 45, 46 BörsG a.F. = 44, 45 BörsG n.F.) bzw. sog. Verkaufsprospekten beim Vertrieb von Anteilen an inländischen (§§ 19, 20 KAGG a.F. = 127, 42 InvG) bzw. ausländischen (§§ 3, 12 AuslInvestmG a.F. = 127, 137 InvG) Kapitalanlagegesellschaften[13]. Die gesetzliche Verankerung der Einstandspflicht für mangelhafte, obligatorische Prospekte in Bezug auf den Absatz spezifischer Kapitalanlageformen rechtfertigt es, insoweit von einer spezialgesetzlich geregelten Prospekthaftung zu sprechen. Dieser begrifflichen Strukturierung folgend, bezeichnet eine weitergehende Differenzierung die Haftung für unrichtige oder unvollständige Börsenzulassungsprospekte als börsengesetzliche oder börsenrechtliche Prospekthaftung, die Haftung für investmentrechtliche Verkaufsprospekte als investmentrechtliche Prospekthaftung.

Mit dem Inkrafttreten des Wertpapier – Verkaufsprospektgesetzes zum 01.01.1991 wurde der Begriff der Prospekthaftung auf Sachverhalte ausgedehnt, die ganz allgemein aus der Verantwortlichkeit für Prospekte entstanden sind, welche für ein erstmaliges öffentliches Angebot ohne Zulassung an einer inländischen Börse ausgegeben wurden (§§ 1, 13 VerkProspG).

---

[13] Mit Wirkung zum 01.01.2004 wurden das KAGG und das AuslInvestmG aus Gründen der Modernisierung und Vereinheitlichung des Investmentrechts zugunsten des neu entworfenen Investmentgesetzes aufgehoben. Dies geschah in Umsetzung des Gesetzes zur Modernisierung des Investmentwesens und zur Besteuerung von Investmentvermögen („Investmentmodernisierungsgesetz“) vom 19.12.2003, BGBl. I Nr. 62; vgl. auch umfassend zur Regierungsbegründung des Investmentmodernisierungsgesetzes, BT - Drucks. 15/1553, S. 65 ff., weiter die Stellungnahme des Bundesrates und Gegenäußerung der Bundesregierung, BT - Drucks. 15/1671; Die Gesetzesänderung hat die Ausgestaltung der investmentrechtlichen Prospekthaftung in den für ihre dogmatische Einordnung maßgeblichen Hinsichten unberührt gelassen, vgl. exemplarisch die Neuregelung der Prospekthaftung in: BT - Drucks. 15/1553, S. 115

2. Allgemein-zivilrechtliche Prospekthaftung

In der mittlerweile geläufigen Verwendung werden von dem Titel der Prospekthaftung auch jene Grundsätze umfasst, die der BGH in Weiterführung des Gedankens einer Vertrauenshaftung aus culpa in contrahendo (c.i.c.) sowie in Anlehnung an die bereits bestehenden spezialgesetzlichen Bestimmungen zwecks Begründung einer Haftung für die Vollständigkeit und Richtigkeit von Prospekten zur Werbung von Kapitalanlegern auf dem nichtorganisierten „Grauen Kapitalmarkt" entwickelt hat. Vom 2. Zivilsenat im Hinblick auf den Vertrieb von Kommanditbeteiligungen an Publikumskommanditgesellschaften begründet,[14] wurden sie später auch von anderen Senaten übernommen[15] und auf weitere Anwendungsbereiche übertragen. Berücksichtigt man den Umstand, dass die solchermaßen im Wege der richterlichen Rechtsfortbildung geschaffenen Haftungsregeln auf allgemein-zivilrechtliche Rechtsinstitute zur Begründung von Aufklärungs-, Informations- und Warnpflichten im Zuge der Anbahnung von Vertragsbeziehungen zurückgehen und hinsichtlich ihres sachlichen Anwendungsbereichs dem Ausgangspunkte nach nicht auf bestimmte Anlageformen beschränkt sind, kann man sie unter dem Begriff der allgemein – zivilrechtlichen Prospekthaftung zusammenfassen.[16]

Die Unterscheidung zwischen beiden Erscheinungsformen der Prospekthaftung ist erforderlich, weil sie grundsätzlich verschiedene Anspruchsvoraussetzungen und Anwendungsbereiche aufweisen und die allgemein – zivilrechtliche Prospekthaftung nicht aus der Verallgemeinerung oder entsprechender Anwendung bestimmter Gesichtspunkte der gesetzlich geregelten Prospekthaftung, sondern weitgehend neben dieser entstanden ist. Gleichwohl hat der zweite Senat des BGH sich bei der Ausgestaltung einzelner Elemente der allgemein-zivilrechtlichen Prospekthaftung explizit an der Herbeiführung „einer Übereinstimmung mit der gesetzlich geregelten Haftung" für unrichtige Prospekte orientiert[17], ohne dass allerdings eine zufrieden stellende Synchronisation und eine klare Bestimmung des Anwendungsbereichs der jeweiligen Prospekthaftungstatbestände als hergestellt gelten kann: Herauszuheben ist hierbei etwa die Frage, inwieweit das sich zunehmend verselbständigende Institut der allgemein-zivilrechtlichen Prospekthaftung Rückwirkungen auf die gesetzlich geregelten Fälle haben kann, sie gar zu überlagern vermag oder zumindest zur Füllung ihrer nachzuweisenden Regelungslücken herangezogen werden darf. Weiterhin in

---

[14] BGHZ 71, 284; 72, 382; 76, 231; 77, 172; 79, 337; 83, 222; 84, 141

[15] Z.B.: III. Senat: BGHZ 93, 264; IV. Senat: NJW 1982, 1095; 1983, 1730; 1984, 2524; 1987, 1815; 1988, 556; V. Senat: WM 1988, 48; VII. Senat: BGHZ 74, 103; 115, 214

[16] *Assmann*, in: Assmann/Schütze, Handbuch des Kapitalanlagerechts, § 7 Rdn. 3

[17] BGHZ 79, 337, 342; BGH WM 1981, 1021; BGHZ 83, 222, 224

diesem weiten Bereich möglicher Konkurrenzprobleme erscheint es unklar, inwieweit es neben Emissionen, für die eine gesetzliche Prospekthaftungsbestimmung eingreift, noch eine allgemein – zivilrechtliche Prospekthaftung für fehlerhafte Dokumente geben kann, die zwar nicht als Prospekt i.S.d. einschlägigen gesetzlichen, wohl aber i.S.d. allgemein -zivilrechtlichen Prospekthaftung angesehen werden können.[18]

II. HISTORISCHE BETRACHTUNG: DIE ENTSTEHUNG DER ZWEIGLEISIGKEIT

1. HISTORISCHE ENTWICKLUNG DES DEUTSCHEN KAPITALMARKTS

Die Zweigleisigkeit der Prospekthaftung hat ihren Ursprung in der historischen Entwicklung des deutschen Kapitalmarkts und der mit dem Auftreten unterschiedlicher Anlageformen verbundenen und als regelungsbedürftig wahrgenommenen Anlegerrisiken.

Die rechtliche Erfassung und Ordnung des Kapitalmarkts entstand als Bedingung und Folge der Industrialisierung im 19. Jahrhundert und orientierte sich vornehmlich an den Institutionen der Aktiengesellschaften, Börsen und Banken. Ausgangspunkt aller staatlichen Maßnahmen war indes die AG, die sich im Verlaufe des 19. Jahrhunderts aus einem Instrument der staatlichen Interessenverfolgung und der Spekulation zur Kapitalsammelstelle für größere Projekte jeder Art und zum Träger des wirtschaftlichen Aufschwungs herausbildete. Im Zuge dieser Entwicklungen kam es zu spektakulären Zusammenbrüchen der in der neuen Organisationsform gegründeten Unternehmen. Dies rief zwangsläufig nach verstärktem Schutz des Publikums und der Gesellschaftsgläubiger gegen Schwindel und Unsolidität als Staatspflicht zur Sicherung des Wohlstandes und der Landesindustrie. Aus dieser Situation bildete sich eine an der Institution der AG ausgerichtete Ordnung des Kapitalmarkts heraus.[19] Ihre Konkretisierung erfuhr diese Neuordnung im Ausbau des Aktienrechts, der Regelung der mit der Emission und dem Handel von Aktien befassten Institutionen (insbesondere der Börse) und schließlich im Lichte des Anlegerschutzes in Gestalt der Verschär-

[18] Siehe hierzu umfassend das in Kapitel 6 vorgestellte Konzept eines lückenlosen und einheitlichen Anlegerschutzes.

[19] In diesem Zusammenhang ist anzumerken, dass mittlerweile auch die Frage erörtert wird, ob nicht auch die Entwicklung des „Grauen Kapitalmarktes“, quasi als „Nebenprodukt“ der Herausbildung des organisierten Marktes, eine entsprechende Reaktion i.S.e. „Staatspflicht“ hervorrufen müsste; vgl. den Bericht der Bundesregierung zum „Grauen Kapitalmarkt“ vom 17.09.1999, BT-Drucks. 14/1633

fung von Publizitätsbestimmungen.[20] Ganz in diesem Sinne wurden die AG und die Börse über die Mitte des 20. Jahrhunderts hinaus als die zentralen Institutionen des Kapitalmarktes betrachtet und zum Orientierungspunkt gesetzgeberischen Handelns in diesem Bereich gewählt. Obwohl sich aus diesem Ansatz heraus im Nachkriegsdeutschland ein eigenständiges Kapitalmarktrecht entwickelte, blieb die Aktie trotz verschiedener begünstigender steuerlicher Maßnahmen[21] ein relativ teures Finanzierungsinstrument[22]. Hinzu kam, dass das Sparverhalten Privater[23] sich weniger auf Vermögensbildung, Alterssicherung oder Sozialvorsorge als auf den Erwerb langfristiger Konsumgüter richtete und nur ein geringes Vertrauen in die Wertpapieranlage vorhanden war. Dies führte dazu, dass von den möglichen Geldanlagen das Investmentpapier mit seinen gemilderten Risikoformen das Interesse der Anleger auf sich zog. Diese Anlageform machte sich in den sechziger Jahren vor allem Bernie Cornfeld und seine Organisation der „International Overseas Services“ (IOS) zunutze, mit der ein vor allem in den USA praktiziertes aggressives Vertriebssystem mit direkter Ansprache der Sparer nach Europa importiert wurde.

Nach dem Zusammenbruch der IOS überlebte deren praktiziertes Vertriebssystem ihr Ende und begann sich auszudehnen und zu differenzieren. Es entstanden eine Vielzahl und Vielfalt neuer Unternehmen der Anlageberatung und -vermittlung. Dabei handelte es sich um meist in der Form der GmbH & Co. KG organisierte Projekte, durch die den Anlegern steuerliche Vergünstigungen verschafft werden sollten, die den (Mit-) Unternehmern von Einzelfirmen und Personengesellschaften eingeräumt worden sind: Angeboten wurden Kommanditanteile, die nicht wie Aktien verbrieft werden konnten und für die ein börsenartig organisierter Sekundärmarkt nicht zu bilden war.[24] Große Mengen anlagefähigen Kapitals, das die sich bereits andeutenden Lücken in der Eigenkapitalausstattung deutscher Unternehmen (insb. der AGs) hätte mildern können, wanderte an den klassischen Intermediärinstanzen vorbei[25] in den neuen undurchsichtigen „Grauen Markt“, dem es an einer eigenständigen Ordnung fehlte. Dem börsenrechtlich

---

[20] *Assmann*, in: Assmann/Schütze, Handbuch des Kapitalanlagerechts, § 1 Rdn. 5 f.

[21] *Brahms*, Die Kapitalmarktentwicklung in der BRD und ihr Einfluss auf die Finanzierung der Unternehmen, 1969, S.32 ff.

[22] *Giersch*, Investitionsfinanzierung und Besteuerung, 1961, S. 27 ff., 50 ff.

[23] *Brahms*, Die Kapitalmarktentwicklung in der BRD und ihr Einfluss auf die Finanzierung der Unternehmen, 1969 , S. 45 ff.

[24] Zu den damaligen Entwicklungen des „Grauen Kapitalmarktes“ siehe *Kohl/Kübler/Walz/Wüstrich*, Abschreibungsgesellschaften, Kapitalmarkteffizienz und Publizitätszwang, ZHR 138, 3 ff.

[25] *Spannagel*, Kapitalanlagen, ZfK 1981, 1080 ff.

geregelten Effektenmarkt erwuchs in dem ungeregelten „Grauen Kapitalmarkt“[26] ein mit verschiedenen Wettbewerbsvorteilen ausgestatteter Konkurrent, dem das Publikum selbst dann noch seine Gunst bewahrte, als es auf diesem Markt zur Aufdeckung unsolider bis betrügerischer Investitionsangebote und Vertriebsmethoden und zu spektakulären Zusammenbrüchen kam. Die Bundesregierung reagierte darauf mit dem Entwurf eines Vermögensanlagegesetzes[27], welcher jedoch parlamentarisch nicht weiterverfolgt und vom Gesetzgeber nicht umgesetzt wurde.

Im Verlaufe dessen wurde immer mehr anlagesuchendes Kapital, das in den „Grauen Markt“ floss, infolge des Scheiterns einer großen Zahl von Projekten oder aufgrund nicht einlösbarer Versprechen, zum Schaden von Volkswirtschaft und Anlegern gleichsam zu „Wegwerfkapital“. Die Rechtsprechung hat sich den immer offenkundiger werdenden Regelungsproblemen weitgehend einheitlich unter dem Gesichtspunkt des Anlegerschutzes angenommen. Dreh- und Angelpunkt der zu kontrollierenden Anlegerinformationen waren hierbei die auf dem Informationsverhalten der Anbieter beruhenden Prospekte, mit denen die Investoren zur Anlageentscheidung veranlasst wurden. Unter Berücksichtigung dieser Erkenntnis musste der Anlegerschutz im Wege seiner Vorverlagerung erfolgen, denn zu oft stellte sich der Inhalt dieser Prospekte als unzutreffend oder unvollständig heraus. In einem bemerkenswerten Schritt hat die Rechtsprechung diese Prospekte nicht in erster Linie[28] als Werbemittel der Anbieterseite betrachtet, sondern als Medium der Erfüllung vorvertraglicher Aufklärungspflichten beurteilt, und hierbei dem Umstand eines Informationsgefälles zwischen Anbieter und Investor Rechnung getragen, weshalb sich heute zu Recht sagen lässt, dass Prospekte „gefährliche Werbemittel“ seien.[29]

2. Begründung der allgemein-zivilrechtlichen Prospekthaftung

In seiner Entscheidung vom 24.04.1978[30] schuf der BGH die Grundlage für die spätere Konturierung der allgemein-zivilrechtlichen Prospekthaftung: Das Gericht sah die Klage gegen die Geschäftsführer einer Komplementär – GmbH, die zugleich als Vertreterin aller übrigen Kommanditisten auftrat, wegen irreführen-

---

[26] Zum Begriff siehe *Bremer*, Grauer Kapitalmarkt und Anlegerschutz, ZGR 1973, 410 ff.

[27] Entwurf eines Gesetzes über den Vertrieb von Anteilen an Vermögensanlagen vom 02.01.1978, BT - Drucks. 8/1405, S. 1, 4 ff.

[28] BGH WM 1992, 901, 904

[29] Wüst, Anmerkung zum BGH - Urteil vom 26.09.1991 (=BGH JZ 1992, 470 ff.), JZ 1992, 475, 476

[30] BGH NJW 1978, 1625

der Angaben in einem von ihr verwandten Prospekt als begründet an, da keine Bedenken bestünden, die Grundsätze der Haftung des Vertreters aus c.i.c. auch auf den Vertreter des Vertreters anzuwenden. Diese Grundsätze bedurften aber ihrerseits der Erweiterung, weil die beklagten Vertreter des Vertreters der KG dem Anleger gegenüber niemals in Erscheinung getreten waren und die Inanspruchnahme persönlichen Vertrauens damit nicht behauptet werden konnte. Der BGH vertrat deshalb die Auffassung, für die Anleger stelle die Komplementär – GmbH im Regelfall ein abstraktes Gebilde dar, dessen interne Verhältnisse und finanzielle Leistungsfähigkeit ihnen unbekannt seien, weshalb sie typischerweise denjenigen ihr Vertrauen schenken, die hinter der Komplementär – GmbH und der Publikums – KG stehen, d.h. vor allem den Initiatoren und Gründern, die das Management bilden und beherrschen. Der BGH durchbrach damit gesellschaftsrechtliche Strukturen, um auf diese Art an - auf verschiedene Weise - Prospektverantwortliche zu gelangen.[31]

Mit der Formel vom typischerweise gewährten Vertrauen wurde in der nachfolgenden Entscheidung der Kreis der Prospektverantwortlichen auch auf jene erweitert, die besonderen Einfluss in der Gesellschaft ausüben und Mitverantwortung tragen.[32]

Unter Berufung auf die c.i.c. - Haftung von Sachwaltern begründete der BGH schließlich auch die Einstandspflicht derjenigen, die mit Rücksicht auf ihre besondere berufliche und wirtschaftliche Stellung oder auf ihre Eigenschaft als berufsmäßige Sachkenner eine Garantenstellung einnähmen, sofern und soweit sie durch ihr nach außen in Erscheinung tretendes Mitwirken am Emissionsprospekt einen Vertrauenstatbestand geschaffen hätten.[33] Der so konturierte Kreis der unmittelbar Verantwortlichen ist Bestandteil der Prospekthaftung im engeren Sinne.

Die Bezeichnung „Prospekthaftung im weiteren Sinne" wird hingegen für solche Konstellationen verwandt, in denen der Vertreter oder Sachwalter aufgrund persönlich in Anspruch genommenen Vertrauens aus c.i.c. einer selbständigen Aufklärungspflicht nachzukommen hat, bei deren Erfüllung er sich inhaltlich zu beanstandender Prospekte bedient, sich diese also „zu eigen" macht.[34] Hierzu zählt auch der Fall, dass jemand einen aus seiner Person hergeleiteten

---

[31] Zur Herausbildung der Rechtsprechung zur allgemein - zivilrechtlichen Prospekthaftung vgl. v. Bar, Vertrauenshaftung ohne Vertrauen, ZGR 1983, 476, 479 ff.

[32] BGHZ 72, 382 = BGH NJW 1979, 718

[33] BGHZ 77, 175 = BGH NJW 1980, 1840 : In Frage kommen etwa Rechtsanwälte, Wirtschaftsprüfer, Kreditinstitute, Gutachter.

[34] BGHZ 74, 103

zusätzlichen Vertrauenstatbestand in dem Sinne schafft, dass er dem Anleger gegenüber als Garant für die Richtigkeit der Prospektangaben erscheint.[35]

[35] Grundlegend BGHZ 74, 103, 109. Ferner BGHZ 77, 172, 175; 111, 314, 319 ff.; BGH WM 1992, 901, 906

Kapitel 3: DIE ALLGEMEIN – ZIVILRECHTLICHE PROSPEKTHAFTUNG

I. BEGRIFFSBESTIMMUNG

Zur Bezeichnung der von der Rechtsprechung entwickelten und in diesem Kapitel noch näher zu erörternden Haftung für den Vertrieb von unrichtigen oder unvollständigen Prospekten im Bereich des „Grauen Kapitalmarktes" werden im Schrifttum verschiedene Begrifflichkeiten verwandt. Teilweise wird von „*zivilrechtlicher Prospekthaftung*"[36] oder „*bürgerlich – rechtlicher Prospekthaftung*[37]" gesprochen. Geläufig ist auch die Bezeichnung „*allgemeine bürgerlich – rechtliche Prospekthaftung*[38]" und „*allgemein – zivilrechtliche Prospekthaftung*[39]". Die Autoren *Lenenbach*[40] und *Assmann*[41] stellen klar, dass sie die beiden vorgenannten Begrifflichkeiten als Synonyme ansehen und zwischen ihnen nicht ausdrücklich differenzieren. Von einigen Autoren[42] wird schlichtweg nur die Bezeichnung „Prospekthaftung" benutzt.

Hinter diesen unterschiedlichen Bezeichnungen verbergen sich allerdings keine inhaltlichen Unterschiede hinsichtlich des von ihnen bezeichneten Haftungsinstitutes. Im Folgenden wird die Bezeichnung „allgemein – zivilrechtliche Prospekthaftung" verwandt, wenn es um die Bezugnahme zur Prospekthaftung im Bereich des „Grauen Kapitalmarktes" geht. Wenn sich schon bislang keine einheitliche Bezeichnung durchgesetzt hat, so erscheint diese zur Umschreibung der Prospekthaftung für den Bereich des „Grauen Kapitalmarktes" vornehmlich

---

[36] So *Pleyer/ Hegel*, Zur Grundlage der Prospekthaftung bei der Publikums – KG in der Literatur, ZIP 1986, 681

[37] Diese Bezeichnung verwendet *Eyles* in: Vortmann (Hrsg.), Prospekthaftung und Anlageberatung, S. 81

[38] So *Grumann*, Prospektbegriff, Prospektpflicht und Prospektverantwortlichkeit im Rahmen der allgemein bürgerlich – rechtlichen Prospekthaftung im engeren Sinn, BKR 2002, 310 ff.

[39] So *Assmann*, Entwicklungstendenzen der Prospekthaftung, WM 1983, 138 ff.

[40] *Lenenbach*, Kapitalmarkt und Börsenrecht, Rdn. 9.25

[41] *Assmann*, in: Assmann/Schütze, Handbuch des Kapitalanlagerechts, 1. Ergänzungslieferung 1999, § 7 Rdn. 1

[42] Zu finden bei *Wolf*, BGH – Rechtsprechung aktuell: Prospekthaftung und Verschulden bei Vertragsschluß – Entscheidungen und LM – Anmerkungen 1992 – 1993, NJW 1994, 24; *Seibel/* Graf *v. Westphalen*, Prospekthaftung beim Immobilienleasing, BB 1998, 169; *v. Bar*, Vertrauenshaftung ohne Vertrauen, ZGR 1983, 476

geeignet. Wie im Verlaufe dieser Untersuchung noch zu zeigen ist, gründet die dogmatische Entwicklung der Prospekthaftung durch die Rechtsprechung des BGH auf allgemeinen zivilrechtlichen Rechtsinstituten wie der c.i.c. und ganz grundlegend auf der Vertrauenshaftung.[43] Zudem findet sich dadurch eine klare sprachliche Abgrenzung zu dem Bereich der Prospekthaftung, welcher spezialgesetzlich verankert ist[44] und daher als *„spezialgesetzliche Prospekthaftung[45]"* bezeichnet wird.

II. Die Differenzierung zwischen allgemein – zivilrechtlicher Prospekthaftung im engeren Sinn und im weiteren Sinn

1. Die allgemein – zivilrechtliche Prospekthaftung i.e.S.

Die allgemein – zivilrechtliche Prospekthaftung im engeren Sinn stellt nicht auf das einer bestimmten Person konkret entgegengebrachte Vertrauen ab, sondern auf das *„typisierte Vertrauen"* des Anlegers hinsichtlich der Vollständigkeit und Richtigkeit der im Prospekt gemachten Angaben. Das Vertrauen des Anlegers ist insofern „typisiert", als es einem unbekannten Kreis von Personen entgegengebracht wird, der für die Geschicke des Unternehmens, und damit auch für die Erstellung des Prospekts verantwortlich ist.[46] Grundlage der Rechtsprechung hierbei ist, dass der Prospekt regelmäßig die einzige Grundlage für den Anleger darstellt, sich die für seine Investitionsentscheidung wesentlichen Informationen zu beschaffen.[47] Im Rahmen der allgemein – zivilrechtlichen Prospekthaftung i.e.S. sanktioniert der BGH somit den Umstand, dass die für die Herausgabe des Prospektes verantwortlichen Personen die für die Anlage wesentlichen Informationen in dem Prospekt nur unvollständig oder unwesentlich wiedergeben, obwohl regelmäßig allein der Prospekt die tragende Grundlage für die Investitions-

---

[43] Vgl. Kap. 3, V.

[44] Vgl. §§ 44 ff. BörsG, 13 VerkProspG, 127 InvG (= 20 KAGG a.F., 12 AuslInvestmG a.F.)

[45] Vgl. Kap. 4

[46] Die Figur des „typisierten Vertrauens" findet sich erstmals in der Leitentscheidung des II. Zivilsenats zur Allgemein - zivilrechtlichen Prospekthaftung: BGHZ 71, 284, 287= BGH NJW 1978, 1625 f.; weiter entwickelt wurde sie in BGHZ 72, 382 = BGH NJW 1979, 718 f.; BGHZ 77, 172 = BGH NJW 1980, 1840 f. und BGHZ 79, 337 = BGH NJW 1981, 1449 ff.; vgl. auch *Siol* in: Schimansky/ Bunte/ Lwowski I., § 45 Rdn. 31; vgl. auch Kap. 3, III.

[47] Ausdrücklich in BGHZ 111, 314, 317

entscheidung des Anlegers bildet; der Anleger ist folglich nicht in der Lage, seine Anlageentscheidung frei von Fehlvorstellungen über die Anlage zu treffen.[48]

2. Die allgemein – zivilrechtliche Prospekthaftung i.w.S.

Die allgemein – zivilrechtliche Prospekthaftung i.w.S. greift dem gegenüber nicht auf die Figur des „typisierten Vertrauens" zurück, sondern bezeichnet die Haftung für die konkrete Inanspruchnahme besonderen, persönlichen Vertrauens im Zusammenhang mit der Verwendung von Prospekten.[49] Diese Art der Haftung findet sich in zwei Fallgruppen. Der erste Fall ist der, dass sich jemand zur Erfüllung seiner vorvertraglichen Aufklärungspflicht bzw. seiner vertraglichen Beratungspflicht eines Prospektes bedient.[50] In der zweiten Fallgruppe nimmt jemand im Zusammenhang mit Vertragsverhandlungen, ohne Vertragspartner des Anlegers zu sein, in besonderem Maße persönliches Vertrauen des Anlegers in Anspruch.[51]

Systematisch gesehen ist dieser Ausschnitt der „Prospekthaftung" allerdings mehr im Bereich der Haftung für den Verstoß gegen Aufklärungs- und Beratungspflichten im Rahmen der mit diesen Pflichten korrespondierenden Verträge anzusiedeln als im Felde der eigentlichen Prospekthaftung. Für die erste Fallgruppe zeigt dies die neuere Rechtsprechung des BGH zur Beratungs- und Aufklärungspflichtverletzung.[52] Kommt es zwischen einem Anlageberater und einem potentiellen Anleger zu einem Beratungsgespräch über Anlagemöglichkeiten, wird zwischen beiden zumindest konkludent ein Beratungsvertrag geschlossen. Möglich ist auch das Zustandekommen eines Auskunftsvertrages.[53] Außerhalb solcher Verträge bestehen dann in der Regel zumindest vorvertragliche Aufklärungspflichten seitens des Anlageberaters. Bedient sich der Anlageberater zur Erfüllung dieser genannten Pflichten eines fehlerhaften Prospekts, haftet er dem Anleger unmittelbar aus dem bestehenden Vertragsverhältnis oder aus Verschulden bei Vertragsverhandlungen gemäß § 311 Abs. 2 Nr.1 BGB auf Schadensersatz. Des Rückgriffs auf eine Figur der „Prospekthaftung i.w.S." bedarf es

---

[48] *Eyles* in: Vortmann (Hrsg.), Prospekthaftung und Anlageberatung, § 2 Rdn. 4

[49] *Eyles* a.a.O., § 2 Rdn. 5; *Ellenberger*, Prospekthaftung im Wertpapierhandel, S.100; *Siol* in: Schimansky/ Bunte/ Lwowski, § 45 Rdn. 40

[50] *Schmidt/ Weidert*, DB 1998, 2309, 2312

[51] BGHZ 74, 103, 108

[52] Siehe dazu *Siol* in: Schimansky/ Bunte/ Lwowski I, § 40 Rdn. 47 ff. und § 43 Rdn. 6 ff.; auch BGHZ 74, 103, 106; BGH NJW 89, 2882; 90, 513

[53] BGH NJW 1998, 448

dabei nicht. Aber auch bei der zweiten Fallgruppe, der Inanspruchnahme besonderen persönlichen Vertrauens eines nicht am Vertrag Beteiligten, handelt es sich um eine Fallgruppe des Verschuldens bei Vertragsverhandlungen, der sog. Berufs- oder Sachwalterhaftung. Diese führt zu einer unmittelbaren Haftung für die Erteilung unrichtiger Auskünfte auch dann, wenn sich der Sachwalter eines Prospekts bedient, und darüber hinaus auch dann, wenn der Sachwalter nicht persönlich die Vertragsverhandlungen geführt hat.[54]

Eine klare sprachliche Abgrenzung von allgemein – zivilrechtlicher Prospekthaftung i.e.S. und allgemein – zivilrechtlicher Prospekthaftung i.w.S. wird durch die verwandten Terminologien angesichts der klaren inhaltlichen und dabei insbesondere haftungsbegründenden Umstände nicht erzielt. Ich halte es daher mit *Ellenberger*[55] für richtig, den Begriff allgemein – zivilrechtliche Prospekthaftung lediglich für jene „im engeren Sinn" zu verwenden. Aus diesem Verständnis heraus basieren auch die folgenden Erläuterungen und Analysen der allgemein – zivilrechtlichen Prospekthaftung. Aus den Erkenntnissen über die allgemein – zivilrechtliche Prospekthaftung i.e.S. und die spezialgesetzliche Prospekthaftung sowie aus deren Synergie soll im Rahmen dieser Arbeit eine einheitliche Prospekthaftungstheorie entwickelt werden. Der von der klassischen, auf einem fehlerhaften Prospekt beruhende Prospekthaftung abweichende „allgemein – zivilrechtliche Prospekthaftung i.w.S." kommt daher innerhalb dieser Darstellung keine Maßgabe zu. Wenn im Folgenden also von allgemein – zivilrechtlicher Prospekthaftung gesprochen wird, dann vor dem Hintergrund des im Vorausgegangenen dargestellten Verständnisses als Prospekthaftung i.e.S.

III. Die Entwicklung der allgemein – zivilrechtlichen Prospekthaftung durch die Rechtsprechung des BGH

1. Die Leitentscheidung des II. Zivilsenats [56]

Der Leitentscheidung des II. Senats lag folgender Sachverhalt zugrunde: Die Beklagten waren die Gesellschafter und Geschäftsführer der B – GmbH. Der Beklagte zu 2 gründete mit der B – GmbH als Komplementärin die B – GmbH und Co. KG (im Folgenden: „KG"), die auf die Aufnahme einer Vielzahl von Kommanditisten ausgerichtet war. Der Kläger war ein Kommanditist der KG

[54] Dazu BGHZ 56, 81, 85 ff.

[55] *Ellenberger*, Prospekthandel im Wertpapierhandel, S. 101

[56] Urteil v. 24.04.1978 = BGHZ 71, 284 ff. = BGH NJW 1978, 1625 f.

und wurde vermittels eines fehlerhaften Prospekts geworben. Die Beklagten wurden aus dem Gesichtspunkt des Verschuldens bei Vertragsverhandlungen haftbar gemacht.

Aus der Argumentationskette des II. Senats in dieser Entscheidung lassen sich einige wichtige Kernaussagen herausfiltern, welche die Grundlage für die folgenden Entscheidungen des II. und VII. Senats darstellten:[57] Grundsätzlich treffen die Verpflichtungen aus dem durch die Vertragsverhandlungen eines Vertreters angebahnten gesetzlichen Schuldverhältnis die Vertretenen. Das wären im vorliegenden Fall die Mitgesellschafter des Klägers gewesen. Da diese jedoch wegen der atypischen Struktur des Gesellschaftsverhältnisses keinerlei Einfluss auf die Aufnahme neuer Gesellschafter haben, weil diese Aufgabe gemäß dem Gesellschaftsvertrag allein der Geschäftsführung obliegt, haben die Beitrittsinteressenten auch keinen berechtigten Anlass, ihr Verhandlungsvertrauen den von jeglicher Mitwirkung ausgeschlossenen Kommanditisten entgegen zu bringen. Daher erscheint es geboten, in einem solchen Fall allein den Vertreter haftbar zu machen.[58] Daraus folgt zunächst jedoch nur, dass die Komplementär – GmbH als Vertreterin der KG für die Verletzung vorvertraglicher Pflichten einzustehen hat. Es bestehen diesbezüglich jedoch keine durchgreifenden Bedenken dagegen, den Rechtsgrundsatz, „dass auch der Vertreter für Verschulden bei Vertragsschluss haftet, wenn er für seine Person Vertrauen in Anspruch genommen und dadurch die Vertragsverhandlungen beeinflusst hat“[59], auch auf den Vertreter des unmittelbar berufenen Vertreters einer Vertragspartei anzuwenden. Bei Publikumskommanditgesellschaften der vorliegenden Art ist im Allgemeinen davon auszugehen, dass der Beitrittsinteressent bei der Aufnahme der Vertragsverhandlungen sein besonderes Vertrauen nicht allein und auch nicht in erster Linie der Komplementär – GmbH entgegenbringt. Diese stellt für die Beitrittsinteressenten ein abstraktes Gebilde dar, dessen interne Verhältnisse und finanzielle Leistungsfähigkeit sie nicht kennen. Aus diesem Grunde schenken die Beitrittsinteressenten *typischerweise* denjenigen ihr Vertrauen, die hinter der Komplementär – GmbH und der Publikums – KG stehen, d.h. vor allem den Initiatoren und Gründern, die das Management bilden oder beherrschen. Diese erscheinen den künftigen Kommanditisten als die Verantwortlichen; aufgrund ihrer Stellung und Eigenschaft wird persönliche Zuverlässigkeit erwartet. Diese besondere Verantwortlichkeit der das Management bildenden Initiatoren und Gründer einer Publikums – KG bezieht sich grundsätzlich auch auf die von der Komplementär – GmbH oder KG selbst verbreiteten Prospekte, wenn und soweit diese mit ihrer aktiven oder duldenden Mitwirkung aufgestellt und in Ver-

---

57 Vgl. insoweit umfänglich BGHZ 71, 284 ff. = BGH NJW 1978, 1625 f.

58 So bereits BGH NJW 1973, 1604 = LM § 132 HGB Nr. 3

59 Vgl. BGH LM § 278 BGB Nr. 49 m.w.N.; BGHZ 56, 81 = NJW 1971, 1309; BGH NJW 1975, 642

kehr gebracht werden. Die angesprochenen Interessenten dürfen sich auf die Richtigkeit und Vollständigkeit der Angaben in einem solchen Prospekt verlassen und davon ausgehen, dass die insoweit unmittelbar Verantwortlichen ihn mit der erforderlichen Sorgfalt überprüft haben und sie über alle Umstände aufklären werden, die für den Beteiligungsentschluss von wesentlicher Bedeutung sind.

2. Die Fortentwicklung dieser Rechtsprechung durch den BGH

Verschiedene Senate des BGH haben diese Leitentscheidung des I. Senats in den folgenden Jahren sowohl hinsichtlich des Kreises der Haftenden als auch des sachlichen Anwendungsbereiches weiter entwickelt.

a) Die Erweiterung des Haftendenkreises

aa) Haftung kraft besonderem Einfluss und Mitverantwortung in der Gesellschaft

In einer folgenden Entscheidung[60] hat der II. Senat die Haftung aus Verschulden bei Vertragsverhandlungen auch auf diejenigen Personen ausgeweitet, die neben den Initiatoren und den das Management beherrschenden oder bildenden Personen „besonderen Einfluss in der Gesellschaft ausüben und Mitverantwortung tragen". Dabei ist unerheblich, ob den Beitretenden diese Personen und ihr Einfluss vor oder bei den Beitrittsverhandlungen bekannt geworden sind. Diese erweiterte Haftung wurde vom II. Senat damit begründet, dass die genannten Personen Teil des Personenkreises waren, der zwar nicht als Geschäftsleitung in Erscheinung trat, der jedoch die Geschicke der Gesellschaft und des Gesellschaftsunternehmens weitgehend leitet. Auf deren Zuverlässigkeit vertrauen die Beitrittsinteressenten. Das Vertrauen gilt auch dabei typischerweise denjenigen, die hinter der Komplementärs – GmbH und der Publikums – KG stehen und Mitverantwortung tragen. Sie und ihr Einfluss müssen den Beitrittsinteressenten daher nicht bekannt gewesen sein. Ihre besondere Vertrauensstellung ergibt sich nämlich unmittelbar aus ihren Einflussmöglichkeiten und Entscheidungsbefugnissen. Die Beitrittsinteressenten dürfen damit auch von diesen Personen erwarten, dass bei der öffentlichen Prospektwerbung die gebotene Sorgfalt beobachtet wird und dass sie aufgrund der ihnen gegebenen Einflussmöglichkeiten verhindern, dass Werbeprospekte wesentlich Unrichtiges und Unvollständiges aufweisen. Jene Personen sind demgemäß schadensersatzpflichtig, soweit sie an ihre Person geknüpftes Vertrauen enttäuscht haben.

---

[60] BGH Urteil v. 16.11.1978 = BGH NJW 1979, 718 = BGHZ 72, 382 ff.

bb) Haftung kraft funktionaler Stellung zu der Gesellschaft

Darüber hinaus hat der II. Senat den Kreis der Haftenden auch auf Personen und Unternehmen ausgedehnt[61], die mit Rücksicht auf ihre besondere berufliche und wirtschaftliche Stellung oder auf ihre Eigenschaft als berufsmäßige Sachkenner eine Garantenstellung einnehmen[62], wenn sie durch ihr nach außen in Erscheinung tretendes Mitwirken am Emissionsprospekt einen Vertrauenstatbestand schaffen. Der erkennende Senat stellt klar, dass den Entscheidungen zur (allgemein – zivilrechtlichen) Prospekthaftung der allgemeine Rechtsgedanke zugrunde liegt, dass für die Richtigkeit und Vollständigkeit der in Verkehr gebrachten Werbeprospekte einer Publikums – KG jeder einstehen muss, der durch von ihm in Anspruch genommenes und ihm entgegen gebrachtes Vertrauen auf den Willensentschluss des Anlegers Einfluss genommen hat. Dem geht voraus, dass der Prospekt im Regelfall die Grundlage für den wirtschaftlich bedeutsamen und mit Risiken verbundenen Beitrittsentschluss darstellt. Dabei sind sich die Verantwortlichen, mit deren Wissen und Willen der Prospekt herausgegeben wird, dieser Tatsache auch bewusst: „Nach Anspruch und Zielsetzung soll der Prospekt das anlagesuchende Publikum über die Beteiligung sachlich informieren."[63] Aus dieser Bedeutung des Emissionsprospektes folgt, dass auch all jene Personen für eine sachlich richtige und vollständige Information einzustehen haben, die allein durch ihr nach außen in Erscheinung tretendes Mitwirken an der Prospektgestaltung einen besonderen – zusätzlichen – Vertrauenstatbestand schaffen. Dazu gehören insbesondere solche Personen und Unternehmen, die mit Rücksicht auf ihre allgemein anerkannte und herausgehobene berufliche und wirtschaftliche Stellung oder ihre Eigenschaft als berufsmäßige Sachkenner eine Garantenstellung einnehmen. Gerade von ihnen wird berufliche Sachkunde und persönliche Zuverlässigkeit mit der Folge erwartet, dass der Kapitalanleger ihren Aussagen im Prospekt häufig eine maßgebliche und ausschlaggebende Bedeutung beimisst.

cc) Rechtsdogmatische Begründung der bisherigen Rechtsprechung durch den II. Senat

In seiner folgenden Entscheidung zur allgemein – zivilrechtlichen Prospekthaftung vom 06.10.1980[64] reagierte der II. Senat auf die in der Literatur aufkeimende Kritik[65] zu seiner Rechtsprechung, indem er das Fundament der bisherigen

[61] Urteil v. 22.05.1980 = BGH NJW 1980, 1840 f. = BGHZ 77, 172 ff.

[62] Wie Rechtsanwälte und Wirtschaftsprüfer, s. BGH NJW 1980, 1840, 1841

[63] *Wiedemann/Schmitz*, ZGR 1980, 129, 132

[64] BGH NJW 1981, 1449 ff. = BGHZ 79, 337 ff.

[65] *Coing*, WM 1980, 210 ff.; *Wiedemann/Schmitz*, ZGR 1980, 129, 142

Rechtsprechung durch grundlegende, rechtsdogmatische Ausführungen begründete.

Demnach gehe es bei den Ausführungen zur allgemein – zivilrechtlichen Prospekthaftung nicht um eine generelle Ausweitung des Rechtsinstituts „Verschulden bei Vertragsverhandlungen“, sondern vielmehr um eine *„Weiterführung des Grundgedankens einer Vertrauenshaftung“*, wie sie für die Grundfälle eines Verschuldens bei Vertragsverhandlungen entwickelt worden ist, in einem bestimmten, vom Gesetzgeber als regelungsbedürftig nicht vorhergesehenen, aber ausfüllungsbedürftigen Bereich.“[66] Der Grundgedanke des II. Senats ist dabei, dass Grundlage der Vertrauenshaftung nicht nur das von einem bestimmten Menschen ausgehende persönliche Vertrauen sein kann, sondern auch ein Vertrauen, das sich aus einer Art Garantenstellung herleitet, die kraft Amtes oder Berufes entsteht oder auf einer besonderen Fachkunde oder einer allgemein anerkannten und hervorgehobenen beruflichen und wirtschaftlichen Stellung beruht. Es ist daher für diese Haftung unerheblich, ob die verantwortlichen Personen oder ihr Einfluss bekannt oder veröffentlicht werden; als Anknüpfungspunkt genügt die Tatsache der verantwortlichen Tätigkeit.

b) Die Erweiterung des sachlichen Anwendungsbereichs

aa) Bauherrenmodelle

In seiner Entscheidung vom 31.05.1990[67] hat der VII. Zivilsenat die für die Publikums- KG entwickelten Grundsätze zur allgemein – zivilrechtlichen Prospekthaftung auch für die Anlage an Bauherrenmodellen für anwendbar erklärt. Der Ausgangspunkt des Senats war hierbei die Erwägung, dass die schutzwürdigen Interessen der Kapitalanleger beim Bauherrenmodell nicht anders gelagert sind als bei der Publikums - KG. Die Gemeinsamkeit der beiden Anlageformen folgt daraus, dass der Emissionsprospekt bei beiden Anlageformen regelmäßig die einzige Informationsquelle für den interessierten Anleger darstellt. Für den Senat macht es daher keinen Unterschied, ob es sich um eine gesellschaftsrechtliche Beteiligung oder um den Erwerb einer Immobilie handelt. Entscheidend ist die durch den Prospekt als Medium vermittelte Information, welche für eine sachgerechte Anlageentscheidung vollständig und richtig sein muss. Der Senat stellt ausdrücklich fest, dass die für die Publikums - KG entwickelten Prospekthaftungsgrundsätze immer dann ohne jede Einschränkung anwendbar sind,

---

[66] BGH NJW 1981, 1449, 1450

[67] BGHZ 111, 314 ff.

wenn es um die Informationsvermittlung und die damit verbundene Beeinflussung des Anlageentschlusses geht.[68]

bb) Gemischte Anlagemodelle

In seiner Entscheidung vom 26.09.1991[69] hat der VII. Zivilsenat die zur allgemein – zivilrechtlichen Prospekthaftung bei der Publikums – KG entwickelten Grundsätze auch auf Anlagemodelle übertragen, die – wie z.B. das „Hamburger Modell“ – Elemente der reinen Kapitalbeteiligung und des konventionellen Bauherrenmodells vereinigen. Der Senat stützt seine Entscheidung wie schon in BGHZ 111, 314 ff. auf die hervorragende Bedeutung des Prospekts für die Informationsvermittlung und damit gleichermaßen für die Entscheidung des Anlegers zu einer Anlage. Auch in diesen Fällen muss der Anleger durch den Prospekt, welcher oftmals die einzige, zumindest aber die tragende Grundlage seiner Anlageentscheidung darstellt, in die Lage versetzt werden, die Anlage objektiv beurteilen und das Risiko richtig einschätzen zu können. Findet eine solche sachgerechte Aufklärung nicht statt, sind diejenigen zivilrechtlich verantwortlich, die als Verantwortliche des Prospektes durch diesen auf den Entschluss des Anlegers eingewirkt haben. Zu dieser Bestimmung sind die bereits entwickelten Grundsätze des BGH zum Kreis der Haftenden voll anzuwenden; deren Haftung gründet sich allgemein auf dem Vertrauen, das ihnen von Anlegern typischerweise entgegengebracht wird.[70]

cc) Aktienhandel im Freiverkehr

In seiner Entscheidung vom 05.07.1993[71] stellt der II. Zivilsenat fest, dass die von der Rechtsprechung entwickelten Prospekthaftungsgrundsätze[72], die an ein typisiertes Vertrauen des Anlegers auf die Richtigkeit und Vollständigkeit der von den Prospektverantwortlichen gemachten Angaben anknüpfen, auch auf Prospekte Anwendung finden, mit denen für den Erwerb von Aktien außerhalb der geregelten Aktienmärkte geworben wird. Grundlegendes Argument des Senats ist auch hier, dass der Prospekt in diesen Fällen die Grundlage für den Beitrittsentschluss des mit ihm geworbenen Interessenten ist, weshalb er den Beitrittsinteressenten ein zutreffendes Bild von der angebotenen Kapitalanlage vermitteln muss. Der Senat führt in dieser Entscheidung aus, dass es bei der Fest-

---

[68] BGHZ 111, 314, 318

[69] BGHZ 115, 213 ff.

[70] BGHZ 115, 213, 227

[71] BGHZ 123, 106 ff.

[72] Der Senat stellt in BGHZ 123, 106 fest, dass diese Grundsätze seit BGHZ 71, 284 bestehen und ständige Rechtsprechung sind

stellung des Schadensersatzanspruches im Rahmen der Kausalität nicht auf das letzte mögliche Glied der Kausalkette, mithin die Ursächlichkeit des Beitrittsentschlusses für den eingetretenen Schaden, sondern vielmehr auf die Ursächlichkeit des Aufklärungsmangels für den Beteiligungsentschluss des Anlegers ankommt. Weiterhin begründet der Senat die Pflicht zur umfassenden Aufklärung im Rahmen des Prospekts damit, dass dadurch das Recht zur Selbstbestimmung der mit dem Prospekt geworbenen Interessenten über die Verwendung ihres Vermögens sichergestellt wird.[73] Führt ein fehlerhafter Prospekt letztlich zu einem Schaden des Anlegers, so wurde dieser in seinem Vertrauen enttäuscht und hat einen Anspruch in Höhe seines Vertrauensinteresses.

3. Interpretationen und Folgerungen zur BGH – Rechtsprechung

a) Die Motivation des BGH zur Entwicklung der allgemein – zivilrechtlichen Prospekthaftung

aa) Gesetzliche Regelungslücke und Bedeutung des Prospekts

Als der II. Senat des BGH sich zum ersten Mal der Klage eines durch die Werbung mit einem unrichtigen Prospekt getäuschten und geschädigten Anlegers gegenüber sah, stand er vor dem Problem, dass dieser Bereich des Vertriebs von Anteilen an einer Publikums – KG nicht gesetzlich geregelt war. Er fand einen vom Gesetzgeber als regelungsbedürftig nicht vorhergesehenen, aber ausfüllungsbedürftigen Bereich vor[74], für den er eine Haftungsregelung schaffen musste. Ein entscheidendes Problem hierbei war die Tatsache, dass bei der Abwicklung solcher Ausgleichs-, Schadensersatz- oder Freistellungsansprüche nach gesellschaftsrechtlichen Grundsätzen sich der Getäuschte an Mitgetäuschte halten müsste. Da dies nicht als interessengerecht empfunden wurde, musste folglich zusätzliches Haftungskapital erschlossen werden.[75] Der BGH betonte mehrfach, dass er den Prospekt in der Regel als einzige Quelle ansah, anhand derer sich der potentielle Anleger sachgerecht und vollständig über die Anlage informieren konnte[76]. Durch den Prospekt werde der Interessent in seiner Anlageentscheidung mithin entscheidend beeinflusst. Es lag also nahe, das Umfeld der Pros-

---

[73] BGHZ 123, 106, 113

[74] Dies stellte der II. Senat in BGH NJW 1981, 1449, 1450 ausdrücklich fest.

[75] *Wüst*, JZ 1992, 470, 475

[76] BGH NJW 1980, 1840, 1841; BGHZ 111, 314, 317; BGHZ 115, 213, 218

pektwerbung für die Wahrheit und Vollständigkeit der gemachten Angaben haftbar zu machen.[77]

bb) Interessenbewertung und Folgenanalyse

Die inhaltliche Ausgestaltung und rechtsdogmatische Entwicklung der BGH – Rechtsprechung zeigt, dass sie wesentlich vom Gedanken des Kapitalanlegerschutzes geprägt war, was wiederum darauf zurückzuführen ist, dass sich der BGH seinerzeit mit der sozialen Wirklichkeit im Bereich des Vertriebs von Kapitalanlagen auf dem „Grauen Kapitalmarkt“ beschäftigte, wobei die dabei angestellten Interessenbewertungen und –entscheidungen zugunsten des Anlegers ausfielen. Die Überlegung, nach zusätzlichem Haftungskapital zu suchen, um damit nicht zur gesellschaftsrechtlichen Haftung von Mitgetäuschten gelangen zu müssen, zeigte jedoch auch, dass sich der BGH eingehend mit den möglichen Folgen hinsichtlich des Kreises der Haftenden beschäftigte. Die Verknüpfung dieser Folgenanalyse mit der Bewertung des bestehenden Interessenkonfliktes zwischen Anleger, Mitgesellschaftern und Prospektverantwortlichen führte zur Entwicklung eines Haftungsinstitutes der allgemein – zivilrechtlichen Prospekthaftung, welche die Interessen der Anleger schützte, die Mitgesellschafter aus der Haftung ausschloss und die für den Prospekt Verantwortlichen in die Pflicht nahm.

b) Die Gestaltung als Vertrauenshaftung

aa) Dogmatischer Ausgangspunkt: Verschulden bei Vertragsverhandlungen

Ursprünglich verankerte der II. Senat seine Begründung der Haftung der Prospektverantwortlichen für den Vertrieb von Kapitalanlagen einer Publikums - KG vermittels unrichtiger Prospekte dogmatisch im Institut des Verschuldens bei Vertragsverhandlungen.[78] Dabei dehnte er den Rechtsgrundsatz, dass auch der Vertreter einer Partei bei Vertragsschluss haftet, wenn er für seine Person Vertrauen in Anspruch genommen und dadurch die Vertragsverhandlungen beeinflusst hat[79], auch auf den Vertreter des unmittelbar berufenen Vertreters der Vertragspartei aus. Der Senat begründete dies mit seiner Einschätzung von der Zielrichtung des Vertrauens des Anlegers. Er betonte, dass der Beitrittsinteressent bei den Vertragsverhandlungen sein Vertrauen „nicht allein und nicht in erster

---

[77] *Wüst*, JZ 1992, 470, 475

[78] BGH NJW 1978, 1625

[79] Ausführungen dazu finden sich bereits in: vgl. BGH LM § 278 BGB Nr. 49 m.w.N.; BGHZ 56, 81 = NJW 1971, 1309; BGH NJW 1975, 642

Linie der Komplementär GmbH[80] entgegenbringt“[81]. Dies zeigt, dass der Senat von einem durchaus different ausgerichteten Vertrauen des Anlegers ausgeht. Er machte hierdurch deutlich, dass zwar ein Vertrauen auch in das abstrakte Gebilde der Komplementärs – GmbH besteht, dass dieses jedoch nicht die tatsächliche Grundlage einer Haftung darstellt. Der Senat sah primär das Vertrauen des Anlegers in die das Management bildenden Initiatoren und Gründer einer Publikums - KG, die hinter der Gesellschaft stehen, als Ausgangspunkt für eine Haftung[82].

bb) Typisiertes Vertrauen

Der BGH bediente sich im Rahmen der Haftungsbegründung der Figur des typisierten Vertrauens. Das typisierte Vertrauen des Anlegers schloss weitere Personen in die Haftung mit ein, die über die Figur des „Vertreters des Vertreters“ konstruktiv nicht herzuleiten waren. Denn nachdem ursprünglich die Gründer und Initiatoren einer Gesellschaft, die das Management bilden oder beherrschen als Haftendenkreis verantwortlich gemacht wurden, erstreckte der BGH die Haftung im Folgenden über die Figur des „typisierten Vertrauens“ auch auf „Personen, die daneben besonderen Einfluss in der Gesellschaft ausüben und Mitverantwortung tragen“[83] und auf „Personen und Unternehmen, die mit Rücksicht auf ihre besondere berufliche und wirtschaftliche Stellung oder auf ihre Eigenschaft als berufsmäßige Sachkenner eine Garantenstellung einnehmen“.[84] Dieser Personenkreis wurde nicht mehr durch die Figur des „Vertreters des Vertreters“ in die Haftung eingeschlossen.[85] Er ließ sich durch die entwickelten Fallgruppen des Verschuldens bei Vertragsverhandlungen nicht mehr begründen. Um gleichwohl einen Haftungskreis zu bilden, den der BGH aus seinen Interesse bewertenden und folgenanalytischen Erwägungen für notwendig erachtete, half ihm schließlich die Figur des „typisierten Vertrauens“.

Oben ist bereits auf die Bedeutung der „Zielrichtung des Anlegervertrauens“ hingewiesen worden. Der BGH machte sich nun die Figur des „typisierten Vertrauens“ zunutze, um diese Zielrichtung hinreichend zu konkretisieren. Da der

---

[80] Welche in diesem Kontext die Funktion des Vertreters der Publikums – KG wahrnimmt.

[81] BGH NJW 1978, 1625

[82] BGH NJW 1978, 1625; diese Personen waren Geschäftsführer der Komplementärs – GmbH und somit von der Konstruktion des „Vertreters des Vertreters“ umfasst.

[83] BGH NJW 1979, 718

[84] BGH NJW 1980, 1840

[85] Auf diesen Umstand reagierte der II. Senat erst in BGH NJW 1981, 1449, 1450 mit einer grundlegenden dogmatischen Einordnung des Haftungsinstituts im Bereich der Vertrauenshaftung; siehe dazu den folgenden Unterabschnitt cc)

Anleger die Personen hinter der Gesellschaft nicht kennt und die Basis seines Vertrauens über den Prospekt vermittelt wird[86], knüpfte der BGH das Vertrauen an das System der Prospekterstellung und -veröffentlichung.[87] Demnach erschließt sich das Vertrauen und damit der Haftendenkreis auf diejenigen Personen, denen hinsichtlich der Prospekterstellung und -veröffentlichung Einflussmöglichkeiten und Entscheidungsbefugnisse zukommen. Von diesem Personenkreis wird aufgrund seiner Stellung und Eigenschaft persönliche Zuverlässigkeit erwartet.[88] Dies erhellt nun die Tatsache, dass das von der Rechtsprechung als Leitprinzip eines Prospekthaftungsinstituts ermittelte Anlegervertrauen nicht etwa durch ein „persönliches Vertrauen", sondern vielmehr durch ein „*funktionales* und *systemisches* Vertrauen" getragen wird.

Funktional zum einen, weil das Anlegervertrauen einerseits nicht bekannten Personen aufgrund deren funktionaler Stellung innerhalb der Gesellschaft als mitverantwortliche, Einfluss ausübende Personen und andererseits nicht bekannten Personen, die als „externe" Garanten und berufsmäßige Sachkenner im Rahmen der Prospekterstellung eine funktionale Verantwortung übernehmen, gilt. *Systemisch* zum anderen, weil das Vertrauen des Anlegers auch das von dem funktional befähigten Personen kontrollier- und steuerbare System der Informationsverarbeitung und -vermittlung hinsichtlich des Prospekts umfasst.[89] Aufgrund des dergestalt funktionierenden Vertrauensverständnisses des BGH kann man auch von Vertrauen in „Funktionale Autoritäten"[90] sprechen.

Dem so verstandenen Vertrauensbegriff mit dem daraus folgenden Kreis der Haftenden liegt bei näherer Begutachtung bereits eine bestimmte Fallgruppensystematik zu Grunde, ohne dass dies bislang ersichtlich erkannt oder erwähnt wurde. Der BGH hat in seinen Entscheidungen zu erkennen gegeben, dass er zwischen jenen Personen differenziert, die innerhalb der Gesellschaft eine bestimmte Funktion innehaben, und solchen, die außerhalb der Gesellschaft stehen, im Hinblick auf den Prospekt jedoch eine qualifiziert verantwortliche Stel-

---

[86] Der Prospekt stellt in der Regel die einzige Grundlage für den Anleger dar, sich über die Anlage sachgerecht zu informieren; siehe z. B. BGHZ 77, 172 ff.

[87] BGH NJW 1979, 718, 719: „Sie (die Anleger) dürfen mit Recht erwarten, dass diese (die hinter der Gesellschaft stehenden Personen) in gleicher Weise wie die Geschäftsführer (die Vertreter des Vertreters) ...dafür sorgen, dass bei der öffentlichen Prospektwerbung die gebotene Sorgfalt beobachtet wird und aufgrund der ihnen gegebenen Einflußmöglichkeiten verhindern, dass Werbeprospekte wesentliche Unrichtigkeiten...aufweisen."

[88] Vgl. BGH NJW 1978, 1625

[89] Da der Anleger den hinter der Prospektveröffentlichung stehenden Prozeß nicht durchschauen kann, muss er sich „auf fremde Informationsverarbeitung stützen und verlassen können", siehe hierzu *Luhmann*, Vertrauen, S.66

[90] *Luhmann*, Vertrauen, S.67

lung einnehmen können, wenn sie die Merkmale einer besonderen Sachkunde aufweisen und durch den Prospekt nach außen in Erscheinung treten. Hinsichtlich der erstgenannten Gruppe sind ebenfalls qualifizierte, funktionale - unter einem gewissen Rollenverständnis zu verstehende – Merkmale erforderlich, die den Kreis der Haftpflichtigen konkretisieren. Bezugspunkt vorliegender juristischer Theorie sind indes nicht die durch die Rechtsprechung konturierten Fallgruppen, sondern die die Fallgruppen verbindende Gemeinsamkeit, welche sich in dem darin sichtbar werdenden gemeinsamen Problem und seiner juristischen Lösung konstituiert.[91] Aus den Fallgruppen ist mithin das allen Fallgruppen gemeinsam zugrunde liegende Problem herauszufiltern und im Rahmen der einheitlichen Prospekthaftungstheorie einer einheitlichen Lösung zuzuführen.

cc) Prospekthaftung als Weiterführung des Grundgedankens der Vertrauenshaftung

In seiner Entscheidung vom 06.10.1980[92] machte der II. Senat deutlich, dass er es für gerechtfertigt hält, hinsichtlich der Prospekthaftung weiterhin an die Grundsätze über die Haftung wegen Verschuldens bei Vertragsverhandlungen anzuknüpfen. Er stellte jedoch klar, dass dieses Rechtsinstitut über die Verhandlungspartner hinaus, die durch ihr Verhalten persönliches Vertrauen in Anspruch nehmen, nicht generell auf den Personenkreis ausgedehnt verstanden werden dürfe, denen „typischerweise" das Anlegervertrauen gilt. Vielmehr geht es bei der vom BGH entwickelten Prospekthaftung um „eine Weiterführung des Grundgedankens einer Vertrauenshaftung, wie sie für die Grundfälle eines Verschuldens bei Vertragsverhandlungen entwickelt worden ist, in einem bestimmten, vom Gesetzgeber als regelungsbedürftig nicht vorhergesehenen, aber ausfüllungsbedürftigen Bereich."[93]

Der Senat löste sich damit von seiner bisherigen dogmatischen Herleitung der allgemein – zivilrechtlichen Prospekthaftung aus dem Institut des Verschuldens bei Vertragsverhandlungen, indem er dieses nunmehr lediglich als Konzeptionsidee hinstellt, das Haftungsinstitut jedoch generell aus dem Grundgedanken der Vertrauenshaftung herleitet. Dies war mithin notwendig, wenn man sich vergegenwärtigt, dass das Institut des Verschuldens bei Vertragsverhandlungen keine Grundlage dafür bot, eine Haftung über die Vertragsparteien und die mittelbaren oder unmittelbaren Vertreter hinaus auch auf solche Personen auszudehnen, die zwar in der Gesellschaft Einfluss und Mitverantwortung tragen, an den Vertragsverhandlungen jedoch in keiner Weise beteiligt sind. Der Grundgedanke des Senats war hierbei die Erwägung, dass Grundlage der Vertrauenshaftung

---

[91] Vorliegendes Theorienverständnis nach *Canaris*, JZ 1993, 377, 380

[92] BGH NJW 1981, 1449 ff.

[93] BGH NJW 1981, 1449, 1450

„nicht nur das von einem Menschen ausgehende persönliche Vertrauen sein kann, sondern auch ein Vertrauen, das sich aus einer Art Garantenstellung herleitet, die kraft Amtes oder Berufes entsteht oder auf einer besonderen Fachkunde oder einer allgemein anerkannten und hervorgehobenen beruflichen oder wirtschaftlichen Stellung beruht."[94]

c) Allgemein – zivilrechtliche Prospekthaftung als generelles Haftungsinstitut für den Bereich des „Grauen Kapitalmarktes"

Wie bereits dargelegt wurde, hat der BGH die zur Prospekthaftung bei der Publikums – KG entwickelten Grundsätze in weiteren Entscheidungen auch auf „Bauherrenmodelle"[95], „gemischte Anlagemodelle"[96] – die Elemente der reinen Kapitalbeteiligung und des konventionellen Bauherrenmodells vereinigen - sowie auf den Erwerb von Aktien außerhalb der geregelten Aktienmärkte[97] für anwendbar erklärt. Das entscheidende Element dieser Rechtsprechung ist die Betonung der hervorragenden Bedeutung des Prospekts für die Anlageentscheidung des Interessenten.

Im Rahmen seiner Entscheidung zum „Bauherrenmodell" stellt der Senat fest, dass der Emissionsprospekt wie auch bei der Publikums - KG oftmals die einzige Informationsquelle für den interessierten Anleger ist. Andere Informationsquellen sind dem Anleger regelmäßig nicht zugänglich, weshalb es das Interesse des Anlegers erfordert, dass der Prospekt tauglich ist, die für den Anlageentschluss erforderlichen Informationen umfassend und objektiv zu vermitteln.[98] Noch grundsätzlicher führt der BGH dazu aus, „wenn es um die Informationsvermittlung und die damit verbundene Beeinflussung des Anlageentschlusses geht, sind die für die Publikums – KG entwickelten Grundsätze ohne jede Einschränkung anwendbar."[99]

Zur Haftungsfrage beim gemischten Anlagemodell hat der BGH ausgeführt, dass auch dort der Prospekt die einzige, jedenfalls wichtigste Informationsquelle darstellt, die den Anleger in die Lage versetzt, die Anlage objektiv zu beurteilen

---

[94] BGH NJW 1981, 1449, 1450; oder um der bisherigen Interpretation zu folgen, auf einem Vertrauen in „Funktionale Autorität"

[95] Urteil des VII. Senats vom 31.05.1990 = BGHZ 111, 314 ff.

[96] Urteil des VII. Senats vom 26.09.1991 = BGHZ 115, 213 ff.

[97] Urteil des II. Senats vom 05.07.1993 = BGHZ 123, 106 ff.

[98] BGHZ 111, 314, 317

[99] BGHZ 111, 314, 318

und sein Risiko richtig einzuschätzen.[100] Grundsätzlicher noch trifft der Senat die Feststellung, dass „die hervorragende Bedeutung des Prospekts für die Informationsvermittlung und die damit verbundene Beeinflussung des Anlageentschlusses bei diesem und vergleichbaren Anlagemodellen die zivilrechtliche Verantwortlichkeit derjenigen rechtfertigt, die durch den Prospekt auf den Entschluss eines Kapitalanlegers Einfluss genommen haben."[101]

Letztlich führt der BGH auch in seiner Entscheidung zum Erwerb von Aktien außerhalb der geregelten Aktienmärkte aus, dass der Prospekt im Allgemeinen die Grundlage für den Beitrittsentschluss des mit ihm geworbenen Interessenten darstellt, weswegen die für die Publikums – KG entwickelten Prospekthaftungsgrundsätze anwendbar sind.[102] Der BGH machte dadurch deutlich, dass es nicht auf die gesellschaftsrechtliche Gestaltungsform, sondern auf den Vertrieb der Anlage mit Hilfen von Prospekten ankommt.[103]

Die genannten Feststellungen des BGH lassen sich zu einer grundsätzlichen Bestimmung verallgemeinern: Immer wenn bei einer Anlageentscheidung der Prospekt regelmäßig die einzige oder zumindest wichtigste Informationsquelle für den Anleger darstellt und dadurch die Anlageentscheidung entscheidend beeinflusst, sind im Falle der Unrichtigkeit oder Unvollständigkeit des Prospekts die für die Prospekthaftung anhand der Publikums – KG entwickelten Grundsätze ohne Einschränkung anwendbar. Es lässt sich damit sagen, dass die Rechtsprechung dazu übergegangen ist, die allgemein – zivilrechtliche Prospekthaftung allen außerhalb des organisierten Kapitalmarktes öffentlich vertriebenen Kapitalanlagen, für die keine spezialgesetzlichen Haftungstatbestände eingreifen, zugrunde zu legen, wenn ein Prospekt die wesentliche Informationsquelle für die Anleger darstellt, um die Anlage objektiv zu beurteilen und das Anlagerisiko richtig einzuschätzen.[104]

---

[100] BGHZ 115, 213, 218

[101] BGHZ 115, 213, 218, 219

[102] BGHZ 123, 106, 109

[103] So bereits *Wüst* in seiner Anmerkung zu BGHZ 115, 213 ff. in: JZ 1992, 470, 475; Wüst betonte dabei den Aspekt des präventiven Rechtsschutzes, da eine „prospektbezogene" Lösung verhindert, dass durch den Entwurf neuer Anlageformen immer wieder Haftungslöcher entstehen können.

[104] *Lenenbach*, Kapitalmarkt- und Börsenrecht, Rdn. 9.25; *Assmann*, in: Assmann/Schütze, Handbuch des Kapitalanlagerecht, § 7 Rdn. 96 f.

4. DIE KRITIK AN DER RECHTSPRECHUNG DES BGH

a) Die Zersplitterung der Prospekthaftungstatbestände

Die Entwicklung der allgemein – zivilrechtlichen Prospekthaftung als eigenständiges Haftungsinstitut neben der spezialgesetzlichen Prospekthaftung durch die Rechtsprechung des BGH führte wie bereits dargestellt[105] zu einer kapitalmarktrechtlichen Zersplitterung der Prospekthaftungstatbestände. Während *Assmann* die Forderung nach einer „einheitlichen Theorie der Prospekthaftung" ausspricht[106], weist *Köndgen* hinsichtlich der Zersplitterung der Haftungstatbestände auf das missliche Gefühl hin, das angesichts des Postulats der Einheit der Rechtsordnung bestünde[107]. Indes zielt dies nicht allein auf die dogmatische Verankerung oder konstruktive Ausprägung der allgemein – zivilrechtlichen Prospekthaftung, sondern verlagert sich in einen allgemeinen systematischen Gedanken, der im Rahmen dieser Arbeit weiter verfolgt und bei der Frage nach der Notwendigkeit einer einheitlichen Prospekthaftungstheorie näher untersucht werden soll[108].

b) Überschreitung der Legitimation zur Rechtsfortbildung

Wenige Kritiker machten geltend, der BGH habe durch seine im Wege der Rechtsfortbildung geschaffene allgemein – zivilrechtliche Prospekthaftung seine Legitimation überschritten, wobei dies zum einen auf den mit dem Scheitern des geplanten Vermögensanlagegesetz zum Ausdruck gekommenen gegenläufigen gesetzgeberischen Willen[109] und zum anderen auf die überzogene Entlastung des Anlegers von dem zu fordernden Maß an Selbstverantwortung[110] gestützt wird.

Das gescheiterte Vermögensanlagegesetz kann jedoch nicht ohne weiteres als bewusste Abstinenz des Gesetzgebers gedeutet werden.[111] Vielmehr zeigen die Überlegungen des Gesetzgebers hinsichtlich des Erlasses eines solches Gesetzes, dass er die Lücke im Rechtssystem und die Notwendigkeit einer Regelung

---

[105] Vgl. Historische Entwicklung: Zweigleisigkeit, Kap. 2, II.

[106] *Assmann*, Prospekthaftung, 1985, S.273 ff.

[107] *Köndgen*, Zur Theorie der Prospekthaftung, AG 1983, 85, 87

[108] Vgl. Kapitel 5, I.

[109] *Littbarski*, NJW 1984, 1667, 1670

[110] *Crezelius*, BB 1985, 209, 215 f.

[111] *Assmann*, in: Assmann/Schütze, Handbuch des Kapitalanlagerechts, § 7 Rdn. 26

erkannt hat. Zur Umsetzung eines derartigen Regelungskomplex fehlte weniger der Wille, als ein klares dogmatisches du systematisches Konzept. Hinzu kommt, dass der Gesetzgeber hinsichtlich der Prospekthaftung nicht unter dem Zwang stand, eine positiv rechtliche Regelung zu erlassen, nachdem die Rechtsprechung des BGH zumindest im Ergebnis weitgehend begrüßt wurde.[112] Gegen die Forderung von *Crezelius*[113] nach einem höheren Maß an Selbstverantwortung für den Anleger auf dem „Grauen Kapitalmarkt" wendet *Assmann* zu Recht ein[114], dass der Prospekthaftung neben ihren individualschützenden Funktionen auch marktbezogene Funktionen zukommen, welche von diesem Einwand nicht ergriffen werden.

c) Prospekthaftung als unzulässige Durchgriffshaftung

Kritik an der Rechtsprechung des BGH hat sich auch vor dem gesellschaftsrechtlichen Hintergrund der Prospekthaftung gebildet. Die Prospekthaftung für unrichtige oder unvollständige Prospekte richtet sich nicht an die Gesellschaft selbst, sondern an die Personen, die dahinter stehen und Einfluss ausüben und Mitverantwortung tragen. Dies lässt *Crezelius*[115] zu dem Schluss kommen, dass die Prospekthaftung eine Durchgriffshaftung darstelle, ohne dass die dafür erforderlichen Voraussetzungen vorlägen. Auch für *v. Bar*[116] liegt bei der Betrachtung der Prospekthaftung der Gedanke nahe, dass in dieser, zumindest bei funktionaler Betrachtung, das Ideengut der Durchgriffshaftung wirke, die gesellschaftsrechtliche Konstruktionen und Immunitäten beiseite schiebe, um effektiv werden zu können. Er gesteht jedoch ein, dass die Begründung des BGH zur allgemein – zivilrechtlichen Prospekthaftung das von ihm aufgeworfene Problem der Durchgriffshaftung zumindest formal umgehe, weil sie persönliche Pflichten des haftenden Personenkreises schaffe.[117] Das Eingeständnis *v. Bars* verweist zu Recht auf die besonderen Strukturen, die bei der Entwicklung der Prospekthaftung berücksichtigt wurden. Das vom BGH auf dem Grundgedanken einer Vertrauenshaftung entwickelte Prospekthaftungsinstitut begründet seinen Haftungsanspruch aufgrund von in Anspruch genommenem und enttäuschtem Vertrauen. Zwischen dem Anleger und den Haftenden wird damit gleichsam eine eigen-

---

[112] Vgl. *Assmann*, in: Assmann/Schütze, Handbuch des Kapitalanlagerechts, § 7 Rdn. 25; darauf weist auch der BGH selbst hin, in: BGHZ 79, 337, 340 f. = BGH NJW 1981, 1449, 1450

[113] *Crezelius*, BB 1985, 209, 215 f.

[114] *Assmann*, in: Assmann/Schütze, Handbuch des Kapitalanlagerechts, § 7 Rdn. 26

[115] *Crezelius*, BB 1985, 209, 216

[116] *V. Bar*, Vertrauenshaftung ohne Vertrauen, ZGR 1983, 477, 483

[117] *V. Bar*, Vertrauenshaftung ohne Vertrauen, ZGR 1983, 477, 483

ständige Rechtsbeziehung begründet, die der BGH als Vertrauensbeziehung mit daraus resultierender Vertrauenshaftung qualifiziert. Die Kritik einer unzulässigen Durchgriffshaftung kann daher nur gehört werden, wenn sich diese Einordnung des BGH als dogmatisch nicht haltbar erweist. Sie kann folglich nur dann greifen, wenn man gleichzeitig aufzeigt, dass keine „eigene" Rechtsbeziehung zwischen Anleger und Prospektverantwortlichen besteht. Im Folgenden[118] wird jedoch dargestellt werden, dass es sich bei der Prospekthaftung sehr wohl um ein Institut der Vertrauenshaftung, welches das Verhältnis zwischen Anleger und Prospektverantwortlichen normativ- rechtlich erfasst, handelt, weshalb die genannten Einwände nicht überzeugen können.

d) Die Einbindung der Prospekthaftung in das Institut der c.i.c.

Zum Teil heftige Kritik wurde von der Literatur an der Einbindung der Prospekthaftung in das Rechtsinstitut der c.i.c. geübt. Der Rückgriff auf den Gesichtspunkt der c.i.c. bedeute, dass das Problem der Prospekthaftung aus einer Generalklausel gelöst worden sei. Dies sei mit Rücksicht auf die Rechtssicherheit zu bedauern und führe darüber hinaus zu Problemen, da die c.i.c. zu unbestimmt und konturlos sei. Verstärkt werde dies dadurch, dass der BGH für seine Entscheidungen zur Prospekthaftung bei der Publikums – KG auf Erweiterungen der c.i.c. zurückgreift, die zur Zurückstellung des ursprünglichen Ausgangspunktes dieser Haftung, dem Kontakt bei der Aufnahme von Vertragsverhandlungen, führe.[119] Dieser Kritik *Coings* ist grundsätzlich zuzustimmen. In der Tat lässt sich die Haftung von Beiratsmitgliedern[120] oder im Prospekt auftretenden Rechtsanwälten[121], die an den Vertragsverhandlungen in keiner Weise teilgenommen haben, nicht mit der Dogmatik der c.i.c. vereinbaren. Der Ansatzpunkt für diese Kritik wurde jedoch vom BGH eigenständig beseitigt, in dem er in seiner Entscheidung vom 06.10.1980[122] ausführte, dass es sich bei der Prospekthaftung „vielmehr um eine Weiterführung des Grundgedankens einer Vertrauenshaftung, wie sie für die Grundfälle eines Verschuldens bei Vertragsverhandlungen entwickelt worden ist,..."[123] handelt. Der BGH ist damit der Feststellung *Coings* entgegen gekommen, bei der Prospekthaftung erscheine vielmehr „der

---

[118] Vgl. Kap. 3, V.

[119] *Coing*, WM 1980, 206, 211

[120] BGH NJW 1979, 718 = BGHZ 72, 382

[121] BGH NJW 1980, 1840 = BGHZ 77, 172

[122] BGH NJW 1981, 1449 = BGHZ 79, 337

[123] BGH NJW 1981, 1449, 1450

allgemeine Gesichtspunkt der Vertrauenshaftung"[124] bestimmend, indem er die Prospekthaftung gleichsam zu einem allgemeinen, auf den Grundsätzen der Vertrauenshaftung beruhenden Haftungsinstitut verselbständigte und der c.i.c. dabei lediglich eine Art Vorbildfunktion zuwies.

Auch *v. Bar*[125] kritisierte in diesem Zusammenhang die Überschreitung der der c.i.c. immanenten Anspruchsvoraussetzungen, wenn der BGH zu einer Haftung gelangt, ohne dass ein Vertretungsverhältnis zwischen Haftendem und dem Vertragspartner des Anlegers vorliegt. Nach den genannten Ausführungen des BGH gelingt es dieser Kritik allerdings nicht mehr, den von der Rechtsprechung nachgeschobenen dogmatischen Ausgangspunkt der Prospekthaftung auszuhebeln. Angesichts dessen ist auch der Feststellung *v. Bars* zu widersprechen, wonach Ausgangspunkt der Prospekthaftung immer ein „aus der Gewährung und Inanspruchnahme von Verhandlungsvertrauen abgeleiteter Anspruch aus culpa in contrahendo"[126] bleibt. Ins Blickfeld rückt daher verstärkt die Kritik, welche die Einordnung als Vertrauenshaftung und die Begründung vermittels der Figur des „typisierten Vertrauens" direkt angreift.

e) Vertrauenshaftung ohne Vertrauen

Nach *v. Bar* handelt es sich bei der von der Rechtsprechung entwickelten Prospekthaftung um eine „Vertrauenshaftung ohne Vertrauen".[127] Dies schließt er aus der Tatsache, dass der Anknüpfungspunkt für die Haftung nicht das einer bestimmten Person entgegen gebrachte Vertrauen, sondern die Tätigkeit und Verantwortung einer Person ist. Dieser Zielrichtung folgt auch der Hinweis, dass das anlagesuchende Publikum Abschreibungsgesellschaften und Anlagevermittlern meist voller Misstrauen begegnet.[128] *V. Bar* konkretisiert seine Kritik dahingehend, dass es „genau besehen ja wohl das Ergebnis der BGH – Rechtsprechung und nicht die von ihr vorgefundene tatbestandliche Voraussetzung sei, dass das anlagesuchende Publikum den Prospekten Vertrauen schenken darf und es inzwischen auch tut."[129] Deshalb sieht er in der BGH – Rechtsprechung etwas von einem gedanklichen Zirkel: „Vertrauen darf man, weil eine Anspruchs-

---

[124] *Coing*, WM 1980, 206, 211

[125] *V. Bar*, ZGR 1983, 476, 485 f.

[126] *V. Bar*, ZGR 1983, 476, 488

[127] *V. Bar*, ZGR 1983, 476, 488

[128] *Wiedeman/Schmitz*, ZGR 1980, 129, 135 f.

[129] *V. Bar*, ZGR 1983, 476, 498

grundlage besteht, diese aber entsteht, weil man vertraut."[130] Die Kritik von *Assmann*[131] zielt ebenfalls in diese Richtung, hat jedoch als Ausgangspunkt die Begründung von Pflichten aufgrund von Vertrauenstatbeständen. Nach ihm könne eine Begründung von Pflichten zur vollständigen und richtigen Aufklärung vermittels eines Prospektes nicht aufgrund von Vertrauenstatbeständen erfolgen, zumal nicht danach gefragt werde, ob die zu schützenden Anleger das Vertrauen der „Begünstigtenklasse" überhaupt teilten.[132] Tatbestand und Problematik des Vertrauens könnten zwar Anlass, nicht aber Grund für die Formulierung von Pflichten sein.[133]

Das Vorliegen eines schützenswerten Vertrauenstatbestandes als solchem wird von weiteren Literaturmeinungen angegriffen. Zweifel bestünden daran, dass zum einen bei den im Hintergrund stehenden Personen mangels rechtsgeschäftlichen Erklärungsbewusstseins eine Teilnahme am rechtsgeschäftlichen Verkehr schon gar nicht vorliege.[134] Zum anderen mangele es an einer individualisierbaren Vertrauensbeziehung selbst dann, wenn allein durch das Herausbringen des Prospektes ein dem namenlosen Gründer zurechenbarer Rechtsschein geschaffen würde. Denn der Anspruchsinhaber wisse in diesen Fällen gerade nicht, wie viele Personen hinter der Neuemission stünden, ob sie eine besondere Fachkunde besäßen und wie diese finanziell ausgestattet seien, so dass mangels Kenntnis keine schützenswerte Position entstehe. Vielmehr sei regelmäßig davon auszugehen, dass es dem Anleger im subjektiven Bereich überhaupt an einem Vertrauen als solches fehle.[135]

Die dargestellte Kritik greift das dogmatische Fundament der Prospekthaftung, der Haftung aus in Anspruch genommenem und enttäuschtem Vertrauen, teilweise sehr scharf an. Es ist daher notwendig sich mit dieser Kritik eingehend auseinanderzusetzen, da sie nicht ohne weiteres und durch oberflächliche Argumente von der Hand zu weisen ist. Dazu ist es erforderlich, dass an späterer Stelle eine Begutachtung der Grundlagen der Vertrauenshaftung und insbesondere im Hinblick auf die von der Rechtsprechung entwickelten Grundsätze der Prospekthaftung erfolgt.[136]

---

[130] V. *Bar*, ZGR 1983, 476, 500

[131] *Assmann*, Prospekthaftung, 1985, S. 229 ff.

[132] *Assmann*, Prospekthaftung, 1985, S. 229, 230

[133] *Assmann*, Prospekthaftung, 1985, S. 231, 233

[134] Vgl. *Köndgen*, AG 1983, 85, 95; *Frhr. v. Teuffel*, DB 1985, 373, 374

[135] *Frhr. v. Teuffel*, DB 1985, 373, 374

[136] Dies erfolgt unter Kapitel 3, V.

f) Begründungsdefizit aufgrund der Figur des „typisierten Vertrauens“

Kritik an der Figur des „typisierten Vertrauens“ und des damit verbundenen Begründungsdefizits der allgemein – zivilrechtlichen Prospekthaftung wurde zuerst von *Coing* verübt, welcher die Prospekthaftung gleichwohl systematisch im Bereich der Vertrauenshaftung ansiedelt.[137] *Coing* vermisst zunächst eine nähere Begründung, weshalb sich das Vertrauen der Anleger tatsächlich an die, durch die Zielrichtung der Figur des „typischerweise“ entgegengebrachten Vertrauens vorgegebene, Personengruppe der hinter der Gesellschaft stehenden Personen richtet.[138] Die Zielrichtung des Anlegervertrauens werde unterstellt, welches wie eine „petitio principii“ wirke. Zudem habe die Vertrauenshaftung ursprünglich tatsächlich an das Vertrauen zu einer Person angeknüpft.[139] Inzwischen sei aber durch die Rechtsprechung des BGH deutlich geworden, dass es sich bei der Figur des „Typisierten Vertrauens“ um das Vertrauen zum sachverständigen Fachmann – also nicht so sehr zur Person, sondern sozusagen zur „gesellschaftlichen Rolle“ handele. Was das Vertrauen der Prospektempfänger wecke, seien die Hinweise des Prospekts darauf, dass Fachleute in den Kapital suchenden Unternehmen leitend tätig sind. „Dann handele es sich aber nicht eigentlich um ein Vertrauen in Personen, sondern um Vertrauen in Angaben, die in Prospekten über die berufliche Stellung und das damit verbundene Können der maßgebenden Persönlichkeiten gemacht worden sind.“[140]

Die Kritik *v. Bars* zielt ähnlich wie die *Coings* auf die Begründung des BGH zur Einbeziehung von sog. berufsmäßigen Sachkennern[141] in den Kreis der Haftpflichtigen. Nach *v. Bar* verlagere der BGH den Schwerpunkt seiner Entscheidungsgründe weg von der Haftung aus Verschulden bei Vertragsverhandlungen und hin zu einer Berufshaftung.[142] In der Ausführung des BGH hierzu, „Personen und Unternehmen, die mit Rücksicht auf ihre besondere berufliche oder wirtschaftliche Stellung oder ihre Eigenschaft als berufsmäßige Sachkenner eine Garantenstellung einnehmen, können Kapitalanlegern aus Verschulden bei Vertragsverhandlungen haften, wenn sie durch ihr nach außen in Erscheinung tretendes Mitwirken am Emissionsprospekt einen Vertrauenstatbestand schaf-

---

[137] *Coing*, WM 1980, 206, insbesondere S. 211

[138] *Coing*, WM 1980, 211

[139] *Coing*, WM 1980, 211, mit Verweis auf Ballerstedt, AcP 151 (1950/51), 501, 510

[140] *Coing*, WM 1980, 211

[141] BGH NJW 1980, 1840 = BGHZ 77, 172

[142] *V. Bar*, ZGR 1983, 476, 489

fen"[143], glaubt v. Bar einen inneren Widerspruch zu sehen: Der BGH bedürfe keines Bezugs auf ein Verhandlungsvertrauen des Anlegers, wenn er doch das ganz anders geartete Vertrauen in berufliche Sachkunde in den Vordergrund stelle, aus der eine Garantenstellung folge.[144] *V. Bar* übersieht allerdings zum einen, dass der BGH in seinen Entscheidungsgründen deutlich gemacht hat, dass es sich dabei um einen „besonderen – *zusätzlichen* – Vertrauenstatbestand"[145] handelt, wie zum anderen die Tatsache, dass der BGH in seiner folgenden Entscheidung[146] die Prospekthaftung als eigenständiges Haftungsinstitut neben der c.i.c. auf der Grundlage allgemeiner Gedanken der Vertrauenshaftung verankert hat. Insofern ist *v. Bar* lediglich in dem Sinne Recht zu geben, als der – allein auf die c.i.c. bezogene - Leitsatz des genannten Urteils, *„...können aus Verschulden bei Vertragsverhandlungen haften.."*, missverständlich formuliert ist; in den Entscheidungsgründen des Urteils klärt sich dies jedoch auf.

Recht allgemein hält sich dagegen die Kritik von *Wiedemann* und *Schmitz*[147], die der Auffassung sind, dass die durch die Feststellung des „typischerweise gewährten Vertrauens" angenommene besondere Vertrauensbeziehung zwischen den zukünftigen Vertragspartnern einer juristischen Person und den nicht in Erscheinung tretenden, den einzelnen Beteiligten wahrscheinlich unbekannten und anonymen Mitgliedern der juristischen Person fiktiv wirke. Es wird deutlich, dass die Begründung des Vertrauensverhältnisses und die damit verbundene rechtliche Erfassung der Figur des „typisierten Vertrauens" eine ganz entscheidende Rolle bei der Dogmatik der allgemein – zivilrechtlichen Prospekthaftung des BGH darstellt. Dies ist im Folgenden noch intensiv zu begutachtet.[148]

g) Sonstige Ansätze für Kritik

Vor allem *Köndgen*[149] bemängelt, dass sich die von der Rechtsprechung geschaffene Prospekthaftung auf der Grundlage einer Vertrauenshaftung in einer dritten anspruchsbegründenden Schiene zwischen Vertrag und Delikt bewege, welche er als „schlecht kartographiertes Niemandsland" bezeichnet. Nach *Crezelius* würden dadurch die „schließlich Rechtssicherheit verbürgenden System-

[143] BGH NJW 1980, 1840 = BGHZ 77, 172

[144] *V. Bar*, ZGR 1980, 476, 490

[145] BGH NJW 1980, 1840, 1841 = BGHZ 77, 172

[146] BGH NJW 1981, 1449, 1450 = BGHZ 79, 337

[147] *Wiedemann/ Schmitz*, ZGR 1980, 129, 142

[148] Siehe Kapitel 3, V.

[149] *Köndgen*, AG 1983, 85, 87

begriffe des BGB überrollt".[150] Mir erscheint diese Kritik allzu statisch und, an der rasanten Entwicklung unseres Sozial- und Rechtssystems gemessen, ebenso unpassend. Man muss sich vergegenwärtigen, dass das BGB zum Zeitpunkt der beiden vorgenannten Stellungnahmen bereits 80 Jahre alt war. Der Gesetzgeber konnte die Wandlungen des Kapitalmarktes nicht vorhersehen, genauso wenig wie die Tatsache, dass das BGB in seiner Ausgestaltung nicht alle Lebenssachverhalte angemessen regeln kann. Dies zeigte schon die Herausbildung der dogmatischen Grundlagen der Vertrauenshaftung, wie sie von *Canaris* vorgenommen wurde[151]. Dass sich das Zivilrecht den geänderten Formen menschlichen Zusammenlebens anpassen muss und nicht umgekehrt, ist eine Voraussetzung für die sachgerechte Weiterentwicklung des Rechts. Soweit die Fortentwicklung der sozialen Wirklichkeit die Notwendigkeit der Entwicklung neuer Haftungsinstitute erfordert, die sich nicht mit den herkömmlichen Instrumentarien verwirklichen lassen, zielt die oben genannte Kritik meines Erachtens an der bestehenden Wirklichkeit vorbei.[152]

Die Kritik, welche sich stets auch hinsichtlich der mangelnden Differenzierung des Kreises der Haftenden[153] und der unterschiedlichen Verjährungsfristen[154] gebildet hat, soll an dieser Stelle nicht behandelt werden, da sie für die rechtsdogmatische Einordnung der allgemein – zivilrechtlichen Prospekthaftung nicht erhellend ist.

IV. Alternative Ansätze der Literatur zur Prospekthaftung

Die in der Literatur entwickelten, alternativen Ansätze zur allgemein – zivilrechtlichen Prospekthaftung lassen sich systematisch nicht allein in die klassischen Bereiche Vertrag und Delikt unterteilen. Es gibt daneben auch eine beachtliche Gruppe von Ansätzen, die systematisch zwischen Vertrag und Delikt angesiedelt ist, wobei man vor allem den vertrauenstheoretischen Ansatz vorfindet. Es werden im Folgenden nicht alle Ansätze und Gedankengänge ausdrücklich dargestellt, sondern ein Augenmerk auf diejenigen Ansätze gerichtet, welche sich in der Lehre als diskussionswürdig erwiesen und darüber hinaus auch Anspruch auf eine eingehender Begutachtung erhoben haben. Vorweg erfolgt

---

150 *Crezelius*, BB 1985, 209, 214

151 In: *Canaris*, Die Vertrauenshaftung im deutschen Privatrecht, 1971

152 Zur systematischen Rechtfertigung der Vertrauenshaftung vgl. Kap. 3, V. 1.

153 *Köndgen*, AG 1983, 85, 87

154 Vgl. *Assmann*, in: Assmann/ Schütze, Handbuch des Kapitalanlagerechts, § 7 Rdn. 30

ein kurzer Abriss über jene Auffassungen, die allgemein als wenig akzeptabel aufgefasst werden.

Von vornherein auszuschließen ist der Ansatz einer *Auskunftshaftung*[155], da in der Herausgabe eines Prospektes nicht die Abgabe eines Angebots auf Abschluss eines isolierten Auskunftsvertrages erblickt werden kann.[156] Einer ähnlichen Fiktion entspräche die Annahme eines *Vertrages mit Schutzwirkung Dritter*, mit einem Vertragsverhältnis zwischen emittierendem Unternehmen und Prospektersteller als Bezugspunkt[157]. Die grundlegende Schwäche dieses Ansatzes zeigt sich schon in seiner mangelnden Fähigkeit, Organe des emittierenden Unternehmens als Prospektersteller in den Kreis der Haftpflichtigen aufzunehmen, da diese im Verhältnis zum Unternehmen nicht rechtsgeschäftlich, sondern kraft ihrer Organstellung für das Unternehmen handeln. Keine Alternative bietet auch die Theorie einer *Haftung kraft Sonderverbindung* von Picker.[158] Eine Sonderverbindung bestehe demnach nicht nur in einem Vertrag oder einem auf Vertragsschluss gerichteten Kontakt. Hinreichend sei schon, wenn die Partner von vornherein zahlenmäßig individualisierbar und begrenzbar sowie ihre Vermögensinteressen sozialtypisch offenkundig seien.[159] Die Theorie Pickers ist durch lediglich zwei, und darüber hinaus noch ausfüllungsbedürftige Tatbestandsmerkmale nicht griffig und bestimmt genug, um damit zu einer in der Praxis umsetzbaren Prospekthaftung zu gelangen.[160] Keine Durchsetzungskraft entfaltet auch das gesellschaftsrechtliche Lösungsmodell einer *Organhaftung.*[161] Gegen dieses Konzept spricht bereits die begrenzte Reichweite hinsichtlich der Kreises der Haftpflichtigen. Insbesondere ist die Haftung der außerhalb der Gesellschaft stehenden und bei der Prospekterstellung mitwirkenden berufsmäßigen Sachkenner und Garanten mit dem Ansatz einer Organhaftung nicht vereinbar. Andererseits müssten zudem die gesellschaftsrechtlichen Haftungsregeln einschneidend modifiziert werden.[162]

---

[155] Vgl. *Hartmann*, Vermögensschäden, S. 65 ff., der diesen Ansatz diskutiert, im Ergebnis jedoch zu Recht ablehnt

[156] Vgl. *Lammel*, AcP 179, 337, 341; *Lorenz*, FS Larenz I, 575, 616, 618; *Hopt*, AcP 183, 608, 616; *Wiedemann/ Schmitz*, ZGR 1980, 129, 133 f.; *Hartmann*, Vermögensschäden, S. 65 ff.

[157] Vgl. *Hartmann*, Vermögensschäden, S. 67 ff., der diesen Ansatz diskutiert, im Ergebnis jedoch ablehnt; *Förster*, Prospekthaftung, S. 41 f.

[158] *Picker*, AcP 1983, 369, 369 ff.

[159] *Picker*, AcP 1983, 369, 490 ff.

[160] Vgl. die ausführliche Diskussion bei *Hartmann*, Vermögensschäden, S. 81 ff.

[161] Diskutiert und abgelehnt bei *Hartmann*, Vermögensschäden, S. 120 ff.

[162] Z.B. §§ 43, 44 GmbHG

1. Ansätze auf vertraglicher Basis

a) Abtretungsvertragsmodell

Dieses Modell *v. Teuffels*[163] sieht in dem "In Verkehr bringen" des Prospektes ein konkludentes Angebot der Gesellschaft, dem künftigen Gesellschafter zum Zeitpunkt des Beitritts die Ansprüche abzutreten, die der Gesellschaft gegen die verantwortlichen Personen aus fehlerhafter Auskunftserteilung vermittels Prospekt zustehen und ihm im Falle eines Zusammenbruchs der Gesellschaft einen Regress gegen die Sachwalter oder Gründer der Gesellschaft ermöglichen. Dieses Angebot nehme der Gesellschafter durch seinen Gesellschaftsbeitritt an.[164] Jener Vorgang sei als eine durch den Zusammenbruch der Gesellschaft aufschiebend bedingte Abtretung eines künftigen Anspruchs zu qualifizieren.

Das größte Problem dabei ist, dass der Gesellschaft dadurch Kapital entzogen wird, wodurch der Schutz der Gesellschaftsgläubiger unterlaufen würde. Darüber hinaus könnte sich die Regelung des § 404 BGB für den künftigen Gesellschafter nachteilig auswirken, indem er den Anlegerschutz untergräbt: Vertragliche Haftungserleichterungen hinsichtlich einer Haftsummenbegrenzung oder verkürzten Verjährungsregelung zwischen Gesellschaft und Gründern oder Sachwaltern könnten dem Anleger voll entgegengehalten werden. Weiterhin wird es als unpraktikabel angesehen, dass die Anleger erst bei Zusammenbruch der Gesellschaft tätig werden können, wodurch sich bei der Durchsetzung des Anspruchs der Anleger erhebliche verjährungsrechtliche Probleme ergeben könnten.[165] Hinzu kommt letztlich, dass durch die Annahme eines konkludenten Abtretungsvertrages eine Fiktion erzeugt würde, die den Interessen der Gründer und Sachwalter konträr entgegensteht.[166]

---

163 *Frhr. v. Teuffel*, DB 1985, 373, 375

164 *Frhr. v. Teuffel*, DB 1985, 373, 375

165 *Hartmann*, Vermögensschäden, S. 72 f.

166 *Hartmann*, Vermögensschäden, S. 72; *Förster*, Prospekthaftung, S. 42; m.E. beide mit dem nicht ganz schlüssigen Hinweis, dass *v. Teuffel*, DB 1985, 373, 375 dies selber sehe, da *v. Teuffel* überhaupt nicht auf die Interessen der Gründer und Sachwalter, sondern auf die der Gesellschaft als Prospektherausgeber abstellt.

b) Maklerhaftung

Lutters Modell der Maklerhaftung[167] sieht in seinem Zentrum den Emissionsgehilfen als Handelsmakler i.S.v. § 93 Abs. 1 HGB. In Bezug auf den Vertrieb von Kommanditanteilen an Abschreibungsgesellschaften sieht *Lutter* die Tatbestandsvoraussetzungen des § 93 Abs. 1 HGB für den Emissionshelfer als gegeben an. Zunächst seien die Kommanditanteile „Gegenstände des Handelsverkehrs"[168], da man von einem Markt an Beteiligungen sprechen könne und der Begriff „Gegenstand des Handelsverkehrs" offen für neue Entwicklungen sei. Der Emissionshelfer sei auch im Regelfall nicht ständig für die Gesellschaft mit dem Vertrieb von Kommanditanteilen betraut[169], und letztlich sei seine Tätigkeit auch eine gewerbliche. Folglich bestünden vertragliche Pflichten aus § 98 HGB, welcher ein gesetzlich geregelter Fall einer vertraglichen Schutzwirkung gegenüber Dritten aus dem Vertrag Makler/ KG sei, auch gegenüber dem interessierten Anleger.[170]

Das größte Problem des *Lutterschen* Ansatzes ergibt sich aus dessen beschränkter Anwendbarkeit. Da *Lutter* allein den Emmissionsgehilfen ins Blickfeld seines Haftungsansatzes genommen hat, schließt er den vom BGH ermittelten Kreis der Haftpflichtigen fast gänzlich aus. Die Initiatoren und Gründer einer Gesellschaft, aber auch sonstige Personen, die das Management der Gesellschaft beherrschen und Verantwortung übernehmen, treten regelmäßig nicht im eigentlichen Vertriebssystem in Erscheinung. Eine allgemein – zivilrechtliche Prospekthaftung, die von dem Gedanken des Kapitalanlegerschutzes geprägt ist und gerade auch solche Personen in die Haftung aufnehmen soll, die sich hinter der Gesellschaft verantwortlich verbergen, kann dieser Ansatz nicht begründen. Aber gerade dies ist der Dreh- und Angelpunkt einer allgemein – zivilrechtlichen Prospekthaftung, die solche Personengruppen in die Haftung nimmt, welche für die Erstellung und Veröffentlichung des Prospektes die Verantwortung übernommen haben oder dazu in der Lage gewesen wären.

Auch die von *Lutter* postulierte Anwendbarkeit der §§ 93 ff. HGB ist grundsätzlich in Frage zu stellen. So erscheint der typische Handelsmakler des HGB als der neutrale und objektive Vermittler, der für beide Teile tätig wird, von beiden Teilen gemäß § 99 HGB Provision verlangen kann und der beiden Parteien

[167] *Lutter*, FS Bärmann, S. 605, 613 ff.

[168] *Lutter*, FS Bärmann, S. 605, 613 f.; ebenfalls *Baumbach/Hopt*, HGB, 30. Aufl., § 93 Rdn. 12; *Schmidt*, Handelsrecht, 5. Aufl. 2002, § 26 I 1 a, S. 710

[169] *Lutter*, FS Bärmann, S. 605, S. 613, der Emissionsgehilfe sei nur solange tätig, bis das limitierte Kommanditkapital untergebracht sei, was dem Bild des Handelsmaklers als „Augenblicksvermittlers" entspreche; vgl. auch *Schmidt*, Handelsrecht, 5. Aufl. 2002, § 26 I 1 a)

[170] *Lutter*, FS Bärmann, S. 605, 614 Fn. 23

gemäß § 98 HGB in gleicher Weise verpflichtet ist.[171] Gerade an dieser neutralen Zwischenstellung fehlt es dort, wo der Vermittler einer Seite gegenüber besonders verpflichtet ist.[172] Eine solche besondere, die Neutralität gefährdende Verpflichtung kann durchaus in der Vertriebsförderungspflicht des Vermittlers erblickt werden.[173] Demgegenüber dürfte sich der Vermittler dem Anleger gegenüber kaum verpflichtet fühlen.[174] Aufgrund der sich so darstellenden Differenz zwischen dem „Realtypus" des Anlagevermittlers und dem „Normativtypus" des Handelsmaklers[175] verbietet eine teleologische Reduktion des § 93 Abs. 1 HGB mithin die Anwendbarkeit auf den Emissionshelfer.[176]

c) Prospektangaben als in Selbstbindungsabsicht abgegebene Qualitätsversprechen

Ausgangspunkt für den rechtsgeschäftlichen Lösungsansatz von *Köndgen*[177] ist die funktionelle Einordnung der Prospekthaftung als „Haftung für Werbung"[178]. Zur Begründung einer rechtsgeschäftlichen Haftung stützt sich Köndgen auf seine Feststellung, dass die Prospekte zumindest partiell als rechtsgeschäftliche Willenserklärungen gedeutet werden könnten.[179] Prospekte seien als in Selbstbindungsabsicht abgegebene Qualitätsversprechen zu begreifen.[180] Auslöser hierfür ist die Feststellung, der Prospektersteller wisse, dass die Erwerber der Emission Qualitätsbehauptungen des Prospektes in ihre vertraglichen Leistungserwartungen hinein nehmen. Daher könne man ihm auch kaum absprechen, dass er insoweit mit rechtsgeschäftlichem Bindungswillen handele.[181] „Mit einigen

---

[171] *Köndgen*, AG 1983, 120, 123; *Schmidt*, Handelsrecht, 5. Aufl. 2002, § 26 I 1 a); vgl. auch *Assmann*, Prospekthaftung, S. 252

[172] *Pleyer/ Hegel*, ZIP 1986, 681, 686

[173] Überzeugende Begründung hierzu von *Köndgen*, AG 1983, 120, 123; ihm folgend *Assmann*, Prospekthaftung, S. 252

[174] *Assmann*, Prospekthaftung, S. 252

[175] So *Köndgen*, AG 1983, 120, 123

[176] *Pleyer/ Hegel*, ZIP 1986, 681, 686

[177] *Köndgen*, AG 1983, 85 ff.

[178] *Köndgen*, AG 1983, 85, 87 ff., 89

[179] *Köndgen*, AG 1983, 85, 90 ff.

[180] *Köndgen*, AG 1983, 85, 91

[181] *Köndgen*, AG 1983, 85, 91

geringen Randkorrekturen an der Rechtsgeschäftslehre“ will *Köndgen* den Einwand überwinden, die Prospekterklärungen würden noch nicht mit konkreter Perspektive auf eine individuelle Vertragsbeziehung abgegeben, es fehle ein Geschäftswille und es liege somit nur die Anbahnung eines geschäftlichen Kontaktes, jedoch noch kein Angebot vor.[182] Der Prospekt enthalte zwar noch kein bindendes Angebot zum Vertragsschluss, jedoch ein bindendes Versprechen, dass – wenn es überhaupt zum Abschluss komme – die Vermögensanlage diese oder jene Qualitäten besitze.[183] Dieses für eine Vielzahl künftiger Individualverträge abgegebene Versprechen beinhalte einen „generalisierten Geschäftswillen“, der Prospekt enthalte mithin ein „stehendes Angebot“ hinsichtlich der Eigenschaften der Vermögensanlage.[184] Ausgehend von der Tatsache, dass Prospekte Erklärungen an die Öffentlichkeit sind, behauptet *Köndgen* weiterhin, dass die fehlende Bestimmbarkeit des Adressatenkreises im Zeitalter der Massenkommunikationstechniken dem Charakter der Prospekterklärungen als Willenserklärungen nicht mehr entgegenstehen könne.[185] Letztlich spreche gegen eine rechtsgeschäftliche Prospekthaftung auch nicht die Tatsache, dass die Prospektersteller i.d.R. nicht Partei des später geschlossenen Beitrittsvertrages sind.[186] Eine Analyse der jeweiligen ökonomischen Rollen der Beteiligten im Vertriebssystem führe zu einer rechtsgeschäftlichen Haftung für Prospektunterzeichner sowie auch für solche Gründer, die nicht im Prospekt erscheinen, vielmehr im Hintergrund bleiben.[187] Wegen der mitwirkenden Funktion im Sinne eines arbeitsteiligen Handelns bei der Erstellung des Prospektes müssten sich alle daran Beteiligten die im Prospekt getroffenen Erklärungen als eigene zurechnen lassen, unabhängig davon, ob sie durch den Prospekt in Erscheinung getreten sind oder nicht.[188]

Es bestehen schon erhebliche Zweifel an der Einordnung des Prospektes als Willenserklärung. Köndgen selbst erkennt an, dass es sich bei dem Prospekt um eine „invitatio ad offerendum“[189] handelt. Diese ist jedoch gerade keine Wil-

---

[182] *Köndgen*, AG 1983, 85, 91

[183] In diesem Sinne geht *Köndgen* von einer „partiellen“ Einordnung des Prospekts als Willenserklärung aus.

[184] *Köndgen*, AG 1983, 85, 91

[185] *Köndgen*, AG 1983, 85, 92

[186] *Köndgen*, AG 1983, 85, 92

[187] *Köndgen*, AG 1983, 85, 93 ff., 95 f.

[188] *Köndgen*, AG 1983, 85, 95 f.

[189] *Köndgen*, AG 1983, 85, 91; vgl. auch *v. Bar*, ZGR 1983, 476, 505

lenserklärung[190], es liegt mithin keine rechtsgeschäftliche Bindung an die Prospekterklärung vor. *Köndgen* trägt dieser Erkenntnis Rechnung, indem er dem Prospekt jedoch ein bindendes Versprechen unterstellt, welches sich auf das Vorhandensein der im Prospekt beschriebenen Qualität der Vermögensanlage bezieht. Bis zum Abschluss des Beitrittsvertrages sei dies ein „stehendes Angebot" an den interessierten Anleger.[191] Dadurch wird der „invitatio ad offerendum" zwar nicht eine zweite Komponente beigemessen, welche sie zu einem Zwitter zwischen Bindung und Nicht – Bindung machen würde[192], dem Prospekt werden jedoch zwei verschiedene Erklärungsinhalte zugemessen, eine nicht bindende „invitatio ad offerendum" und ein bindendes Qualitätsversprechen. Zunächst scheint bereits diese Zweiteilung des Erklärungsinhaltes eines Prospektes auf eine Fiktion hinauszulaufen. Unzweifelhaft steht es den Interessen der Prospektverantwortlichen entgegen, ein solches rechtsgeschäftlich bindendes Qualitätsversprechen abgeben zu wollen. Aber auch vom Empfängerhorizont aus betrachtet stellt der Prospekt schuldrechtlich gesehen eher einen Versuch dar, potentielle Anleger durch Information zum Vertragsschluss zu „überreden"[193], als die Abgabe eines bindenden Versprechens. *V. Bar*[194] wendet zu Recht ein, dass nicht zu erkennen sei, dass der zur Anlage entschlossene Interessent einerseits seinen zukünftigen Gesellschaftern ein Angebot macht, andererseits mit derselben Erklärung seinen Willen kundtut, eine Garantieerklärung von Personen anzunehmen, von denen er noch nie etwas gehört hat. Selbst wenn man in Betracht zieht, dass die Annahme des Qualitätsversprechens gemäß § 151 S. 1 BGB zustande kommen kann, ohne dass sie dem Antragenden gegenüber erklärt zu werden braucht, erscheint ein solchermaßen ausgerichteter Wille des Anlegers konstruiert und als Fiktion.

Die Konstruktion *Köndgens* entspricht nicht der tatsächlichen Gegebenheit, dass die Vorschriften des BGB zur Geltungsdauer von Willenserklärungen[195] nicht auf ein „stehendes Angebot" zugeschnitten sind, vielmehr von einer sofortigen Annahme ausgehen.[196]

---

[190] Vgl. *Flume*, AT des Bürgerlichen Rechts II, Das Rechtsgeschäft, 4.Aufl., 1992, § 35 I 1, S. 636 f.; MünchKomm-*Kramer*, BGB, 4. Aufl.2001, § 145 Rdn. 10; Staudinger/*Bork*, BGB, 13. Bearbeitung 1996, § 145 Rdn. 3

[191] *Köndgen*, AG 1983, 85, 91

[192] Davon gehen fälschlicherweise *Pleyer/ Hegel* aus, in: ZIP 1986, 681, 685

[193] Dies sieht auch *Köndgen*, AG 1983, 85, 88 f. der die Prospekthaftung als „Haftung für Werbung" einordnet

[194] *V. Bar*, ZGR 1983, 476, 505

[195] Vgl. §§ 145 ff. BGB

[196] *Pleyer/ Hegel*, ZIP 1986, 681, 685; dies sieht *Köndgen* selbst, in: AG 1983, 85, 91, Fn. 73

Köndgens Forderung nach einem Verzicht auf die Bestimmbarkeit eines Erklärungsadressaten unter Berufung auf das rapide Vordringen neuer Kommunikationsmedien[197] kollidiert mit den bestehenden Grundsätzen der Privatautonomie, indem sie die Grenzen von rechtsgeschäftlichen Erklärungen verwischt und einer willkürlichen Ausweitung der Bindung kraft Rechtsgeschäft Tür und Tor öffnet. *Köndgen* verwässert gleichsam das subjektive Element einer rechtsgeschäftlichen Erklärung, indem er bei der Konstruktion seines „stehenden Angebots" weniger auf den Willen als auf die Beziehungen des einzelnen in der Rechts-, Wirtschafts-, und Sozialordnung abstellt.[198] *Köndgens* Ansatz erfordert mithin wesentlich mehr als nur geringfügige Änderungen an der Rechtsgeschäftslehre.[199] Er ist aufgrund seiner anhand des geltenden Rechts nicht begründbaren Fiktionen vertragsabschlussbezogener Willenserklärungen nicht gangbar.

2. Ansätze zwischen Vertrag und Delikt

a) Das Vertrauenshaftungsmodell

Dieser Lösungsansatz von *Canaris* basiert auf der dogmatischen Einordnung der allgemein – zivilrechtlichen Prospekthaftung als Vertrauenshaftung.[200] Die Haftung stützt sich dabei auf ein gesetzliches Rechtsverhältnis, das nach vertraglichen Grundsätzen abgewickelt wird.[201] Da das Schuldverhältnis als besonderes Vertrauensverhältnis strukturiert sei, könnten sämtliche daraus erwachsenden Schutzpflichten in ein einheitliches Schutzverhältnis gesetzlicher Natur, basierend auf § 242 BGB, eingestellt werden. Voraussetzung hierfür sei jedoch die Aufnahme eines rechtsgeschäftlichen Kontakts, in Abgrenzung zu einem rein sozialen Kontakt.[202] Gesetzlicher Natur sei das Schutzverhältnis, weil der Pflichtenteil der Parteien von ihrem Willen gelöst und von der Anerkennung durch die Rechtsordnung unabhängig sei, mithin aus dem Vertrauensverhältnis zwischen

---

[197] *Köndgen*, AG 1983, 85, 92

[198] Vgl. *Pleyer/ Hegel*, ZIP 1986, 691, 685; Soergel/*Hefermehl*, BGB, 12. Aufl. 1987, vor § 116 Rdn. 4 f.

[199] *Pleyer/ Hegel*, ZIP 1986, 681, 686

[200] *Canaris*, Bankvertragsrecht III 3/3, Rdn. 2292, S. 1164

[201] Vgl. *Canaris*, Vertrauenshaftung, S. 539; Canaris, FS Larenz II, S. 27, 102

[202] *Canaris*, FS Larenz II, S. 27, 107; *Canaris*, Bankvertragsrecht III/3, Rdn. 91

den Parteien erwächst.[203] In der gesteigerten Selbstverantwortung, die sich aus der Teilnahme der Parteien am rechtsgeschäftlichen Verkehr und der damit verbundenen, privatautonomen Gestaltungsfreiheit ergebe, folgere die Rechtfertigung, diese Vertrauenshaftung nach vertraglichen Grundsätzen abzuwickeln.[204] Grundlage des Vertrauenstatbestandes sieht *Canaris* hinsichtlich der Prospekthaftung in dem Prospekt als Erklärung[205] , weshalb er die Prospekthaftung als Erklärungshaftung qualifiziert.[206] Über die analoge Anwendung der Vorschriften über die Willenserklärungen ließe sich dann die Reichweite eines Vertrauenstatbestandes, insbesondere der Kreis der Anspruchsberechtigten ermitteln.[207] Die grundsätzliche Verankerung einer Vertrauenshaftung leitet *Canaris* aus der Erkenntnis ab, dass es zur Feststellung eines „Vertrauens“ nicht der positiven Feststellung einer psychischen Tatsache bedürfe; unbewusste seelische Vorgänge, etwa bereits das Fehlen von Misstrauen, genügten hierfür. Neben psychologischen Differenzierungen seien aber auch juristisch – normative Kategorien für die Begründung von Vertrauen maßgeblich, weshalb es der Rechtsordnung freistünde, aus bestimmten Gründen auf eine auf den Einzelfall bezogene Prüfung des Vertrauens zu verzichten und stattdessen typisierend zu verfahren. Daran schließe sich freilich die Frage nach der Anerkennung der Schutzwürdigkeit des Vertrauens durch die Rechtsordnung an.[208] Dieser Problematik könne man durch die Aberkennung der Schutzwürdigkeit bei „leichtfertigem Vertrauen“ und rein „innerlichem Vertrauen“, welches sich nicht in einer Disposition manifestiert hat, begegnen.[209]

Canaris strebt jedoch auf der Basis seines Verständnisses der Prospekthaftung als Vertrauenshaftung Modifikationen bei der Bestimmung der Haftungsgrundlage dort an, wo es systematisch geboten erscheint. Bei einem rechtsgeschäftlichen Kontakt, der die Voraussetzungen des § 93 Abs. 1 HGB erfüllt, gelangt er vermittels § 98 HGB zu einer Haftung, weil dieser insoweit als „lex specialis“ den allgemeinen Regeln der c.i.c. vorgehe.[210] Fehle es an einem rechtsgeschäft-

---

203 *Canaris*, JZ 1965, 475, 480; *Canaris*, Vertrauenshaftung, 1971, S. 440 ff.

204 *Canaris*, Vertrauenshaftung, S. 442; *Canaris*, FS Larenz II, S. 27, 34

205 *Canaris*, Vertrauenshaftung, S. 539

206 *Canaris*, FS Larenz II, S. 27, 106 f.

207 *Canaris*, Vertrauenshaftung, S. 494; *Canaris*, FS Larenz II, S. 27, 95

208 *Canaris*, Vertrauenshaftung, S. 504

209 *Canaris*, Vertrauenshaftung, S. 491; 504 f.; 510 f.

210 *Canaris*, Bankvertragsrecht III/3, Rdn. 2292 f., S. 1164 f.; *Canaris* sieht den § 98 HGB als besondere Ausformung der Haftung Dritter aus c.i.c. und somit der Vertrauenshaftung, wodurch sich nach seinem Verständnis auch sein systematischer Bruch in der Einbeziehung des §

lichen Kontakt des in Anspruch genommenen mit dem Geschädigten und/oder an der Setzung eines Vertrauenstatbestandes, sei mit einer Analogie zu den §§ 45 ff. BörsG (a.F. = §§ 44 ff. BörsG n.F.), 20 KAGG, 12 AuslInvestmG (a.F. = § 127 InvG) zu helfen.[211]

Da *Canaris* die Vertrauenshaftung grundsätzlich als eigenständige Anspruchsgrundlage sehe, wird befürchtet, dass eine derart ausgeweitete Vertrauenssphäre, die umfassende Schutzpflichten statuiert, einer allgemeinen Haftung für Vermögensschäden vermittels einer Generalklausel das Tor öffne. Zudem sei die Statuierung von Schutzpflichten genuines Deliktsrecht, weshalb der Ansatz von *Canaris* sich nach Belieben zwischen Vertrags- und Deliktsrecht bewegen könne. Eine Rechtsordnung, die die freie Entfaltung der Persönlichkeit zu ihren wichtigsten Zielen zähle und die dem Wettbewerbsprinzip in vielen Lebensbereichen zentrale Bedeutung zumesse, könne jedoch nicht zugleich das Vermögen als solches mit lückenlosem Deliktsschutz ausstatten.[212] Systemkritik erfolgt insofern auch durch *v. Bar*, der nicht zu erkennen vermag, wo sich die so geschaffene haftungsrechtliche Generalklausel vom Deliktsrecht noch sinnvoll unterscheiden solle.[213] Durch die Zurückführung jeglicher rechtlicher Problemlösung auf den Vertrauensgedanken verliere zudem das Vertrauenselement seine besondere pflichtenbegründende Bedeutung, da sich in jeder Regelung Vertrauensschutzerwägungen finden ließen, wobei schließlich jede Regelung dem sozialen Zusammenleben dienen und daher gewisse Verhaltenserwartungen schaffen und schützen müsse.[214] Die eigentliche Begründung, dass es zu einer dritten Spur der Haftung zwischen Vertrags- und Deliktsrecht kommen müsse, fehle damit.[215]

Hoffmann sieht das Fundament der Vertrauenshaftung durch die Einbeziehung der Hintermänner in die Prospekthaftung verlassen.[216] Da diese oftmals nicht in Erscheinung treten, könne eine Einbeziehung nur erfolgen, wenn man als Vertrauensgrundlage die bloße Teilnahme am rechtsgeschäftlichen Verkehr

---

98 HGB in sein Haftungsmodell ergibt; von § 98 HGB betroffen sieht *Canaris* dabei in erster Linie die Bank als Emissionshelfer, vgl. dazu bereits die Ausführungen unter Kap. 3, IV 1 b) hinsichtlich der Bedeutung für die allgemein – zivilrechtliche Prospekthaftung

211 *Canaris*, Bankvertragsrecht III/3, Rdn. 2294, S. 1165

212 *Hoffmann*, Vermögensschäden, S. 77

213 *V. Bar*, Verkehrspflichten, S. 228

214 *Hoffmann*, Vermögensschäden, S. 77

215 *Hoffmann*, Vermögensschäden, S. 77; diese Problematik betrifft ganz wesentlich die systematische Rechtfertigung einer Vertrauenshaftung „zwischen Vertrag und Delikt“ und wird unter Kapitel 3, V. eingehend betrachtet, da dies sicherlich eine entscheidende Voraussetzung für die Begründung der Prospekthaftung als Vertrauenshaftung darstellt.

216 *Hoffmann*, Vermögensschäden, S. 79

ausreichen ließe. Dies löse sich jedoch vom Ausgangspunkt „Vertrauen“, weil es auf einen zwischenmenschlichen Kontakt der Initiatoren überhaupt nicht mehr ankommen könne. Bei Hintermännern könne man einen Vertrauenstatbestand somit aufgrund des fehlenden direkten Kontaktes nur vermittels einer Fiktion konstruieren. *Hoffmann* übersieht an dieser Stelle jedoch, dass der Ansatz von *Canaris* für das Fehlen eines Vertrauenstatbestandes eine Analogie zu den spezialgesetzlichen Regelungen vorsieht. Die Vertrauenshaftung als eigenständige Anspruchsgrundlage sieht *Canaris* grundsätzlich nur dort, wo auch ein Vertrauenstatbestand gesetzt wird.

b) Berufshaftung für die Erteilung fehlerhafter Auskünfte

Ausgangspunkt einer an Berufsrollen orientierten Haftung für berufsspezifisches Handeln ist die Idee, dass sich aus der beruflichen Qualifikation ein besonderes Vertrauen in den Sachverstand des Berufsinhabers ableiten lasse.[217] Kernbereich einer solchen Haftung sei das Vertrauen in die beruflichen Fähigkeiten des Berufsinhabers, weshalb ein Schadensersatzanspruch unabhängig von vertraglichen Beziehungen erfolgen könne.[218] Eine berufsorientierte Haftung teile nämlich dem Berufsträger die Rolle eines in die Gesellschaft eingebundenen und von der Gesellschaft in die Pflicht genommenen Funktionsträgers zu.[219] Legitimiert und inhaltlich präzisiert werde die Verantwortlichkeit durch die Gesetze, die Zugang und Inhalt der Berufe regelten. Dies führe zu einer eigenen gesetzlichen „Haftung kraft Berufsstellung“[220], welche als Bestandteil eines privaten Marktrechts den gesamten Bereich von Vertragsrecht, quasivertraglichem und Deliktsrecht erfasse.[221]

Mit dieser Berufshaftung könne man die Anbieter von modernen Dienstleistungen erfassen: Anwälte, Notare, öffentlich bestellte Sachverständige, Wirtschaftsprüfer und Steuerberater fielen in den Kreis der Haftenden,[222] wegen wachsender Selbstorganisation und gewerbeordnungsrechtlicher Regelungen konsequenterweise auch Anlagevermittler,[223] aber auch Börsendienste, Anlage-

---

[217] Vgl. *Lammel*, AcP 179, 337, 347 f., der mit einem Vergleich zum römischen „Mensor“ argumentiert.

[218] *Lammel*, AcP 179, 337, 347

[219] *Lammel*, AcP 179, 337, 359 f.

[220] *Lammel*, AcP 179, 337, 365; 366 These 3; vgl. *Hopt*, FS R. Fischer, S. 237, 251

[221] *Hopt*, AcP 183, 608, 657, 658

[222] Vgl. *Lammel*, AcP 179, 337, 358 f.

[223] *Assmann*, Prospekthaftung, 1985, S. 247

berater und Vermögensverwalter.[224] Die besondere Eignung dieser Berufsgruppen zur Erteilung von Auskünften und die damit verbundenen Pflichten im beruflichen Kontakt ergäben sich aus den ihren Tätigkeiten zugrunde liegenden, gesetzlichen Wertungen.[225] Träger dieser Berufe sind „unabhängige Organe der Rechtspflege“[226], „Inhaber eines öffentlichen Amtes“[227] und „eine Institution der Allgemeinheit“.[228] Sie müssen eine „allumfassende berufsspezifische Sachkunde als Zulassungsvoraussetzung zum Beruf mitbringen“[229] und haben sich „unparteiisch“ zu verhalten.[230] Zudem müssen sie „eigenverantwortlich, gewissenhaft und verschwiegen unter Verzicht auf berufswidrige Werbung sein“[231], womit sich letztlich ihre Tätigkeit als dem Zugriff der Allgemeinheit gegenüber offen zeige. Dies bedeute für die genannten Berufsgruppen immer auch eine Verpflichtung gegenüber dem Staat und dem ihn repräsentierenden Bürger.[232] Für die Mitwirkung an der Erstellung unrichtiger oder unvollständiger Prospekte könne somit speziell der Wirtschaftsprüfer in die Reichweite der Berufshaftung geraten, wenn er ein zur Prospektwerbung verwandtes Testat erstelle, insbesondere den Prospekt prüfe.[233] Auch eine Bank könne danach als „Garant“ erscheinen[234] und haften, wenn sie ihre Rolle als bloße Finanzierungsbank verlasse und die Funktion eines Initiators, Treuhänders oder eine Vertriebsrolle übernehme.[235] Ähnliches gelte grundsätzlich auch für Vermittler, Berater, Anwälte und Steuerberater.[236]

---

[224] *Hopt*, FS R. Fischer, S. 237 ff.

[225] Vgl. *Lammel*, AcP 179, 337,, S. 362 ff.

[226] § 1 BRAO

[227] § 1 BnotO

[228] Vgl. § 36 GewO

[229] Vgl. §§ 1 I, 33 I Nr. 3 KWG

[230] § 43 I WPO

[231] § 22 StBerG

[232] *Lammel*, AcP 179, 337, 361

[233] *Hopt*, FS K. Pleyer, S. 341, 354; siehe ebenda auch die weiteren Ausführungen auf S. 355

[234] Im Sinne von BGHZ 77, 172, 176

[235] *Hopt*, FS Stimpel, S. 265, 292 f.

[236] *Hopt*, FS Stimpel, S. 265, 293

Die so verstandene Berufshaftung ist letztlich nichts anderes als die schon angesprochene allgemeine Vertrauenshaftung[237], wobei das Vertrauen lediglich auf den Tatbestand der „Rollenerwartung“ oder „beruflichen Selbstdarstellung“ konkretisiert wird.[238] Es handelt sich auch dabei um ein nach Vertragsgrundsätzen abzuwickelndes, gesetzliches Schuldverhältnis.[239] Es fehle jedoch die Rechtfertigung für eine dem Vertragsrecht angepasste Haftung, da die Rollenerwartung allein keinen über die allgemeine deliktische Verantwortlichkeit hinausgehenden Bezugspunkt begründen könne.[240]

Die Anknüpfung der Berufshaftung an die Verletzung von Berufspflichten führt auch dazu, dass das individuelle Auftragsverhältnis – trotz „Berufsrolle“ sei Aufhänger für eine berufliche Tätigkeit der Vertrag mit einem konkreten Auftraggeber – vernachlässigt wird, womit zugleich auch immer der Umstand nicht berücksichtigt wird, dass sich die Interessen des konkreten Auftraggebers nicht mit denen des „Jedermann“ decken müssen, ja sich sogar widersprechen können. So führe eine derartige Berufshaftung zwangsläufig zu Pflichtenkollisionen, die sich nicht adäquat lösen ließen, ohne das Grundkonzept aufgeben zu müssen.[241] Dies gelte auch für die „offenen Berufsbilder“, die aufgrund staatlicher Anerkennung dem öffentlichen Zugriff Dritter geöffnet seien. Denn „öffentlicher Zugriff“ mache die Berufsinhaber noch nicht zu „Organen“ des gesellschaftlichen Lebens; die genannten Regelungen dienten vielmehr in erster Linie dazu, den individuellen Vertrag inhaltlich zu sichern – wegen der Bedeutung derartiger Verträge im öffentlichen Leben.[242]

Vor dem Hintergrund der von der Rechtsprechung hinsichtlich der Gewährung eines umfassenden Anlegerschutzes getroffenen und von der Literatur begrüßten Angleichung des personellen Haftungsverbundes mit den spezialgesetzlichen Regelungen[243] scheidet letztlich eine an den „Beruf“ anknüpfende Prospekthaftung wegen des dort zu eng gezogenen Haftungsverbundes als „Gesamtbegründung“ für eine allgemein – zivilrechtliche Prospekthaftung aus.[244] Gerade die Haftung von nicht in Erscheinung tretenden Hintermännern einer Gesell-

---

[237] So *Hoffmann*, Vermögensschäden, S. 93

[238] *Hopt*, FS R. Fischer, S. 237, 251

[239] *Hopt*, FS K. Pleyer, S. 341, 355, 356

[240] *Hoffmann*, Vermögensschäden, S. 93

[241] *Hoffmann*, Vermögensschäden, S. 92

[242] *Hoffmann*, Vermögensschäden, S. 92

[243] Vgl. BGH NJW 1981, 1449, 1450

[244] Vgl. *Assmann*, Prospekthaftung, 1985, S. 247

schaft können nur schwerlich mit Hilfe einer Berufshaftung zur Rechenschaft gezogen werden. Wollte man das Berufshaftungsmodell vor dem Hintergrund der Notwendigkeit einer Haftung von Hintermännern gleichwohl ausdehnen, müsste man mit Hilfe unbestimmter und konturloser, sozialer Kriterien weitere Geltungsgründe erzeugen, die das klassische Verständnis einer „Berufshaftung" nicht mehr zu begründen vermögen.

c) Analogie zur spezialgesetzlich geregelten Prospekthaftung

Der Vorschlag, die allgemein – zivilrechtliche Prospekthaftung als Institut der Vertrauenshaftung in Analogie der spezialgesetzlichen Prospekthaftung der §§ 45, 46 BörsG (a.F. = §§ 44, 45 BörsG n.F.), 20 KAGG, 12 AuslInvestmG (a.F. = § 127 InvG) anzuerkennen und auszugestalten, stammt von *Coing*.[245] Eine Analogie zum Börsenrecht läge unter dem Gesichtspunkt der „Methodenehrlichkeit" deshalb sehr nahe[246], weil der BGH einmal den haftenden Personenkreis demjenigen angleiche, der nach §§ 45, 46 BörsG (a.F. = §§ 44, 45 BörsG) hafte[247], und sich zum anderen bei der Verjährungsfrage ausdrücklich an den spezialgesetzlichen Regelungen der §§ 20 Abs. 5 KAGG, 12 Abs. 5 AuslInvestmG (a.F. = § 127 Abs. 5 InvG) orientiere.[248] *Coing* will diese Analogie im Wege einer Rechtsanalogie verstanden wissen, welche die vorhandenen Regelungen zum Ausgangspunkt nimmt, um die Probleme des Schutzes der Anleger zu lösen.[249] Dabei behalte die Rechtsprechung wegen der Unterschiede der Einzelregeln einen gewissen Spielraum, finde aber jedenfalls feste Ausgangspunkte in einer Regelung, die auf eine vergleichbare Sachproblematik zugeschnitten sei.[250] Das Vertrauen, als Kernelement einer Prospekthaftung, sei dabei in Wahrheit das Vertrauen zum sachverständigen Fachmann – also nicht so sehr zur Person, sondern sozusagen zur gesellschaftlichen Rolle.[251] Dadurch gelangt *Coing* zu der Feststellung, dass die so verstandene Prospekthaftung auch eine klare Abgrenzung zu den Fällen individueller Anlageberatung, insbesondere durch Banken, erlaube.[252]

---

[245] *Coing*, WM 1980, 206, 206 ff., insbesondere S. 210 ff.

[246] So *Hoffmann*, Vermögensschäden, S. 94

[247] Vgl. BGH NJW 1981, 1449, 1450; BGHZ 83, 222, 224

[248] BGHZ 83, 222, 226

[249] *Coing*, WM 1980, 206, 212

[250] *Coing*, WM 1980, 206, 212

[251] *Coing*, WM 1980, 206, 211

[252] *Coing*, WM 1980, 206, 212

Die von ihm vorgeschlagene Betrachtungsweise entspreche den Tendenzen, ein allgemeines Kapitalmarktrecht zu entwickeln, das an den öffentlichen Vertrieb von Mitteln der Kapitalanlagen anknüpfe.[253] Mit einer Rechtsanalogie zum Börsenrecht wäre die Prospekthaftung zudem sonderrechtlich vereinzelt, die ungehemmte Ausweitung des Instituts der c.i.c. wäre gebremst.[254] Durch eine Rechtsanalogie trüge man weiterhin dem Bestreben nach Rechtssicherheit und einer klaren Aussage zum Verschuldensmaßstab und zur Haftungsfreizeichnung Rechnung.[255]

Assmann bezweifelt bereits die schlüssig vollziehbare Subsumtion der spezialgesetzlichen Prospekthaftungstatbestände unter die Vertrauenshaftung, weshalb es sich bei allgemein – zivilrechtlicher und spezialgesetzlicher Prospekthaftung entgegen der Auffassung *Canaris*`[256] nicht um verwandte Probleme der Vertrauenshaftung handele.[257] Bei der spezialgesetzlichen Prospekthaftung komme es auf ein Vertrauen des Anlegers gerade nicht an; die Zurückdrängung des Erfordernisses der Kausalität eines mangelhaften Prospekts für die Anlageentscheidung, welche sich darin äußere, dass die börsengesetzliche Prospekthaftung nach dem Willen der Rechtsprechung nicht einmal den Erhalt eines Prospekts voraussetze, sondern nur den Aktienerwerb nach Prospektveröffentlichung[258], während nach den Bestimmungen des KAGG und AuslInvestmG[259] eine Ursächlichkeit der falschen Angaben für den Kaufentschluss nicht erforderlich sei, lasse jedes Vertrauenselement in den Hintergrund treten.[260] *Assmann* weist jedoch darauf hin, dass einer Analogiefähigkeit der spezialgesetzlichen Prospekthaftungsbestimmungen damit noch nicht entgegengetreten sei; er ge-

---

[253] *Coing*, WM 1980, 206, 212

[254] *V. Bar*, ZGR 1983, 466, 502; wie bereits dargestellt wurde, versteht die Rechtsprechung die Prospekthaftung entgegen der Prämisse *v. Bars* mittlerweile als eine Weiterführung eines Grundgedankens der Vertrauenshaftung und nicht als einen unmittelbaren Anwendungsfall der c.i.c.

[255] *V. Bar*, ZGR 1983, 466, 502

[256] *Canaris*, Bankvertragsrecht III/3, Rdn. 2294, 2277; *ders.*, FS Larenz II, S. 27, 93

[257] *Assmann*, Prospekthaftung, 1985, S. 249 f.

[258] Dass *Assmann* hierbei einem Irrtum erlegen ist, ergibt sich unmittelbar aus § 45 Abs. 2 Nr. 1 BörsG, wo das Erfordernis der Kausalität klar formuliert ist: „...auf Grund des Prospekts...“; vgl. auch die amtliche Begründung zum 3. FFG, BT - Drucks. 13/8933, S. 76, in der dies ebenso deutlich gemacht wird.

[259] Dem heutigen Investmentgesetz insoweit sachlich entsprechend.

[260] *Assmann*, Prospekthaftung, S. 250

steht vielmehr ein[261], dass die Rechtsprechung eine solche sogar indirekt dadurch bestätigt habe, dass sie die Ausgestaltung der auf die Grundlage der c.i.c. gestützten Prospekthaftungsgrundsätze in einigen Punkten ausdrücklich in Anlehnung an die spezialgesetzlichen Vorschriften vornahm.[262] Einer Analogie wird jedoch gleichwohl entgegengehalten, dass der Graue Kapitalmarkt nicht dem mit der Börse vergleichbaren besonderen Markt entspreche. Der Vertrieb von Kommanditbeteiligungen sei nicht mit dem Vertrieb an der Börse vergleichbar: ein Beitritt zu einer Abschreibungsgesellschaft finde nur einmal statt, einen Markt für den Umsatz mit solchen Beteiligungen gebe es nicht.[263] Für das Geschehen außerhalb der Börse seien die §§ 45, 46 BörsG a.F. ungeeignet und auch nicht konzipiert worden, wie sich aus der Entstehungsgeschichte, der differenzierten Haftungsprivilegierung und der Konstruktion des Anspruchs als eines modifizierten Rücktrittsrechts ergebe.[264] Im Bereich des Grauen Kapitalmarktes fehlt zudem eine dem Börsenrecht vergleichbare Pflicht zur Veröffentlichung eines Prospektes;[265] eine solche Pflicht sei jedoch Voraussetzung für eine Prospekthaftung.[266] Jedenfalls entfalle damit ein für eine Analogie tragfähiges, grundlegendes Wesenmerkmal.[267]

Von rechtspolitischen Gedanken geprägt ist die Kritik an der Übertragung des Haftungsmaßstabs der spezialgesetzlichen Prospekthaftung auf die allgemein – zivilrechtliche.[268] Dies bedeutet, dass bei Anwendung des börsenrechtlichen Haftungsprivilegs gemäß § 45 Abs. 1 BörsG auf die allgemein – zivilrechtliche Prospekthaftung eine Haftung für leichte Fahrlässigkeit ausgeschlossen wäre. Die Kritiker empfinden das börsenrechtliche Haftungsprivileg weithin als eine reformbedürftige Regelung, die heutigen kapitalmarktrechtlichen Prinzipien

---

[261] *Assmann*, Prospekthaftung, S. 250

[262] Vgl. BGH WM 1981, 1021, 1022; hinsichtlich der Verjährungsfrage: BGHZ 79, 337, 342 und BGHZ 83, 220, 225

[263] *Lutter*, FS Bärmann, S. 605, 629; diese Feststellung berücksichtigt jedoch nicht die Tatsache, dass der BGH die allgemein - zivilrechtliche Prospekthaftung in seinen weiteren Entscheidungen bereits über den Vertrieb von Anteilen an Kommanditgesellschaften hinaus auch auf andere Anlageformen ausgedehnt hat und muss daher im Folgenden kritisch begutachtet werden.

[264] *V. Bar*, ZGR 1983, 476, 503

[265] Vgl. § 30 I, III, V BörsG

[266] *V. Bar*, a.a.O., 476, 502

[267] *Hoffmann*, Vermögensschäden, S. 97

[268] *Hoffmann*, Vermögensschäden, S. 97

nicht genüge[269], weshalb es widersinnig sei, eine solche Regelung durch die Anerkennung eines Analogieschlusses zur Grundlage einer Rechtsfortbildung zu machen. Die Übertragung der Haftungsmilderungen der spezialgesetzlichen Prospekthaftung auf die allgemein – zivilrechtliche sei „fragwürdig", wenn man dies als Ausgleich für die Ausweitung der Haftung über den rechtsgeschäftlichen Kontakt verstehen und begründen wolle[270], da die durch den Prospekt charakterisierte Vertriebsform bewusst auf einen rechtsgeschäftlichen Kontakt im Sinne persönlichen Kontrahierens der eigentlich Verantwortlichen verzichte und auch für die Gegenseite – die Anlegerseite – mindestens die gleichen Risiken berge.[271]

3. Ansätze auf deliktischer Basis

a) Wettbewerbsrechtliches Modell

Wiedemann/ Schmitz wollen die von der Rechtsprechung entwickelte allgemein – zivilrechtliche Prospekthaftung, die im Ergebnis von ihnen begrüßt wird, im Wege der Rechtsfortbildung des deliktischen Wettbewerbsrechts begründen.[272] Im Deliktsrecht bedürfe es keines rechtsgeschäftlichen Kontakts, der gerade mit den Hintermännern einer Gesellschaft in keinem Zeitpunkt zustande komme; der Schädiger müsse dem Geschädigten dort nicht in eigener Person gegenübertreten, um eine Haftung auszulösen. Anhaltspunkt für eine solche deliktische Betrachtungsweise sei § 3 UWG, der bei Vorliegen weiterer Voraussetzungen die irreführende Werbung gemäß § 4 UWG unter Strafe stelle. Es sei im Wettbewerbsrecht anerkannt, dass sich die Verantwortlichkeit unabhängig von der Art der Tatbeteiligung im strafrechtlichen Sinne ergebe, sondern vielmehr aus der Tatsache, dass der Verletzende durch wettbewerbswidriges Verhalten einen anderen geschädigt habe, wobei die Förderung oder Ausnutzung des wettbewerbswidrigen Handelns eines anderen genüge.[273] In diesem Sinne ließe sich die zivilrechtliche Verantwortlichkeit der maßgeblichen Initiatoren begründen, auch wenn sie regelmäßig nach außen nicht in Erscheinung träten, die unrichtige Prospektwerbung jedoch veranlassten und ausnutzten.[274] Da es allgemeiner Auf-

---

[269] Vgl. *Assmann*, Prospekthaftung, S. 374; *Köndgen* AG 1983, 120, 130

[270] Mit diesem Verständnis *Canaris*, Bankvertragsrecht III/3, Rdn. 2280

[271] *Assmann*, Prospekthaftung, S. 379

[272] *Wiedemann/ Schmitz*, ZGR 1980, 129, 143 f.

[273] *Wiedemann/ Schmitz*, ZGR 1980, 129, 144

[274] *Wiedemann/ Schmitz*, ZGR 1980, 129, 144

fassung entspreche, dass das Recht des unlauteren Wettbewerbs zwar als Regelung zum Schutz der Wettbewerber entstanden sei, jedoch in gleicher Weise dem Schutz der Verbraucher dienen müsse, ließe sich ein deliktischer Schadensersatzanspruch des Verbrauchers durch eine Rechtsfortbildung des Wettbewerbsrecht erreichen. Diese Rechtsfortbildung müsse indes auch eine tatbestandliche Erweiterung des § 3 UWG auf den Handel mit Beteiligungen, Anteilen und anderen Vermögenswerten umfassen.[275]

Hoffmann wendet ein, dass ein denkbarer wettbewerbsrechtlicher Anspruch aus § 13 VI Nr. 1 UWG bereits an der Aktivlegitimation des Anlegers scheitere.[276] Aus dem Zusammenhang mit den Abwehr- und Unterlassungsansprüchen des § 13 I, II UWG und dem Schutzzweck des UWG ergebe sich, dass dieser Ersatzanspruch nur Mitbewerbern zustehe.[277]

Eine Anspruchsgrundlage kann überdies auch nicht aus § 823 II BGB i.V.m. § 3 UWG hergeleitet werden, da die Rechtsprechung dem § 3 UWG die Qualität eines Schutzgesetzes mit dem Ziel eines Individualschutzes des Verbrauchers nicht zuerkennt und die bei einem schuldhaften Verstoß gegen § 3 UWG eingreifende Sonderregelung des § 13 Abs. 2 UWG die Anwendung von § 823 Abs. 2 BGB ausschließt.[278] Auch die Forderungen nach einem erweiterten deliktischen Schutz des Endverbrauchers durch das UWG haben letztlich „nur“ dazu geführt, dass dem Abnehmer ein Rücktrittsrecht gemäß § 13 a UWG zugestanden wurde[279], welches sich allerdings nicht in eine allgemein – zivilrechtliche Prospekthaftung umformen lässt.[280]

b) Deliktsrechtliche Haftung für die Verletzung von Verkehrspflichten

Assmann[281] und *v. Bar*[282] wollen die Prospekthaftung unter Fortschreibung des Deliktsrechts als eine Haftung für die Verletzung von Verkehrspflichten begrei-

---

275 *Wiedemann/Schmitz*, ZGR 1980, 129, 144

276 *Hoffmann*, Vermögensschäden, S. 117

277 Vgl. *Baumbach/Hefermehl*, Wettbewerbsrecht, § 13 UWG Rdn. 3 ff.

278 Vgl. BGH NJW 1964, 493, 494; BGH NJW 1974, 1503, 1505; vgl. auch *v. Bar*, ZGR 1983, 476, 501

279 § 13 a UWG wurde eingefügt durch Änderungsgesetz vom 25.07.1986, siehe BGBl. I S. 1169

280 Vgl. *Hoffmann*, Vermögensschäden, S. 118 f.

281 Vgl. *Assmann*, Prospekthaftung, 1985, S. 252 ff.

282 Vgl. *v. Bar*, ZGR 1983, 476, 504 ff.

fen. Ausgangspunkt dieser Fortschreibung ist die Überlegung, dass das deutsche Deliktsrecht nicht auf die Liquidation primärer Vermögensschäden zugeschnitten sei, die Prospekthaftung jedoch gerade solche erfasse.[283] Außer über die Vorschriften der §§ 823 Abs. 2 und 826 BGB sehe das Deliktsrecht keine Haftung für primäre Vermögensschäden vor, und zudem beruhe die überwiegende Anzahl der Schadensfälle im Bereich der Prospekthaftung nicht auf gezielter, vorsätzlicher Täuschung, sondern auf fahrlässigem und leichtfertigem Verhalten;[284] eine deliktische Erfassung der Haftung für unrichtige und unvollständige Prospektangaben sei damit de lege lata nicht möglich. Eine Fortschreibung des Deliktsrechts solle es nun ermöglichen, eine Haftung mit Hilfe der Statuierung neuer Verkehrspflichten über § 823 Abs. 2 BGB zu schaffen. Damit weise man den mit dem Erlass eines Prospektes verknüpften quasivertraglichen Pflichten den Ort zu, auf den der Begriff „quasivertraglich" bereits hindeute, nämlich das Deliktsrecht.[285]

Ansatzpunkt der deliktsrechtlichen Lösung *v. Bars* ist die Installation einer Berufshaftung:[286] Exponierte Rollen im Gefüge des Wirtschafts- und Berufslebens sollten unabhängig von vertraglichen Beziehungen Pflichten anderen Personen gegenüber entstehen lassen. Solche Berufspflichten seien Teil der sogenannten Verkehrspflichten.[287]

Das Modell *Assmanns* strebt nach einem Verständnis der Prospekthaftung als Verletzung deliktischer, kapitalmarktbezogener Verkehrspflichten.[288] Eine solche Lösung könne man - so *Assmann* - erreichen, wenn man die mit dem Prospekt verknüpfte Informationsleistung als eigenständige begreife.[289] Die Prospekthaftung sei als über „inter – partes" – Verantwortlichkeiten hinausgehende Auskunfts-, Erklärungs- oder Informationspflichten zu erfassen.[290] Die so verstandenen Pflichten seien in Anlehnung an die deliktischen Verpflichtungsele-

---

[283] Der Verlust des Anlagekapitals schränkt die wirtschaftliche Dispositionsmöglichkeit ein und führt so zu einer Reduzierung des Vermögens, vgl. *Lehmann*, Vertragsanbahnung, S. 264

[284] *Assmann*, Prospekthaftung, S. 252 f.

[285] *V. Bar*, Verkehrspflichten, S. 312

[286] *V. Bar*, ZGR 1983, 476, 507

[287] *V. Bar*, ZGR 1983, 476, 507

[288] *Assmann*, Prospekthaftung, S. 252 ff.

[289] *Assmann*, Prospekthaftung, S. 246

[290] *Assmann*, Prospekthaftung, S. 248 f.

mente als gesetzliche Verkehrspflichten einzuordnen.[291] Die pflichtenbegründenden Elemente der Prospekthaftung seien dabei primär aus der Funktion des Prospekts selbst zu entnehmen.[292]

Nach *v. Bar* seien die Verkehrspflichten zum Schutz fremden Vermögens als Schutzgesetze i.S.v. § 823 Abs. 2 BGB mindestens dort zu deuten, wo sie abstrakte Gefährdungsnormen enthielten.[293] Die Schutzgesetzqualität ließe sich begründen, wenn man bedenke, „dass gemäß Art. 2 EGBGB „Gesetz im Sinne des Bürgerlichen Gesetzbuches... jede Rechtsnorm“ sei, dass der Grundsatz der Verkehrspflichtigkeit zu Gewohnheitsrecht erstarkt sei, dass auch Verwaltungsakte Schutzgesetze i.S.v. § 823 Abs. 2 BGB sein könnten[294] und dass schließlich das vom BGH ständig fortgeschriebene „gesetzliche Schuldverhältnis“ aus der Gewährung und Inanspruchnahme von Vertrauen ganz augenscheinlich eine genetische Verwandtschaft mit den schuldrechtlichen Beziehungen aufweise, die über § 823 Abs. 2 BGB vermittelt würden.[295] Als Begründungselement für die Einordnung der Verkehrpflichten in § 823 Abs. 2 BGB diene auch die „gesetzesersetzende Funktion der Verkehrspflichten“.[296] Diese seien schließlich nicht nur funktional, sondern auch „rechtsquellen – theoretisch“, als Rechtsnormen i.S.v. Art. 2 EGBGB, den geschriebenen Schutzgesetzen gleichgestellt.[297] Im Rahmen dieser Fortschreibung des Deliktsschutzes sollen nach *Assmann* letztlich nur solche Verkehrspflichten als Vermögensschutzgesetze anerkannt werden, die sich als „Prinzipien mittlerer Reichweite“ in von Einzelsachverhalten gelösten Normen niedergeschlagen haben.[298]

Zu bezweifeln ist bereits, ob man Verkehrspflichten als Gesetze im Sinne von § 823 Abs. 2 BGB begreifen kann. Gemäß Art. 2 EGBGB ist „Gesetz im Sinne des Bürgerlichen Gesetzbuches... jede Rechtsnorm“. Als solche zählen nach herrschender Meinung Gesetze im formellen Sinne, Rechtsverordnungen, auto-

---

[291] *Assmann*, Prospekthaftung, S. 249

[292] *Assmann*, in: Prospekthaftung, S. 247, hebt dabei insbesondere die „marktbildende“ Bedeutung des Prospektes neben weiteren kapitalmarktrechtlichen Funktionen hervor.

[293] *V. Bar*, ZGR 1983, 476, 510

[294] Vgl. BGHZ 62, 265, 266

[295] *V. Bar*, ZGR 1983, 476, 511

[296] *Assmann*, Prospekthaftung, S. 262

[297] *Assmann*, Prospekthaftung, S. 262

[298] *Assmann*, Prospekthaftung, S. 262; mit Verweis auf *Mertens*, VersR 1980, 397 ff.; *ders.* in: AcP 178 (1978), 227, 252

nome Satzungen und Gewohnheitsrecht.[299] Auch Richterrecht kann sich zu einem „Schutzgesetz" entwickeln, wenn es – gesetzesvertretend – von konkreten Einzelsachverhalten gelöst ist und bestimmte Lebensbereiche prägt.[300] Die Formulierung von Verkehrspflichten wird allerdings gerade an Einzelfällen gebildet, um vorhandene Schutzlücken deliktischer Haftung zu schließen. Zwar kann eine Ausstrahlungswirkung auf ähnliche Fälle durchaus bejaht werden, eine konkrete Formulierung findet jedoch nur auf den Einzelfall statt.[301] Nach allgemeinem Verständnis schaffen Verkehrspflichten Rechtspflichten zum Handeln aufgrund einer allgemeinen, nach der Verkehrsauffassung anzunehmenden Verpflichtung, bestimmte Lebensverhältnisse so zu regeln, dass Gefahren für andere tunlichst vermieden werden. Dabei siedeln die Rechtsprechung und wohl noch herrschende Meinung in der Literatur die richterrechtlich begründeten Verkehrspflichten bei § 823 Abs. 1 BGB an, und zwar zum Schutz der dort genannten Rechte und Rechtsgüter gegen Verletzungen durch Unterlassungen.[302] Diese systematische Einordnung zeigt, dass das Verständnis der Verkehrspflichten im Rahmen des § 823 Abs. 1 BGB auf den Schutz absoluter Rechtsgüter ausgelegt ist. Bei einer systematischen Umverteilung der Verkehrspflichten in den Anwendungsbereich des § 823 Abs. 2 BGB würden die entscheidenden Fragen des haftungsbegründenden Tatbestandes in das „Schutzgesetz" verlagert.[303] Da es sich bei vorliegendem Problem um ein solches aus dem Schadensersatzrecht handelt, sind besonders strenge Voraussetzungen an den Gesetzesvorbehalt und die Rechtsklarheit zu stellen; mithin müssten auch Verkehrspflichten nach diesem Verständnis so gestaltet sein, dass sie eine klare Voraussehbarkeit gewährleisten, wann Schadensersatz geschuldet wird.[304] Selbst wenn man anerkennt, dass auch Richterrecht unter gewissen Voraussetzungen zu Schutzgesetzen erstarken kann, bleibt doch zu bedenken, dass die Rechtsklarheit im Rahmen des § 823 Abs. 2 BGB stark verwässert würde, wenn man nun auch Berufspflichten oder Informationsverkehrspflichten den Weg zur Qualifizierung als Schutzgesetz ebnen würde; da Verkehrspflichten als richterliche Prägungen immer auch eine gewisse Eigendynamik hinsichtlich ihrer Fortschreibung entwickeln, könnten Grenzen und innere Strukturen ausufern, und die Voraussehbarkeit einer Haftung noch weiter erschwert werden.[305] Eine derartige Ausweitung

[299] Palandt/*Heinrichs*, 62. Aufl. 2003, Art 2 EGBGB, Anm. 1

[300] MünchKomm-*Mertens*, 3. Auflage 1997, § 823 BGB, Rdn. 172

[301] Vgl. *Hoffmann*, Vermögensschäden, S. 106 m.w.N.

[302] *Pleyer/Hegel*, ZIP 1986, 681, 687 m.w.N.

[303] *Pleyer/Hegel*, ZIP 1986, 681, 688

[304] Vgl. *Canaris*, FS Larenz II, S. 27, 45 f.

[305] Vgl. den Hinweis bei *Grunewald*, JZ 1982, 627, 631

des Gesetzesbegriffs nach § 2 EGBGB würde die durch die §§ 823 Abs. 1, 826 BGB vorgegebenen deliktischen Grundentscheidungen aushöhlen und damit überstrapazieren.[306]

Weiterhin führt die Subsumtion von Verkehrspflichten unter die „Schutzgesetze" dazu, dass das bestehende Schutzgefälle zwischen den in § 823 Abs. 1 BGB genannten absoluten Rechtsgütern und anderen Rechtsgütern wie etwa dem Vermögen eingeebnet wird.[307] Das an der Wirtschaftsordnung orientierte Deliktsrecht knüpft den reinen Vermögensschutz mit Hilfe von § 823 Abs. 2 und 826 BGB an die verwerfliche Art der Interessenbeeinträchtigung.[308] Dahinter steckt der Gedanke, dass eine Wirtschaftsordnung, die von der erlaubten Schmälerung fremder Gewinnaussichten lebt, Vermögensschädigungen nicht prinzipiell als unerlaubte Handlungen qualifizieren kann.[309]

Letztlich muss man sich vor Augen führen, dass das Deliktsrecht nach seinen Grundaussagen dem Ausgleich von verletzten Integritätsinteressen dient. Wenn nun über eine Informationsverkehrspflichten- oder Berufspflichtenlösung das Deliktsrecht zur Sicherung der Funktionsfähigkeit von begrenzten Lebensbereichen wie dem Kapitalmarkt verwandt wird, zweckentfremdet man das Deliktsrecht[310], und macht damit den ersten Schritt zur Aufweichung seiner bislang scharf gezogenen Grenzen.

Die Einbeziehung von Informationsverkehrs- oder Berufspflichten als Schutzgesetze in das Deliktsrecht hätte schließlich zur Folge, dass man auf diese Weise Rechtspflichten aus Sonderverbindungen in das Deliktsrecht integrieren und jede Vertragsverletzung zugleich einen Haftungstatbestand nach Deliktsrecht darstellen würde. § 823 Abs. 2 BGB würde zu einer Generalklausel für die Haftung jeder Art werden, welche die Grenzlinie zwischen Vertrag und Delikt verwischt.[311]

Von den aufgezeigten und diskutierten Ansätzen in der Literatur erscheint allein der Ansatz von Canaris tauglich, um ein dogmatisches Fundament für die allgemein – zivilrechtliche Prospekthaftung zu begründen. Es ist allerdings erforderlich, sich mit den dogmatischen und systematischen Einzelheiten einer

---

306 *Canaris*, FS Larenz II, S. 27, 58, 75 f.

307 *Hoffmann*, Vermögensschäden, S. 107

308 *Hoffmann*, Vermögensschäden, S. 107 f.

309 *V. Bar*, Verkehrspflichten, S. 204

310 *Hoffmann*, Vermögensschäden, S. 108

311 Vgl. *Hoffmann*, Vermögensschäden, S. 109 ff. mit weiteren überzeugenden Argumenten gegen die deliktische Lösung.

Vertrauenshaftung als gleichsam „Dritte Spur“ zwischen Vertrag und Delikt auseinander zu setzen.

V. Die allgemein – zivilrechtliche Prospekthaftung als Institut der Vertrauenshaftung

1. Systematische Legitimität einer Vertrauenshaftung als „Dritte Spur zwischen Vertrag und Delikt“

a) Vorüberlegungen

Die in diesem Abschnitt V. noch im Folgenden darzustellende dogmatische Einordnung der allgemein – zivilrechtlichen Prospekthaftung als Vertrauenshaftung macht es erforderlich, dass man sich mit einer grundlegenden systematischen Rechtfertigung des Instituts der Vertrauenshaftung beschäftigt. Eine Verweigerung der Einordnung der allgemein – zivilrechtlichen Prospekthaftung in die „klassischen“ Disziplinen von Vertrags- und Deliktshaftung öffnet den Blick auf ein tiefer liegendes systematisches Problem: Kennt und anerkennt die Systematik des Bürgerlichen Rechts eine Haftung „zwischen“ Vertrag und Delikt, ist es gleichsam legitim, mit der Vertrauenshaftung eine „Dritte Spur“ der Haftung zur Begründung der allgemein – zivilrechtlichen Prospekthaftung zu beschreiten? Die Beantwortung dieser Frage muss sich im Nachfolgenden mit einem Blick auf die Differenzierung der Systematik des Rechts in „äußeres“ und „inneres“ System beschäftigen. Die Notwendigkeit der Beantwortung dieser Frage erscheint für die dogmatische Einordnung nicht nur hilfreich, sondern sogar unumgänglich, da sich eine rechtsdogmatische Theorie der allgemein – zivilrechtlichen Prospekthaftung auf das positive Recht beziehen muss[312], was wiederum impliziert, dass auch die systematischen Vorgaben des Gesetzgebers i.S.e. systematischen Rechtsgewinnung beachtet werden müssen. Dies wird sich unter dem noch näher darzustellenden Zusammenhang zwischen dem rechtswissenschaftlichen „äußeren“ System der Stoffdarbietung, dem „inneren“ System der inhaltlichen Begründungszusammenhänge und der methodischen Rechtsgewinnung erhellen.

Flankiert wird diese Problematik von der Fortbildung und Erweiterung des deliktischen Vermögensschutzes durch die Rechtsprechung[313] und die darauf

---

[312] *Canaris*, JZ 1993, 377, 378

[313] Vgl. die Darstellung von *Mertens* in: MünchKomm, 3. Aufl. 1997, § 823 Rdn. 467 ff.

aufbauenden Forderungen nach einer systematischen Einbindung der allgemein – zivilrechtlichen Prospekthaftung in die deliktsrechtliche Haftung vermittels der Statuierung von Verkehrspflichten[314]. Gerade bei der systematischen Erfassung und Einordnung der allgemein – zivilrechtlichen Prospekthaftung wurde die Diskussion stark von rechtspolitischen Forderungen und dem grundsätzlichen Ansinnen nach einer Weiterentwicklung des Deliktsrechts hin zu einem umfassenderen Vermögensschutz geprägt. Umso wichtiger erscheint es, nicht allein herauszuheben, dass die dogmatische und systematische Einordnung der allgemein – zivilrechtlichen Prospekthaftung vor dem geltenden Recht Bestand hat, sondern auch eine rechtspolitische Bedeutung und Anerkennung einer weiterführenden „Dritten Spur" der Haftung darzulegen. Die „einheitliche Theorie der Prospekthaftung" soll nämlich zum einen nicht bereits dadurch an Konsistenz und Überzeugungskraft verlieren, dass die dogmatische und systematische Fundierung eines ihrer Kernelemente, der allgemein – zivilrechtlichen Prospekthaftung, auf rechtspolitischen Forderungen gründet, welche vor dem geltenden Recht nicht bestehen; zum anderen lassen sich aber auch weiterführende, rechtspolitische Gedanken zu einem dritten Haftungskomplex für die Begründung der einheitlichen Haftungstheorie nutzbar machen.

b) Kritik an einer „Dritten Spur" der Haftung

Kritik an der Einordnung der allgemein – zivilrechtlichen Prospekthaftung als Vertrauenshaftung im Sinne einer Haftung zwischen den klassischen Kategorien „Vertrag" und „Delikt" wird vornehmlich von solchen Stimmen erhoben, die ihre eigenen Ansätze im Felde des Deliktsrechts platzieren. So ist es auch nicht verwunderlich, dass diese Kritik wesentlich aus angeblichen Vorteilen einer deliktsrechtlichen Lösung deduziert wird. Nach *Assmann* seien es demgemäß vor allem die statuierten „Verhaltenspflichten", welche nicht in den vertraglichen oder quasivertraglichen Bereich einzuordnen seien, sondern als deliktische Verhaltenspflichten verstanden werden müssten, um sie systemkonform zu behandeln.[315] Nach *Assmann* sei es Ausdruck eines „Resystematisierungsversuches", eine Deliktsrechtsfortbildung hinsichtlich eines erweiterten Vermögensschutzes in vermögensbezogenen Verkehrspflichten zu suchen und das Deliktsrecht unter diesem Gesichtspunkt in wesentlichen Teilen neu zu strukturieren.[316] Es gehe schließlich im Bereich des quasivertraglichen Drittschutzes im Kern um die Gewährleistung von Systemfunktionsbedingungen, wozu das Rechtsinstitut der

---

[314] Vgl. die Ausführungen zum deliktsrechtlichen Ansatz von *Assmann* und *v. Bar* in diesem Kapitel 3, IV. 3. b)

[315] *Assmann*, Prospekthaftung, S. 253 f.

[316] *Assmann*, Prospekthaftung, S. 253

c.i.c. nur begrenzt geeignet sei.[317] Weiter noch als *Assmann*, der seine Systemkritik vorwiegend funktionell ausrichtet, geht *v. Bar*, welcher die Existenzberechtigung der „dogmatischen Zwischenkategorie“ der Vertrauenshaftung grundsätzlich in Frage stellt.[318] Dies führt er vordringlich auf eine inkonsistente Methodik der Vertrauenshaftung zurück, welche sich je nach Bedarf erwünschter deliktsrechtlicher Regeln bediene und die unerwünschten weglasse.[319] Nicht ganz so verabsolutierend ist der Hinweis *Köndgens* zu verstehen, der unter der Vertrauenshaftung ein „zusammengezwängtes Knäuel verschiedenartigster Fallgruppen zwischen Vertrag und Delikt“ sieht, welches nach einer Entwirrung strebe, indem man die Vertrauenshaftung auf einen „harten und fest umrissenen Kern“ reduziere, wobei eine entsprechende Frontbegradigung nicht nur an der deliktischen, sondern auch an der vertraglichen Flanke zu erfolgen habe.[320]

Um die Einwände *Assmanns* nicht oberflächlich zu übergehen, ist es auch notwendig, unter einem funktional – rechtlichen Aspekt zu betrachten, ob die Vertrauenshaftung als „Haftung zwischen Vertrag und Delikt“ das Systemdenken im Rahmen des Haftungsrechts bereichert. Letztlich ist es unumgänglich, sich auch solchen Forderungen zu stellen, welche die Vertrauenshaftung gänzlich einebnen wollen, um eine zweigliedrige Haftungsstruktur hinsichtlich des Vermögensschutzes im deutschen Privatrecht zu gewährleisten.[321]

c) Struktur des Haftungsrechts

aa) Grundlagen

Das „äußere System“ des Bürgerlichen Gesetzbuches präsentiert Haftungsansprüche, verstanden als Leistungsansprüche, grundlegend im Rahmen eines Schuldverhältnisses zwischen Schuldner und Gläubiger.[322] Im Rahmen der Schuldverhältnisse aus Verträgen spricht man von „vertraglichen Schuldverhältnissen“. Grundlage jeglicher Haftung ist dabei ein Rechtsgeschäft zwischen Schuldner und Gläubiger, welches auf dem Leitprinzip der Privatautonomie auf-

---

[317] *Assmann*, Prospekthaftung, S. 253

[318] *V. Bar*, ZGR 1983, 476, 511 f.

[319] *V. Bar*, ZGR 1983, 476, 511 f.

[320] *Köndgen*, AG 1983, 85, 90

[321] In diesem Sinne ist *v. Bar*, ZGR 1983, 476, 512 zu verstehen, wenn er darauf hinweist, dass das deutsche Deliktsrecht im Bereich des Vermögensschutzes den Anschluss an die internationale Entwicklung verpasst habe.

[322] Vgl. § 241 BGB, welcher systematisch betrachtet das Buch 2 über das Recht der Schuldverhältnisse eröffnet.

baut, und demnach zwischen den Parteien inhaltlich frei ausgestaltet werden kann. Die Haftung ist somit die genetische Folge eines Verstoßes gegen die Vereinbarungen im Rahmen des Rechtsgeschäfts. „Haftung aus Vertrag" ist damit gleichsam „Haftung aus einem vertraglichen Schuldverhältnis".

Demgegenüber kennt das System der Schuldverhältnisse auch eine „Haftung kraft gesetzlicher Anordnung". Man spricht in dem Zusammenhang von „gesetzlichen Schuldverhältnissen". Genetischer Ursprung der Haftung ist hierbei der Verstoß gegen eine Verhaltensanordnung des Gesetzes. Gesetzliche Schuldverhältnisse entstehen u.a. deliktsrechtlich im Rahmen unerlaubter Handlungen.[323] Deliktsrechtliche Haftung ist folglich eine Haftung aus einem gesetzlichen Schuldverhältnis. Gesetzliche Schuldverhältnisse können daneben jedoch auch durch „geschäftlichen Kontakt"[324] begründet werden.[325] Eine Haftung aus solchen gesetzlichen Schuldverhältnissen, die weder einen wirksamen Vertrag noch den Tatbestand einer unerlaubten Handlung erfordern, findet sich in einer Reihe von Vorschriften, wie z.B. §§ 122, 179 BGB. Daraus haben Rechtsprechung und Lehre im Wege der Rechtsfortbildung den Grundsatz abgeleitet, dass bereits durch die Aufnahme von Vertragsverhandlungen oder einem diesem gleichzustellenden geschäftlichen Kontakt ein vertragsähnliches Vertrauensverhältnis entsteht, das die Partner zur Sorgfalt von „Schuldnern" verpflichtet.[326] Dieses vertragsähnliche Vertrauensverhältnis, welches als „Verschulden bei Vertragsverhandlungen oder culpa in contrahendo gewohnheitsrechtlich anerkannt war[327], ist mittlerweile in § 311 Abs. 2, 3 BGB positivrechtlich kodifiziert. Der Grund für die Verpflichtung ist mit *Ballerstedt*[328] in der Gewährung von in Anspruch genommenem Vertrauen" zu erblicken[329], die Haftung folgt genetisch aus der „Enttäuschung" dieses Vertrauens.[330] Es ist hierbei herauszustellen, dass ein gesetzliches Schuldverhältnis mit einer möglichen Haftungsfolge nach § 311 Abs. 2 Nr. 3 BGB auch dann vorliegen kann, wenn der „geschäftliche Kontakt"

---

[323] Palandt/*Heinrichs*, 62. Aufl. 2003, Einl. vor § 311 Rdn. 5

[324] Dass dieser „geschäftliche Kontakt" in bestimmter Weise qualifiziert sein muß, ist noch darzustellen.

[325] Palandt/*Heinrichs*, 62. Aufl. 2003, § 311 Rdn. 18

[326] RG 95, 58; 120, 251; 162, 156; BGHZ 6, 333; 66, 54; Palandt/*Heinrichs*, 62. Aufl. 2003, § 276 Rdn. 65

[327] Hierauf weist der BGH ausdrücklich hin, in: NJW 1979, 1983

[328] In: AcP 151, 501, 507

[329] BGH 60, 221, 226

[330] BGH NJW 1973, 752; 1981, 1035

nicht auf den Abschluss eines Vertrages abzielt.[331] Ebenso kann ein Schuldverhältnis mit Pflichten nach § 241 Abs. 2 BGB gemäß § 311 Abs. 3 BGB auch zu Personen entstehen, die nicht selbst Vertragspartei werden sollen. Dies lässt deutlich werden, dass die Struktur von Schuldverhältnissen eine bestimmte Konstellation kennt und mit einbezieht, die sich nicht zwingend im Vorfeld eines Vertragsschlusses zwischen den beteiligten Personen ansiedelt, sondern darüber hinaus auch „Dritte Personen" mit schuldrechtlichen Pflichten und Verantwortlichkeiten belegt, ohne dass damit der Weg ins Deliktsrecht beschritten wird.

bb) Folgerungen

Diese im Grunde einfache Skizze des privatrechtlichen Haftungssystems lässt einige Folgerungen und Ableitungen zu. Zunächst einmal ist dem „äußeren System" des Rechts der Schuldverhältnisse eine Art der Haftung bekannt, welche sich nicht aus einem wirksamen Vertrag oder deliktsrechtlich herleiten lässt. Rein systematisch sind vertragliche und deliktische Haftung nicht einmal die leitenden Oberbegriffe des Haftungssystems, da sie letztlich „nur" konstruktive Haftungskomplexe innerhalb der polaren Haftungsgenese „vertragliches Schuldverhältnis" und „gesetzliches Schuldverhältnis" sind. Im Rahmen der gesetzlichen Schuldverhältnisse kennt das Haftungssystem durchaus eine Vertrauenshaftung „zwischen Vertrag und Delikt", welche nach der Neuordnung des Schuldrechts im Rahmen des Schuldrechtsmodernisierungs – Gesetzes[332] mit Wirkung zum 01.01.2002 in § 311 Abs. 2, 3 BGB den eindeutigen Willen des Gesetzgebers nach einem Ansatz für eine „Dritte Spur" der Haftung erkennen lässt.

Im Zuge dieser Überlegungen muss jedoch auch die Differenzierung zwischen der „Vertrauenshaftung" als einem normativen Haftungssystem und dem „Vertrauensgedanken" oder „Vertrauensschutzgedanken" als einem Rechtsprinzip des Bürgerlichen Rechts unterschieden werden. Der „Vertrauensschutzgedanke" findet sich als Bestandteil des „inneren" Systems als tragendes Rechtsprinzip in dem Vertrauenshaftungsinstitut wieder.[333] Die „Vertrauenshaftung" hingegen kann nur ein eigener Systemteilbereich der schuldrechtlichen Haftung zwischen Vertrag und Delikt sein, welche insoweit auch im „äußeren" System verfestigt sein muss. Die Dogmatik des BGB erfordert nämlich zur Begründung eines Schuldverhältnisses in diesem Systembereich zunächst eine Verfestigung des Prinzips „Vertrauensschutz" in einem qualifizierten Haftungsinstitut; eine

---

[331] Palandt/*Heinrichs*, 62. Aufl. 2003, § 311, Rdn. 18

[332] Gesetz zur Modernisierung des Schuldrechts vom 26.11.2001, BGBl. I, S. 3138

[333] Über die der Vertrauenshaftung zugrundeliegenden Prinzipienschichten wird noch näher einzugehen sein, vgl. Abschnitt V. 2. a) cc)

davon abstrahierte, generelle Vertrauenshaftung erkennt das Gesetz nicht an. Dies wurzelt vor allem in der Bedeutung des „Vertrauensschutzprinzips“, welches als Teil des „Inneren Systems“ des BGB im Grunde, mehr oder weniger bedeutsam, alle Haftungskomplexe durchzieht und ohne eine qualifizierte Verfestigung im „äußeren System“ eine fast schon universelle Haftung begründen würde. Konsequenterweise führt dies letztlich zu der Einsicht, dass eine Vertrauenshaftung der Systematik des BGB zwar sehr wohl bekannt ist, dass sie im Lichte des Schuldrechtsmodernisierungsgesetzes durch ihre Ausgestaltung in § 311 Abs. 2, 3 BGB den eindeutigen Willen des Gesetzgebers zeigt und insoweit als eine „Dritte Spur“ der Haftung zwischen Vertrag und Delikt anzuerkennen ist; gleichwohl muss im Rahmen der Dogmatik gezeigt werden, dass das Prinzip des Vertrauensschutzes für die Begründung der allgemein – zivilrechtlichen Prospekthaftung eine äußere, systematische Verfestigung erfahren kann.[334]

Im Lichte der Kritik *Köndgens*[335], der unter der Vertrauenshaftung ein „zusammengezwängtes Knäuel verschiedenartigster Fallgruppen zwischen Vertrag und Delikt“ sieht, wirkt dann auch die Differenzierung und Korrelation zwischen „Vertrauenshaftung“ und „Vertrauensschutzprinzip“ als durchaus heuristisch: Eine dezidierte Verfestigung des Vertrauensschutzprinzips in einem Institut der Prospekthaftung als Bestandteil des „äußeren“ Haftungssystems wird einer klaren Grenzziehung zwischen Vertrag, „Quasivertrag“ und Delikt gerecht; eine im Rahmen der Prospekthaftung erfolgende Institutionalisierung und tatbestandliche Ausprägung des Vertrauensschutzprinzips reduziert die Vertrauenshaftung gerade auf einen „harten und fest umrissenen“ Kern, der sich systematisch im Bereich zwischen Vertrag und Delikt wiederfindet.

d) Funktional – rechtliche Betrachtung des Systems

Es ist nicht zu bestreiten, dass Verkehrspflichten für jeden, der eine Gefahrenquelle im Rechtsverkehr eröffnet, Rechtspflichten zum Handeln schaffen, um die Rechtsgüter Dritter zu schützen.[336] Wenn nun Verkehrspflichten einem bestimmten, sozialen Systembereich zuzuordnen sind, dienen sie folglich auch der Erhaltung dieses Systems. Im Rahmen der Prospekthaftung hat die Rechtsprechung eine Pflicht der Prospektersteller zur „vollständigen und umfassenden Aufklärung der Anleger durch den Prospekt“ konstatiert. Mit *Assmann* konzediere ich, dass es sich hierbei um eine Verhaltenspflicht handelt, welche sicherlich auch der Gewährleistung von Systemfunktionsbedingungen des Kapital-

---

334 Vgl. V. 2.; dass die dogmatische Begründung nicht gleichwohl auch unmittelbar zu einer Anspruchsgrundlage führt, zeigen die Ausführungen in V. 2. d)

335 *Köndgen*, AG 1983, 85, 90

336 Palandt/*Thomas*, 62. Aufl. 2003, § 823 Rdn. 58

marktes dient. Im Sinne der BGH - Rechtsprechung, aber auch nach allgemeinem Verständnis der zugrundeliegenden Wirklichkeitsbewältigung und Interessenbewertung ist Prospekthaftung jedoch - funktional betrachtet - zunächst Anlegerschutz. Als solcher ist sie dann richtigerweise auch Teil der institutionellen Bedingungen, die die Funktionsfähigkeit eines Kapitalmarktes gewährleisten. Fraglich ist nun jedoch, ob die Verhaltenspflicht der Prospektersteller genuines Deliktsrecht darstellt oder zumindest durch eine Fortschreibung desselben deliktsrechtlich systematisiert werden muss.

Auch hier ist es hilfreich, die grundsätzliche Struktur der Schuldverhältnisse im Blick zu behalten. Nach § 241 Abs. 2 BGB kann das Schuldverhältnis – ob vertraglich oder gesetzlich – „nach seinem Inhalt jeden Teil zur Rücksicht auf die Rechte, Rechtsgüter und Interessen des anderen Teils verpflichten". Dies zeigt, dass jedes Schuldverhältnis, seiner inhaltlichen Ausgestaltung entsprechend, zu einer Verhaltensanordnung gelangen kann. Daraus leitet sich im Rahmen der Prospekthaftung, nach dem Verständnis einer Vertrauenshaftung, direkt aus dem gesetzlichen Schuldverhältnis die Pflicht zur umfassenden und vollständigen Aufklärung des Anlegers ab. Die Prospekthaftung trägt in diesem Sinne dem Prinzip des Anlegerschutzes Rechnung und gelangt dadurch gleichermaßen mittelbar zu einer systemerhaltenden Funktion. Es ist folglich entgegen *Assmann* überhaupt nicht zwingend, solche Verhaltenspflichten deliktisch einzuordnen; sie können sich gleichermaßen aus einem qualifizierten Vertrauensverhältnis als gesetzliches Schuldverhältnis ergeben.[337] Für die Gewährleistung der systemerhaltenden Funktion von Verhaltenspflichten auf dem Kapitalmarkt ist es mithin ausreichend, dass der Prospekthaftung konkretisierte Verhaltenspflichten zugrunde liegen.[338] Systematisch betrachtet genügt es folglich, dass die Prospekthaftung auf (irgend)einem Schuldverhältnis basiert; ein institutionalisiertes Vertrauensverhältnis würde diesen Ansprüchen genügen.

e) Rechtspolitische Gedanken

Ausgehend von der Feststellung, dass ein rechtswissenschaftliches (Haftungs-) System nicht zwingend an das Darstellungsschema des gesetzlichen Systems gebunden ist, sondern vielmehr unter Zweckmäßigkeitsaspekten durch dieses gestützt werden kann[339], muss man sich innerhalb der angestellten, systematischen Leitgedanken auch mit den Forderungen nach einem „zweispurigen" Haftungssystem aus Vertrag und Delikt beschäftigen. Derartige Bestrebungen wol-

---

[337] Vorausgesetzt, dass dieses über die abstrakte „Urform" des § 241 BGB hinaus hinreichend institutionalisiert wird.

[338] Vgl. hierzu auch die interessante Feststellung des BGH`s in: BGHZ 123, 6, 13

[339] *Bydlinski*, System und Prinzipien des Privatrechts, 1996, S. 20

len die allgemein – zivilrechtliche Prospekthaftung gänzlich den „klassischen“ Haftungsdisziplinen zuweisen und dadurch mithin einer Ausweitung der nun bereits existierenden „Dritten Spur“ der Haftung entgegentreten.

Der grundlegende Ausgangspunkt dieser Problematik findet sich systematisch in der mittlerweile entschiedenen Frage, ob sich das privatrechtliche System als ein „offenes“, d.h. entwicklungsfähiges, zur Übernahme neuer oder geänderter Phänomene bereites, oder als ein „geschlossenes“, für allemal unveränderlich gedachtes System darstellt. Dass es sich um ein „offenes“ System handelt, zeigt sich daran, dass sich der Bestand an systematisch einzuordnenden Rechtsregeln jeder Art häufig ändert: Neue Gesetze werden erlassen; neue konkretere Regeln werden als Ergebnis methodischer Rechtsgewinnung durch Auslegung, ergänzende Rechtsfortbildung oder Konkretisierung von Generalklauseln entwickelt. Damit ändert sich inhaltlich auch das System: Es nimmt neue Elemente auf.[340] Wenn man sich vor diesem Hintergrund die Entwicklung der Systematik des BGB betrachtet, zeigt sich, dass mit der gewohnheitsrechtlichen Anerkennung der c.i.c. und ihrer im Zuge des Schuldrechtsmodernisierungsgesetzes erfolgenden Kodifizierung in § 311 Abs. 2 und 3 BGB eine Veränderung im haftungsrechtlichen System des Schuldrechts stattgefunden hat. Die rechtspolitische Anerkennung der Notwendigkeit einer normativen Regelung für eine Haftung aus der Verletzung von qualifizierten, geschäftlichen Verhältnissen zwischen Parteien, die sich zwischen den Bereichen von Vertragsrecht und Deliktsrecht bewegen, erhob das privatrechtliche Vertrauensschutzprinzip zum leitenden Fundament einer institutionalisierten Vertrauenshaftung. Die Vertrauenshaftung setzt dabei gerade keine rechtsgeschäftliche Beziehung zwischen den Parteien voraus, mit *Canaris* muss sie allerdings gegenüber der Vertragshaftung subsidiär bleiben und kann nur dort zum Zuge kommen, wo die Rechtsgeschäftslehre Schutzlücken offen lässt, bzw. wo der Nachweis erbracht ist, dass die Funktionsfähigkeit der Privatautonomie ausgeschaltet oder doch wesentlich beeinträchtigt ist.[341] Qualifizierte, geschäftliche Kontakte ließen sich schließlich auch nicht genuin deliktsrechtlich erfassen, ohne dabei zugleich grundlegende „geschäftliche“ Verhaltenspflichten gegenüber jedermann und darüber hinaus einen umfassenden, weitreichenden Vermögensschutz im Deliktsrecht zu implementieren. Ein solches ist indes weder erforderlich noch zweckmäßig. Die Anerkennung einer Haftung im Rahmen von geschäftlichen Kontakten ist sicherlich Ausfluss einer sich ständig ändernden und sich entwickelnden Wirtschafts- und Sozialordnung. Die Begründung und Kodifizierung der c.i.c. als ein Institut der Vertrauenshaftung ohne Änderung und Anpassung vertragsrechtlicher oder deliktsrechtlicher Regelungen zeigt, dass im privatrechtlichen System ein Gedanke am Aufkeimen ist, der eine Art „geschäftliche Haftung“ als eigenständigen Teil des Systems

---

[340] *Bydlinski*, System und Prinzipien des Privatrechts, S. 21 f.; vgl. grundlegend auch *Canaris*, Systemdenken und Systembegriff in der Jurisprudenz, S. 61 ff.

[341] *Canaris*, Vertrauenshaftung, S. 440

beinhaltet. Dies hat durchaus seine Berechtigung, lässt sich doch zum einen niemals jeder schutzwürdige, „geschäftliche Kontakt“ mit der bestehenden Rechtsgeschäftslehre erfassen. Zum anderen kann auch das Deliktsrecht allein schon aus dem Gedanken der Rechtssicherheit nicht ständig neue Verhaltenspflichten im Geschäftsleben ausprägen und schon gar nicht einen derartig weitreichenden generalklauselartigen Vermögensschutz gegenüber jedermann in einer freiheitlichen, auf dem Gedanken der Selbstverantwortung basierenden Wirtschaftsordnung statuieren. Die Vertrauenshaftung als Haftung für Verstöße im Rahmen qualifizierter geschäftlicher Kontakte erscheint doch wesentlich flexibler, um auf dynamische, geschäftliche Verhältnisse zu reagieren. Ich konzediere dabei, dass die Vertrauenshaftung entsprechend scharf konturiert sein muss, um ihrerseits den Erfordernissen an die Rechtssicherheit zu genügen.[342] *Mertens* ist darin zuzustimmen, dass sich die Vertrauenshaftung zur Begründung einer Haftung zumindest an gesetzliche Tatbestände anlehnen muss.[343] Es ist indes möglich, noch einen Schritt weiterzugehen und die Vertrauenshaftung als dogmatischen Ausgangspunkt für eine grundlegende, normative Begründung einer „Geschäftshaftung“ zu sehen. Eine solche orientiert sich nicht an bestimmten Berufsbildern, sondern funktional an einem qualifizierten, geschäftlichen Parteienverhältnis. Intendierte Anwendung einer solchen „Geschäftshaftung“ im Wege einer Vertrauenshaftung wäre vor allem die im geschäftlichen Kontakt bedeutsame, individuelle Haftung für Erklärungsverhalten.[344] Getragen und legitimiert wird eine solche Haftung von Prinzipien des „inneren“ Systems, wie dem Vertrauensschutzgedanken, dem Äquivalenzgedanken zwischen den Geschäftsparteien, dem Prinzip des Verbraucherschutzes im Teilbereich des Verbraucherschutzrechts und, speziell auf die Prospekthaftung bezogen, dem Prinzip des Anlegerschutzes sowie dem Schutz der wirtschaftlichen Dispositionsfreiheit.

Unter all diesen Gesichtspunkten zeigt sich, dass die Vertrauenshaftung sehr wohl als Haftungsinstitut zwischen Vertrag und Delikt ihren systematischen Platz findet und darüber hinaus den konstruktiven Weg zur Begründung einer Haftung für qualifiziert geschäftliche Kontakte, als welche auch die Prospekthaftung zu verstehen ist, ebnen kann.

---

[342] Vgl. dazu in diesem Kapitel 3, V. 2. c)

[343] MünchKomm/*Mertens*, 3. Aufl. 1997, § 823 Rdn. 466

[344] Vgl. insoweit zustimmend MünchKomm/*Mertens*, 3. Aufl. 1997, § 823 Rdn. 466

2. Die dogmatische Verankerung der allgemein – zivilrechtlichen Prospekthaftung im Institut der Vertrauenshaftung

a) Soziale Wirklichkeit und Prinzipien der allgemein – zivilrechtlichen Prospekthaftung

Um die allgemein – zivilrechtliche Prospekthaftung in ihrem Wesen sachgemäß erfassen zu können, ist es erforderlich, die darin verkörperten Leitprinzipien und –gedanken zu erfassen. Solche normativen Prinzipien konstituieren sich nicht um ihrer selbst willen, sondern sind Anerkennung und Folge einer realen Wirklichkeitsbewältigung im Sinne der Feststellung von realen Sachverhalten und den ihnen innewohnenden Konflikten, gefolgt von der Bewertung der unterschiedlichen Interessen eines solchen Konfliktes.[345] Eine Fortentwicklung des Rechtssystems, als welche die Herausprägung des Haftungsinstituts der allgemein – zivilrechtlichen Prospekthaftung für die Haftung von unrichtigen oder unvollständigen Prospekten im Bereich des „Grauen Kapitalmarktes" durchaus zu verstehen ist, basiert mithin stets auf Erkenntnissen über die zugrunde liegende, soziale Wirklichkeit.

aa) Soziale Wirklichkeit und Interessenkonflikte beim Erwerb von Anlagen des „Grauen Kapitalmarktes"

Grundlage eines jeden Anlagegeschäfts ist das Bestreben des Emittenten Kapital zu akkumulieren. Daher erstrebt der Emittent die Acquise von Anlegern, welche dem Emittenten Vermögen durch den Erwerb einer Anlage zur Verfügung stellen. Der Anleger tauscht gleichsam nicht gebundenes Kapital in äquivalentes, gebundenes Kapital um. Da die Anlegerschaft für den Emittenten grundsätzlich eine unbestimmte Personengruppe darstellt, bedient sich dieser eines Emissionsprospektes, um potentielle Anleger zu erreichen und zu individualisieren. Der Prospekt wird dabei in der Regel unter der arbeitsteiligen Mitwirkung von Personen erstellt, für welche das emittierende Unternehmen aufgrund ihrer funktionalen Stellung innerhalb des oder in Bezug zum Emittenten ausreichend transparent erscheint, um im Rahmen des Prospektes eine sachgerechte Informationsverarbeitung und –vermittlung zu gewährleisten. Durch den Prospekt werden diesen beiden Parteien, Prospektersteller und Anleger, konträre Positionen zugewiesen: Die Prospektersteller haben, zumindest arbeitsteilig, Zugang zu allen Informationen über den Emittenten und versuchen vermittels des Prospektes Anleger zu einer Anlageentscheidung zu beeinflussen. Der Anleger verfügt grundsätzlich über keinerlei Informationen über die Anlage, der Prospekt stellt für ihn mithin in der Regel die einzige und wesentliche Grundlage für die Anlageent-

---

[345] Vgl. *Stein*, Die rechtswissenschaftliche Arbeit, 2000, S. 2 ff.

scheidung dar.[346] Aus diesem Zustand eines Informationsgefälles entsteht ein Interessenkonflikt zwischen Prospektersteller und Anleger: Die Prospektersteller wollen vermittels des Prospektes Anleger und somit Kapital für den Emittenten gewinnen, der Anleger möchte sein nicht gebundenes Kapital nur dann gegen das gebundene Kapital einer Anlage eintauschen, wenn dieses zumindest ein Äquivalent darstellt. Der Prospekt ist folglich in dem Verhältnis Prospektersteller und Emittent das Medium, um das Informationsgefälle seitens des Anlegers auszugleichen. Der Prospekt allein reicht jedoch dazu nicht aus. Da der Anleger hinsichtlich der in dem Prospekt übermittelten Informationen über keinerlei Instrument zur „Beherrschung" des Vorgangs „Informationsverarbeitung und –übermittlung" verfügt, kann er sich des Aussagegehaltes des Prospektes nicht sicher sein und steht diesbezüglich gleichsam wieder in einer defizitären Situation. Es bedarf neben dem Prospekt einer weiteren Komponente, um dieses Defizit zu überwinden, der des Vertrauens. Mit anderen Worten gleicht der Prospekt zwar das objektiv bestehende Informationsgefälle aus, die Unsicherheit hinsichtlich der mangelnden Möglichkeiten des Anlegers zur Überwachung und Kontrolle des Prospektinhaltes wird jedoch erst durch das Vertrauen des Anlegers überwunden.[347] Das Vertrauen reflektiert dabei das Problem einer riskanten Vorleistung des Anlegers. Vertrauen liegt nur dann vor, wenn die vertrauensvolle Erwartung bei einer Entscheidung den Ausschlag gibt – andernfalls handelt es sich um eine bloße Hoffnung. Vertrauen bezieht sich stets auf eine kritische Alternative, in der der Schaden beim Vertrauensbruch größer sein kann als der Vorteil, der aus dem Vertrauenserweis gezogen wird.[348] Der Vertrauende macht sich mithin an der Möglichkeit übergroßen Schadens die Selektivität des Handelns anderer bewusst und stellt sich ihr. Der Hoffende hingegen fasst trotz Unsicherheit einfach Zuversicht. Vertrauen reflektiert Kontingenz, Hoffnung eliminiert Kontingenz.[349]

Andererseits wird dabei nicht vorausgesetzt, dass das Risiko und die Gründe des Vertrauens vor dem Verhalten rational abgewogen werden. Vertrauen kann

---

346 Vgl. BGH NJW 1980, 1840, 1841

347 Vertrauen ist hingegen dort nicht nötig, wo das System eine instrumentelle Ereignisbeherrschung sicherstellt, s. *Luhmann*, Vertrauen, 4. Aufl., 2000, S. 19, bei der Durchdringung eines komplexen Systems wie der Anlageentscheidung auf der Basis eines Prospekts als Medium der Informationsübermittlung, wo das Rechtsgeschäft des Anlagenerwerbs nicht zwischen den Personen geschlossen wird, welche sich auf beiden Seiten der Informationskette gegenübertreten (Defizit auf Seiten des Anlegers), steht dem Anleger die Rechtsgeschäftslehre als systemisches Instrument der Ereignisbeherrschung nicht zur Verfügung.

348 Zur Verdeutlichung: Der Verlust des Anlagekapitals bei entsprechender „Vertrauensenttäuschung" kann durchaus wirtschaftlich schwerwiegender sein als der Gewinn, der durch eine „Vertrauensentsprechung" erzielt werden kann.

349 *Luhmann*, Vertrauen, S. 27 ff.

auch unbedacht, leichtsinnig, routinemäßig erwiesen werden und erfordert insbesondere dann keinen unnötigen Bewusstseinsaufwand, wenn die Erwartungen nahezu sicher sind.[350] Mit dieser Erkenntnis lässt sich auch der Aussage *v. Bars* entgegentreten, der in der Konstruktion der allgemein – zivilrechtlichen Prospekthaftung als Vertrauenshaftung einen gedanklichen Zirkel in dem Sinne erblickt, *dass man vertrauen darf, weil eine Anspruchsgrundlage besteht, diese aber entsteht, weil man vertraut.*[351] Zunächst muss festgehalten werden, dass Vertrauen ein Zustand der sozialen Wirklichkeit ist, welcher zur Reduktion von Komplexität dient, im Rahmen einer Anlageentscheidung also zur Reduktion der Komplexität des Systems der Kapitalanlage. Das Recht als ein System präskriptiver Sollenssätze regelt diese Wirklichkeit[352], indem es die ihr innewohnenden Konflikte erkennt, rechtlich bewertet und nach Bedarf einer normativen, rechtlichen Regelung zuführt. Keinesfalls darf man daher eine Anspruchsgrundlage i.S.e. normativen Regelung als Bedingung für Vertrauen als Zustand der sozialen Wirklichkeit konstatieren. Eine Anspruchsgrundlage kann aus einem als schutzwürdig erkannten, sozialen Interessenkonflikt entstehen, nicht umgekehrt; diesen gegenseitigen Zusammenhang verkennt *v. Bar*, wenn er von einem gedanklichen Zirkel spricht.

bb) Interessenbewertung

Es ist evident, dass eine wirtschaftlich so bedeutsame Entscheidung wie der Erwerb einer Anlage auf der Basis eines Emissionsprospektes einer rechtlichen Erfassung und damit auch vorgreifend einer eben solchen Bewertung bedarf, wenn es um die Frage nach den Folgen der Herausgabe eines unvollständigen oder unrichtigen Prospektes geht. Der BGH hat dazu ausgeführt, dass „im Interesse eines rechtlich gebotenen Kapitalanlegerschutzes auf eine wahrheitsgemäße und vollständige Aufklärung des Rechtsverkehrs über das Risiko möglicher Anlagen hingewirkt werden muss.“[353] Weiterhin leitet der BGH aus dem bestehenden Informationsdefizit des Anlegers her, dass es nach Treu und Glauben geboten ist, dass dem Anleger durch den Prospekt – als im Regelfall einzige Unterrichtungsmöglichkeit – ein zutreffendes Bild über das Beteiligungsobjekt vermittelt wird.[354] Der BGH gibt dabei zu erkennen, dass er die Interessen des Anlegers als Individuum sowie die Interessen der Anlegerschaft als „Interessen des Rechtsverkehrs“ für schützenswert erachtet. Durch diese folgerichtige Wertung wird die defizitäre Stellung des Anlegers ausgeglichen: Den „Vorschuss“

---

[350] *Luhmann*, Vertrauen, S. 29

[351] *V. Bar*, ZGR 1983, 476, 500

[352] *Stein*, Die rechtswissenschaftliche Arbeit, S. 1

[353] BGH NJW 1981, 1449, 1450

[354] BGH NJW 1981, 1449, 1451

an Vertrauen, welchen er durch die Anlageentscheidung gewährt, erhält er durch die Anerkennung der stärkeren Schutzwürdigkeit seiner Interessen zurück. Gleichsam wird dadurch der „Kreis der Anlegerschaft“ als Rechtsverkehr geschützt, welches eine wichtige Voraussetzung für einen funktionierenden Kapitalmarkt darstellt. Dem kann auch nicht entgegengehalten werden, dass dem Anleger durch diese Interessenbewertung das Risiko des Geschäfts abgenommen würde, da er lediglich über den Umfang eines gleichwohl bestehenden Risikos aufgeklärt wird.[355] Eine Bewertung der Anlegerinteressen als schutzwürdig bedeutet in diesem Zusammenhang folglich auch Schutzwürdigkeit des Anlegervertrauens. Die so ermittelten Interessenkonflikte und ihre Bewertung sind von nicht zu unterschätzender Wichtigkeit, da ihre Einflussstärke sich im Sinne der „genetischen Interessentheorie“[356] auf ihre Berücksichtigung in der Konstruktion der allgemein – zivilrechtlichen Prospekthaftung auswirkt.

cc) Leitprinzipien der allgemein – zivilrechtlichen Prospekthaftung

Die der Anlageentscheidung zugrunde liegende, soziale Wirklichkeit mit ihren immanenten Interessenkonflikten und deren rechtliche Bewertung führen zu der Anerkennung von rechtlichen Leitprinzipien, die sich, der genetischen Interessentheorie folgend, normativ in dem Institut der allgemein – zivilrechtlichen Prospekthaftung widerspiegeln sollen. Daher ist es notwendig, diese Prinzipien und ihr Verhältnis zueinander aufzuzeigen.

Auf der untersten Prinzipienschicht, als grundlegende rechtliche Prinzipien der allgemein – zivilrechtlichen Prospekthaftung, finden sich zunächst die *Prinzipien des Anleger- und Verbraucherschutzes.* Diese beiden Prinzipien sind auf die funktionale Stellung des Anlegers im System des Anlageprozesses gerichtet und weisen diesem eine grundsätzlich schutzwürdige Position zu. Hinsichtlich des tatsächlichen Inhaltes, nämlich der Übermittlung von Informationen, beziehen diese Prinzipien auch die Stellung des Anlegers als informell Schwächeren mit in ihre Grundaussagen ein und korrelieren daher fließend auch mit dem *Prinzip des Schutzes des informell Schwächeren.* Im Rahmen der allgemein – zivilrechtlichen Prospekthaftung findet folglich die Stellung des Anlegers im Rahmen des Anlageverhältnisses eine durch drei Rechtsprinzipien gestützte, starke Schutzposition. Diese Schutzposition findet sich nun nicht, von bestimmten Verhältnissen abstrahiert, generell im Rechtsverkehr[357], sondern qualifiziert sich durch das Anlageverhältnis. Sie verwirklicht sich im Verhältnis zum Prospektersteller durch die Anerkennung des *Vertrauensschutzprinzips.* Dieses Prinzip realisiert die auf der darunter liegenden Prinzipienschicht vorhandenen

---

[355] So auch BGH NJW 1981, 1449, 1451

[356] Vgl. *Stein*, Die rechtswissenschaftliche Arbeit, S. 18

[357] Wie es sich hingegen im Rahmen eines deliktischen Schutzes darstellen würde.

Leitprinzipien, gerechtfertigt durch die Bestätigung eines zwar nicht rechtsgeschäftlichen, aber doch geschäftlichen Kontaktes zwischen Anleger und Prospektersteller. Diesen genannten Prinzipien steht nun funktional gegenüber, dass es dem Prospektersteller gerade verweigert wird, seinen geschäftlichen Vorteil unter Ausnutzung seiner „stärkeren" Position zu erlangen: Wenn der Prospektersteller das Informationsdefizit des Anlegers nicht auf seinen Kenntnisstand nivelliert und damit das Vertrauen des Anlegers gleichsam „enttäuscht", wird er mit Haftung bestraft. Daher findet sich in der allgemein – zivilrechtlichen Prospekthaftung auch ein *Äquivalenzgedanke*, der sich auf die Übermittlung der Informationen bezieht und den Vertrauensschutzgedanken näher konkretisiert.

Diese Prinzipien bilden das Fundament für die folgende Eingliederung der allgemein – zivilrechtlichen Prospekthaftung in das Institut der Vertrauenshaftung. Es ist hierbei noch herauszuheben, dass das *Vertrauensschutzprinzip* die tragende Grundlage des Instituts der allgemein – zivilrechtlichen Prospekthaftung darstellt. Ohne dieses lassen sich die auf der Ebene der sozialen Wirklichkeit bestehenden Interessenkonflikte mit den dazu gewonnenen Wertungen mangels privatautonomer Regelungsmöglichkeiten nicht bewältigen. Ebenso lassen sich die Prinzipien des *Anlegerschutzes* oder des *Schutzes des informell Schwächeren* ohne die hervorgehobene Anerkennung des *Vertrauensschutzprinzips* nicht verwirklichen. Das *Vertrauensschutzprinzip* prägt mithin am stärksten die zugunsten des Anlegers getroffene Entscheidung des Interessenkonfliktes zwischen Anleger und den Prospektverantwortlichen. Der „genetischen Interessentheorie" folgend, muss es sich also als entscheidendes und tragendes Element in dem Institut der allgemein – zivilrechtlichen Prospekthaftung wieder finden. Dazu gelangt es, wenn man es in dem folgend noch darzustellenden Institut der Vertrauenshaftung präzisiert und dadurch als entscheidende, dogmatische Grundlage für die allgemein – zivilrechtliche Prospekthaftung fruchtbar macht.

b) Die Einstellung in ein gesetzliches Schuldverhältnis

Zur tatsächlichen Gewährleistung dieser Prinzipien ist es erforderlich, dass zwischen den Parteien, Anleger und Prospektersteller, eine rechtlich – normative Erfassung des Anlageverhältnisses i.S.e. Begründung von qualifizierten Pflichten zu erfolgen hat. Es ist daher notwendig, das Verhältnis zwischen den Parteien normativ durch die Anerkennung eines Schuldverhältnisses zu erfassen.[358] Ein solches Schuldverhältnis kann sich, dem Prinzip des Vertrauensschutzes – als Leitprinzip - folgend, sachlogisch nur aus einem qualifizierten Vertrauens-

[358] Vgl. § 241 BGB

verhältnis zwischen Prospektersteller und Anleger begründen[359]. Daher ist es notwendig, das Vorliegen eines qualifizierten Vertrauensverhältnisses zwischen Anleger und Prospektersteller im Rahmen der allgemein – zivilrechtlichen Prospekthaftung darzulegen. Die Ableitung eines Schuldverhältnisses aus einem qualifizierten Vertrauensverhältnis ist dabei dogmatisch durchaus möglich und bekannt, wie man anhand des § 311 Abs. 3, Satz 2 BGB zu erkennen vermag. Wie bereits im Rahmen der Systematik festgestellt wurde, ist die in § 311 Abs. 3, Satz 2 BGB vorfindbare Vertrauenshaftung ein Indiz für die grundlegende Anerkennung der Entstehung von Schuldverhältnissen aus qualifizierten, geschäftlichen Kontakten[360], mithin zwischen Vertrag und Delikt. Damit gelangt man, funktional betrachtet, über die Statuierung von Pflichten kraft Schuldverhältnis auch gleichsam zu einer der allgemein – zivilrechtlichen Prospekthaftung innewohnenden Aufgabe, die mit dem Anlegerschutz durchaus korrespondiert, jedoch noch darüber hinaus geht: der Erhaltung der Systemfunktionen des Kapitalmarktes vermittels der Begründung von qualifizierten Informationspflichten.

c) Die normative Erfassung des Vertrauensverhältnisses zwischen Anleger und Prospektersteller durch das Institut der Vertrauenshaftung

Im Rahmen der Ausführungen zur Systematik der Vertrauenshaftung wurde bereits herausgestellt[361], dass sich ein Institut der Vertrauenshaftung durch qualifizierte Merkmale darstellen muss, um sich von der grundlegenden Prinzipienebene abzuheben und damit eine normativ – rechtliche Erfassung der zu bewältigenden Sachverhalte zu gewährleisten. Um die Herausarbeitung allgemeiner, qualifizierter Merkmale der Vertrauenshaftung hat sich insbesondere *Canaris* verdient gemacht.[362] Ihm in weiten Teilen folgend sind der *Vertrauenstatbestand* als objektive Grundlage und das *schutzwürdige – „gutgläubige" – Vertrauen*, inklusive der damit verbundenen weiteren Voraussetzungen, als allgemeine Voraussetzungen eines Vertrauenshaftungsinstituts anzuerkennen.[363] Anhand dessen soll nun im Folgenden dargestellt werden, dass die allgemein – zivil-

---

[359] Vgl. *Hoffmann*, Vermögensschäden, S. 75; dass sich dieses Schuldverhältnis nicht aus einem Rechtsgeschäft oder Delikt begründen lässt, soll an dieser Stelle nicht wiederholend dargelegt werden. Es sei verwiesen auf die diesbezüglichen Ausführungen in Kapitel 3, IV.

[360] Qualifizierter, geschäftlicher Kontakt wäre nach diesem Verständnis im Rahmen des § 311 Abs. 3 Satz 2 *„die erhebliche Beeinflussung der Vertragsverhandlungen oder des Vertragsschlusses durch die Inanspruchnahme von Vertrauen in besonderem Maße durch eine dritte Person."*

[361] Vgl. Kap. 3, V. 1. c)

[362] *Canaris*, Vertrauenshaftung, insb. S. 491 ff.

[363] *Canaris*, Vertrauenshaftung, S.491

rechtliche Prospekthaftung mit den Anforderungen an ein Institut der Vertrauenshaftung korrespondiert und dogmatisch als solches zu begreifen ist.

aa) Der Vertrauenstatbestand

Die Gewährung von Vertrauensschutz verlangt zunächst eine objektive Grundlage, auf welche sich das Vertrauen stützen kann. Eine solche Grundlage stellt der Vertrauenstatbestand dar. Als Vertrauenstatbestand kommt dabei grundsätzlich jeder Sachverhalt in Betracht, der geeignet ist, in bestimmter Richtung Vertrauen zu erwecken.[364] Hinsichtlich der Einordnung des Vertrauenstatbestandes nach den begründenden Umständen lassen sich „künstliche" und „natürliche äußere Tatbestände" unterscheiden.[365] Erstere sind durch das Gesetz selbst geschaffen und zur Grundlage des Vertrauensschutzes erhoben worden.[366] Letztere findet das Recht bereits als „natürliche" Vertrauensträger vor; hierher gehören insbesondere auch schriftliche und mündliche Erklärungen.[367]

Im Rahmen der allgemein – zivilrechtlichen Prospekthaftung findet sich der objektive Vertrauenstatbestand im Emissionsprospekt. Der Prospekt soll nach Anspruch und Zielsetzung das anlagesuchende Publikum über die Beteiligung sachlich informieren.[368] Dabei stellt der Prospekt im Regelfall die Grundlage für den wirtschaftlich bedeutsamen und mit Risiken verbundenen Beitrittsentschluss dar.[369] Die in dem Prospekt enthaltenen Informationen dienen dem Anleger zur Beurteilung des Anlageobjektes. Dadurch sind sie geeignet, Vertrauen bei dem Anleger zu erwecken. Es lässt sich sogar darüber hinaus feststellen, dass der Prospekt gerade mit dem besonderen Zweck in Umlauf gebracht wird, um kumulativ zum notwendigen Werbeeffekt für die Anlage, Vertrauen bei dem Anleger zu erwecken. Der Prospekt erzeugt gleichsam nicht lediglich als „Sekundäreffekt" bei dem Anleger Vertrauen, sondern ist vielmehr primär darauf ausgerichtet. Die „Prospekterklärung" ist ihrer Natur nach grundsätzlich an einen unbestimmten Kreis von potentiellen Anlegern, folglich genuin an jedermann gerichtet. Dass sich daraus jedoch gleichwohl keine uferlosen Haftungsansprüche begründen können, mithin kein generalklauselartiger Haftungstatbestand entwickelt, zeigt sich im Rahmen der Voraussetzung *„Vertrauensinvestition"*. Diese

---

[364] *Canaris*, Vertrauenshaftung, S.491

[365] *Wellspacher*, Das Vertrauen auf äußere Tatbestände, S. 22 ff. und 58 ff.; *Canaris*, Vertrauenshaftung, S. 492

[366] Z.B. die verschiedenen Register und der Erbschein

[367] *Canaris*, Vertrauenshaftung, S.492

[368] *Wiedemann/Schmitz*, ZGR 1980, 129;,132; ihnen folgend BGH NJW 1980, 1840, 1841

[369] Stellvertretend für viele: BGH NJW 1980, 1840, 1841

Voraussetzung trennt den Kreis der potentiellen Anleger von den tatsächlichen Anlegern. Vorliegend geht es allein um die Begründung einer objektiven Vertrauensgrundlage, die zunächst, nach der Natur und dem Zweck eines Emissionsprospektes, jedermann zu Gute kommen kann. Der Prospekt selbst grenzt auch die tatsächliche Reichweite des Vertrauenstatbestandes ab. Die inhaltliche Ausgestaltung des Prospekts wird gemessen an den Kriterien „Vollständigkeit“ und „Richtigkeit“, und auf diese bezogen, an dem Kriterium der „Wesentlichkeit“. Dies bedeutet, dass der Prospekt alle über das Anlageobjekt verfügbaren wesentlichen Informationen enthalten muss, welche darüber hinaus richtig und vollständig dargestellt werden müssen. Vor diesem Hintergrund kann man den Prospekt als „medialen Spiegel“ des Anlageobjektes begreifen. Die Reichweite des Vertrauenstatbestandes richtet sich demgemäß nach den für die Prospektersteller ermittelbaren und für die Anlageentscheidung bedeutsamen Informationen über das Anlageobjekt.

bb) Das schutzwürdige Vertrauen des Anlegers

Dem „Vertrauenstatbestand“ korrespondiert als zweites, gewissermaßen begriffsnotwendiges Merkmal der Vertrauenshaftung das „Vertrauen“.[370] Es ist dabei wichtig zu begreifen, welches die Zielrichtung des Vertrauens darstellt. Das Verständnis wird durch die Erkenntnis erleichtert, dass Vertrauen nicht einseitig, sondern zweiseitig entsteht: Vertrauen kann nur dann in Anspruch genommen werden, wenn es von anderer Seite erzeugt wurde. Daher ist das Vertrauen final betrachtet nicht auf den Prospekt bezogen, sondern wird durch diesen lediglich nach Inhalt und Reichweite bestimmt; der Prospekt ist gleichsam als Medium der Informationsübermittlung die objektive Vertrauensgrundlage. Vertrauen entsteht zwischen jenen, die durch die Erstellung des Prospektes oder die Übernahme der Verantwortung für diesen Vertrauen erzeugen, und den Anlegern, die dieses Vertrauen durch die Entscheidung zur Anlage in Anspruch nehmen.

Vor dem Hintergrund der zugrunde liegenden Realitätsbewältigung und der tragenden Prinzipienschichten lässt sich nun auch der Kreis jener bestimmen, welche Vertrauen objektiv erzeugen, das subjektiv in Anspruch genommen wird. Dies sind zum einen *die Initiatoren und Gründer, die das Management des Emittenten bilden oder beherrschen.*[371] Denn gerade jene erscheinen den künftigen Anlegern aufgrund ihrer Stellung und Funktion innerhalb der Gesellschaft als die Verantwortlichen. Als Verantwortliche erscheinen daneben auch die Personen, welche *besonderen Einfluss in der Gesellschaft ausüben und Mitverantwortung tragen.*[372] Auch diese erscheinen kraft ihrer funktionalen Stellung ver-

---

[370] *Canaris*, Vertrauenshaftung, S. 503

[371] So im Ergebnis zuerst BGHZ 71, 284 ff.

[372] So im Ergebnis zuerst BGHZ 72, 382 ff.

antwortlich für die Informationsübermittlung durch den Prospekt. Darüber hinaus erzeugen auch solche Personen und Unternehmen Vertrauen, *welche mit Rücksicht auf ihre besondere berufliche Stellung oder auf ihre Eigenschaft als berufsmäßige Sachkenner eine Garantenstellung einnehmen, wenn sie durch ihr nach außen in Erscheinung tretendes Mitwirken am Emissionsprospekt einen Vertrauenstatbestand schaffen.*[373] Gerade dieser Personenkreis übernimmt, funktional betrachtet, durch seine bezogen auf die Erstellung des Prospekts nach außen tretende Tätigkeit Verantwortung für den Prospekt. Induktiv führt dies zu der Feststellung, dass Vertrauen grundsätzlich von demjenigen erzeugt wird, welcher kraft seiner „funktionalen Autorität" innerhalb des oder im Verhältnis zu dem Emittenten für die Informationsverarbeitung und -übermittlung durch den Prospekt Verantwortung übernimmt. Im Rahmen jener Thematik „Haftung kraft Verantwortung" für den Prospekt kristallisieren sich folglich zwei grundsätzliche Fallgruppen für die Ermittlung des Kreises der Haftenden heraus: Dies sind zum einen jene Personen, die innerhalb der Gesellschaft aufgrund ihrer Funktion in der Lage sind, Einfluss auf die Gestaltung und Herausgabe des Prospekts nehmen zu können, wie Manager, Initiatoren, Gründer oder sonstige mit entsprechendem Einfluss in der Gesellschaft ausgestattete Personen. Zum anderen sind es solche Personen, die - ohne eine funktionale Rolle innerhalb der Gesellschaft einzunehmen - in dem Prospekt durch ihre berufsmäßige Sachkunde in Erscheinung treten und insoweit einen zusätzlichen Vertrauenstatbestand schaffen. Dabei sind zwei wesentliche Punkte herauszuheben. Erstens ist es für die Bestimmung von Verantwortlichen der erstgenannten Gruppe erforderlich, stets im Einzelfall zu prüfen, ob ein möglicher Einfluss innerhalb der Gesellschaft den Betroffenen in eine funktional verantwortliche Position rückt. Zweitens ist es bei der Bestimmung von Verantwortlichen der zweiten Gruppe im Gegensatz zur ersten notwendig, dass diese Personen durch den Prospekt nach außen in Erscheinung treten; denn deren Verantwortlichkeit ergibt sich nicht aus einer qualifiziert verantwortlichen Stellung innerhalb der Gesellschaft, sondern daraus, dass sie in dem Prospekt durch ihre berufliche Sachkunde einen Vertrauenstatbestand schaffen, der geeignet ist, bei einem potentiellen Anleger Vertrauen zu erzeugen.

Anders als *Canaris*, der diesen Problembereich in der Frage der Zurechenbarkeit sieht[374], halte ich es für richtig, ihn dem „Komplex der Entstehung des Anlegervertrauens" zuzuordnen: Da Vertrauen nur dann in Anspruch genommen werden kann, wenn es zuvor erzeugt wurde, muss es auch sachlogisch als Voraussetzung des subjektiven Vertrauens des Anlegers dargestellt werden. Als notwendiges Tatbestandsmerkmal der Vertrauenshaftung ist also seitens des An-

---

[373] So im Ergebnis zuerst BGHZ 77, 172 ff.; die Einschränkung des „nach außen in Erscheinung Tretens" ist insoweit gerechtfertigt, als dieser Personenkreis grundsätzlich keine dauerhafte funktional verantwortliche Stellung in oder zu der Gesellschaft einnimmt.

[374] *Canaris*, Vertrauenshaftung, S. 517 f.

legers, gleichsam als genetische Folge des erzeugten Vertrauens durch den Prospektersteller, respektive –verantwortlichen, die Inanspruchnahme von Vertrauen erforderlich. Da sich das Vertrauen des Anlegers auf die ihm durch den Prospekt übermittelten Informationen stützt, er jedoch die Komplexität, insbesondere die Wahrhaftigkeit und sachgerechte Darstellung des Prospekts auf Grund seiner informationsdefizitären Stellung, nicht erfassen kann, lässt sich feststellen, dass das Anlegervertrauen das Problem einer riskanten Vorleistung beinhaltet.[375] Dabei darf man nicht erwarten, dass das Vertrauen eine psychische Tatsache ist, die jeweils von Fall zu Fall positiv festgestellt werden kann und muss; vielmehr genügen auch unbewusste seelische Vorgänge.[376] Vertrauen kann insbesondere auch unbedacht, leichtsinnig und routinemäßig erwiesen werden.[377] Da das Vertrauen in diesem Zusammenhang spezifisch rechtlich relevant ist, sind für die Begriffsbildung nicht allein psychologische, sondern auch juristisch-normative Kategorien maßgeblich.[378] So steht es der Rechtsordnung z.B. frei, aus bestimmten Gründen auf eine auf den Einzelfall bezogene Prüfung des „Vertrauens“ zu verzichten und insoweit „typisierend“ zu verfahren.[379] Gerade im Rahmen der allgemein – zivilrechtlichen Prospekthaftung hat sich dabei induktiv herausgestellt, dass ein bestimmter Personenkreis Kraft seiner funktionalen Stellung Vertrauen erzeugt, welches dabei auch „typischerweise“ in Anspruch genommen wird. Ohne sich selektiv bewusst zu sein, wer „hinter“ einem Prospekt steht, sind es doch gerade diejenigen Personen – ohne dass sie in der Regel in Erscheinung treten -, die eine qualifizierte Funktion in der emittierenden Gesellschaft einnehmen, welchen Vertrauen entgegengebracht wird; es ist nicht möglich und daneben wäre es auch nicht sachgerecht, Vertrauen dort, wo es kraft funktionaler Stellung bestimmt wird, im einzelnen zu prüfen und darzulegen. Das Einschalten eines Prospekts zur Acquise neuer Anleger unter Verzicht auf einen persönlichen Kontakt rechtfertigt ein insoweit typisierendes Vertrauen in „Autoritäten“, die funktional mit dem Prospekt verknüpft sind.

Dabei ist es durchaus angebracht und gerechtfertigt, dass die Rechtsordnung neben dem Vorliegen von Anlegervertrauen weitere Voraussetzungen für die Schutzwürdigkeit des Anlegers statuiert, da nicht negiert werden soll, dass der Begriff des Vertrauens sehr weitreichend ist und für sich genommen den Anforderungen an die Rechtssicherheit nicht genügen würde. Dabei erweisen sich im Einzelnen fünf weitere Voraussetzungen als wesentlich: der Gute Glaube, die Kenntnis des Vertrauenstatbestandes, die Disposition oder Vertrauensinvestiti-

---

[375] *Luhmann*, Vertrauen, S. 27

[376] *Canaris*, Vertrauenshaftung, S. 503

[377] *Luhmann*, Vertrauen, S. 29

[378] *Canaris*, Vertrauenshaftung, S. 504; vgl. auch *Fikentscher*, § 27 I 4, Rdn. 163

[379] *Canaris*, Vertrauenshaftung, S. 504; vgl. dazu auch *Eichler*, S. 4 ff.

on, der Kausalzusammenhang zwischen der Disposition und dem Vertrauen und die Teilnahme am rechtsgeschäftlichen oder rechtsgeschäftsähnlichen Verkehr.[380]

(1) Der gute Glaube

Wenn jemand die Unrichtigkeit eines Vertrauenstatbestandes durchschaut, wenn er also die wahre Sach- oder Rechtslage erkennt, so hat er, objektiv beurteilt, keinen Grund zu vertrauen und verdient deshalb den Schutz der Rechtsordnung nicht: er ist bösgläubig.[381] Es ist dabei zumindest im Rahmen der allgemein – zivilrechtlichen Prospekthaftung durchaus richtig, diese Thematik als eine Frage der Schutzwürdigkeit des Vertrauens und nicht des Vertrauens selbst zu begreifen. Da die Legitimität einer typisierend verfahrenden Vertrauensfeststellung bejaht wurde, ist es folglich auch sachgemäß, die Frage der „Gutgläubigkeit" nicht im einzelnen als subjektive Voraussetzung des Vertrauens zu prüfen, sondern sie als eine objektive Schranke der Schutzwürdigkeit des Anlegers zu begreifen: Da „typisierend" gerade bedeutet, Vertrauen nicht individuell zu prüfen, kann es sachlogisch nicht angebracht sein, im Widerspruch dazu die „Gutgläubigkeit" als Vertrauensvoraussetzung anzuerkennen.

Während es evident ist, dass bei Kenntnis der Unrichtigkeit des Prospektes dem Anleger von der Rechtsordnung keine schützenswerte Position zuerkannt wird, erscheint es hingegen bei bloß fahrlässiger Unkenntnis der Unrichtigkeit durchaus problematisch. Eine Lösung dieses Problems lässt sich jedoch mit Hilfe der Struktur der Prospekthaftung erreichen. Im Rahmen der Prospekthaftung stellt der Prospekt im Regefall die einzige Grundlage für die Anlageentscheidung des Anlegers dar[382]. Durch den Prospekt werden dem Anleger in Konsequenz zu dem bestehenden Informationsgefälle die zur Anlageentscheidung notwendigen Informationen übermittelt. Da diese Informationen der Komplexität des Anlageobjektes entsprechen und von damit vertrauten Personen erarbeitet und übermittelt werden, ist es dem Anleger in der Regel nicht möglich, aber auch nicht zuzumuten, die erhaltenen Informationen – auch wenn Anhaltspunkte für die Fehlerhaftigkeit bestehen – zu überprüfen. Der sich in einer informationsdefizitären Stellung befindliche Anleger muss bei Unkenntnis von Fehlern zu Recht vertrauen dürfen. Ihm darüber hinaus Pflichten zur Verifizierung von Angaben des Prospektes aufzuerlegen, widerspräche zum einen seiner Stellung als in der Regel fachlich nicht vorgebildeter, informell unterlegener Anleger, zum anderen aber auch der Anerkennung des Prospekts als von Fachleuten erstellten und in der Regel einzigen, zumindest hauptsächlichen Mediums der Informati-

[380] Einordnung im Wesentlichen nach *Canaris*, Vertrauenshaftung, S. 504 ff.

[381] *Canaris*, Vertrauenshaftung, S. 504

[382] Vgl. BGH NJW 1980, 1840, 1841; BGHZ 111, 314, 317; BGHZ 115, 213, 218

onsübermittlung. Man kann mithin festhalten, dass ein qualifizierter Anlegerschutz vor dem realen und durch rechtliche Prinzipien durchdrungenen Hintergrund der Anlageentscheidung nur dann gewährleistet ist, wenn eine Haftung der Prospektverantwortlichen auch bei fahrlässiger Unkenntnis des Anlegers Bestand hat.

(2) Die Kenntnis des Vertrauenstatbestandes

Als weiteres subjektives Erfordernis auf Seiten des Vertrauenden ist seine Kenntnis des Vertrauenstatbestandes notwendig. Ohne diese Kenntnis vertraut der Vertrauende gleichermaßen „blind" und ist nicht schutzwürdig; die Rechtsordnung hat dann aber grundsätzlich keinen Anlass zum Eingreifen. Es muss daher ein innerer Zusammenhang zwischen dem Vertrauenstatbestand und dem Vertrauen gegeben sein, dieses muss sich gerade auf jenen stützen.[383] Zwar ist es allgemein anerkannt, dass bei den „künstlichen äußeren Tatbeständen", wie z. B. dem Registerschutz, hiervon eine Ausnahme zu machen ist[384], im Rahmen der allgemein – zivilrechtlichen Prospekthaftung besteht hierzu jedoch kein Anlass. Gerade die Bedeutung des Prospektes als wesentliche Grundlage der Anlageentscheidung, als Medium der Informationsübermittlung und somit als objektive Vertrauensgrundlage muss dem Anleger ins Bewusstsein gelangt sein, wenn die Rechtsordnung ihm aus der Fehlerhaftigkeit des Prospektes Ansprüche zuerkennen will. Denn erst durch den Prospekt wird die Beziehung zwischen den Prospektverantwortlichen als jenen, die Vertrauen erzeugen, und dem Anleger als dem, der Vertrauen in Anspruch nimmt, vermittelt.

(3) Die Disposition oder Vertrauensinvestition

Vertrauen ist, wenn man es normativ - rechtlich erfassen will, nicht um seiner selbst willen schutzwürdig, sondern nur dann, wenn es die Grundlage für das Verhalten des Vertrauenden darstellt. Daher setzt die Vertrauenshaftung grundsätzlich voraus, dass sich das Vertrauen in irgendeiner Maßnahme des Vertrauenden, der „Disposition" oder „Vertrauensinvestition", objektiviert hat.[385] Im Rahmen der Prospekthaftung ist dabei evident, welches die Vertrauensinvestition des Anlegers darstellt: der Erwerb einer durch den Prospekt vermittelten Anlage. Der Tausch von nicht gebundenem Kapital des Anlegers in gebundenes Kapital[386] erfolgt aufgrund des Vertrauens in die Richtigkeit der durch den Prospekt vermittelten Informationen über die Anlage. Der Anlageerwerb ist dabei als objektiviertes Merkmal des Vertrauens unabdinglich, da im Rahmen einer recht-

---

[383] Vgl. *Canaris*, Vertrauenshaftung, S. 507

[384] Vgl. die Ausführungen von *Canaris* in: Vertrauenshaftung, S. 507 ff.

[385] *Canaris*, Vertrauenshaftung, S. 510

[386] In Gestalt der Anlage

lichen Beurteilung das „für sich behaltene" Vertrauen ohne Anlageerwerb keinerlei rechtliche Berührungspunkte entfaltet und letztlich auch nur der Anlageerwerb eine Disposition auf der Grundlage des vermittelten Vertrauens darstellen kann.[387]

(4) Der Kausalzusammenhang zwischen dem Vertrauen und der Disposition

Erscheint das Vertrauen grundsätzlich nur deswegen schutzwürdig, weil es das Verhalten des Vertrauenden beeinflusst und seinen Niederschlag in dessen Maßnahmen gefunden hat, so ergibt sich daraus folgerichtig die Notwendigkeit, dass zwischen diesem und jenem ein Kausalzusammenhang bestehen muss.[388] Es ist daher die Frage zu stellen, ob man das Vertrauen im Sinne der "Conditio-sine-qua-non-Theorie" hinweg denken kann, ohne dass die Disposition entfällt, oder anders formuliert, ob der Vertrauende auch bei Kenntnis der wahren Sach- oder Rechtslage gleichermaßen gehandelt hätte. Es ist hinsichtlich der allgemein – zivilrechtlichen Prospekthaftung gerechtfertigt, dass die Rechtsordnung dem Anleger dann keinen Schutz zuweisen darf, wenn der Anleger seine Anlageentscheidung auch dann getroffen hätte, wenn ihm die Unrichtigkeit des Prospekts bekannt gewesen wäre. Bei Feststellung dieser „inneren" Tatsache auf Seiten des Anlegers verbietet bereits diese selbstverantwortliche Motivation des Anlegers eine Schutzwürdigkeit des Vertrauens. Denn letztlich kommt in einem solchen Fall dem Vertrauen des Anlegers keine rechtlich – normativ greifbare Bedeutung zu: Er hätte die Anlageentscheidung „so oder so" getroffen.

Problematischer und auch in der Praxis entscheidender ist die Feststellung der Kausalität. Als „innere" Tatsache seitens des Anlegers tritt sie nicht objektiviert in Erscheinung. Es findet sich keine objektive Grundlage, welche unzweifelhafte Rückschlüsse auf die innere Motivation des Anlegers zulässt. Man kann lediglich vermuten, dass das Vertrauen in die Richtigkeit und Vollständigkeit des Prospektes die Anlageentscheidung kausal motiviert hat. Würde man dem Anleger nun die – aufgrund des Bezugs zu einer „inneren" Tatsache schwierig zu vollführende - Beweislast für die Kausalität seines Vertrauens für die Anlageentscheidung auferlegen, würde der Vertrauensschutz im Rahmen der Prospekthaftung praktisch entwertet.[389] Es ist daher im Rahmen der allgemein – zivilrechtlichen Prospekthaftung aus verschiedenen Gründen gerechtfertigt, dem Prospektverantwortlichen den Beweis für die fehlende Ursächlichkeit des Vertrauens für die Anlageentscheidung aufzuerlegen: Zum einen spricht das die

---

[387] Denn Vertrauen wurde seitens der Prospektverantwortlichen „nur" für eine bestimmte „Qualität" der beworbenen Anlage erzeugt und vom Anleger in Anspruch genommen.

[388] *Canaris*, Vertrauenshaftung, S. 514

[389] So im Allgemeinen auch *Canaris*, Vertrauenshaftung, S. 516

Prospekthaftung tragende Prinzip des Anlegerschutzes für eine Beweislast auf Seiten des Prospektverantwortlichen. Das Prinzip des Anlegerschutzes fände keinen Niederschlag im Institut der Prospekthaftung, wenn der Anleger den schwierigen Beweis der Kausalität führen müsste. Aber auch die Tatsache, dass der Prospektverantwortliche durch die Übermittlung der Informationen vermittels des Prospekts Vertrauen erzeugt und der Prospekt dabei gleichzeitig Werbeinstrument wie auch ein Instrument zur „Überredung“ des Anlegers zur Anlageentscheidung darstellt, spricht dafür, ihn mit dem Beweis der fehlenden Kausalität zwischen Anlegervertrauen und Anlageentscheidung zu belasten. Die „Zweiseitigkeit“ des Vertrauens und die dem zugrunde liegende aktive Einflussnahme des Prospekterstellers vermittels des Prospektes auf den Anleger rechtfertigt es, dem Prospektersteller die Beweislast aufzuerlegen, dass der Anleger bei wahrer Kenntnis der Sach- und Rechtslage ebenso gehandelt hätte: Es lag schließlich in den Händen des Prospekterstellers als informell „Bevorteilten“, den Anleger über die wahre Sach- und Rechtslage aufzuklären. Dass er dies nicht getan hat, darf ihm nun nicht zu Gute kommen, in dem der Anleger mit dem Kausalitätsbeweis belastet wird.

(5) Die Teilnahme am rechtsgeschäftlichen oder rechtsgeschäftsähnlichen Verkehr

Da die Vertrauenshaftung einen realen Sachverhalt rechtlich normativ erfassen soll, kann Vertrauen auch nur schutzwürdig sein, wenn es sich durch ein bestimmtes Verhalten äußert, welches sich im rechtsrelevanten Raum niederschlägt. Daher ist es erforderlich, dass sich die aufgrund des Vertrauens getätigte Vertrauensinvestition im Rahmen des rechtsgeschäftlichen oder rechtsgeschäftsähnlichen Verkehrs bewegt; m.a.W., wenn die Vertrauensdisposition für sich genommen bereits rechtliche Folgen nach sich zieht. Dieses Merkmal ist im Bereich der allgemein – zivilrechtlichen Prospekthaftung evident, ist doch die Anlageentscheidung eine Entscheidung von wesentlich wirtschaftlicher, aber gerade auch rechtlicher Bedeutung, vergegenwärtigt man sich, dass den Anleger durch das Anlagegeschäft zumindest die rechtliche Verpflichtung zur Zahlung des Erwerbspreises für die Anlage trifft.

cc) Misstrauen und Verobjektivierung von Vertrauen

Die Problematik eines Haftungsinstituts, welches auf dem Vertrauensschutzprinzip beruht und somit den Begriff des "Vertrauens" als sein Kernelement versteht, muss sich folglich auch mit der Frage des "Misstrauens" auseinandersetzen. Dabei ist nicht nur das sozialwissenschaftliche Verständnis von Misstrauen als Ansatzpunkt für eine juristische Darstellung, sondern auch die rechtlich-normative Erfassung von Misstrauen im Rahmen eines Vertrauenshaftungsinstituts von Bedeutung.

Sozialwissenschaftlich betrachtet ist Misstrauen nicht nur das Gegenteil von Vertrauen, sondern als solches zugleich ein funktionales Äquivalent für Vertrauen.[390] Als solches ergibt es sich aus der Funktion von Misstrauen zur Reduktion von sozialer Komplexität, welche dem Vertrauen ebenso zugeschrieben wird.[391] Für die rechtlich - normative Erfassung ist dabei insbesondere die äußerliche Erkennbarkeit des unterschiedlichen Erlebens der polaren Bewusstseinzustände Vertrauen und Misstrauen von Bedeutung. Schwenkt nämlich das Erleben von Vertrauen zu Misstrauen über, dann stellt der Misstrauende sich in seinem Verhalten auf diesen neuen Erwartungsstil ein und macht seine Sinnesänderung damit sozial sichtbar.[392]

Aus der Bedeutung des Misstrauens als funktionales Äquivalent zum Vertrauen lässt sich nun ein Ansatz für die rechtlich-normative Erfassung des Misstrauens entwickeln. Dabei ist entscheidend zu berücksichtigen, wie bereits das Vertrauen tatbestandlich eingegrenzt wurde, um seine Schutzwürdigkeit zu begründen. Da sowohl Vertrauen als auch Misstrauen subjektive Bewusstseinzustände sind, ist es ohne die Festsetzung verobjektivierter Tatbestandsvoraussetzungen nicht möglich diese als Grundlagen eines juristisch greifbaren Vertrauenshaftungsinstituts, welches sich als gesetzliches Schuldverhältnis darstellt, zu verstehen. Es wurde bereits ausgeführt, dass der Begriff des Vertrauens daher durch weitere Voraussetzungen seiner Schutzwürdigkeit, wie dem guten Glauben, der Kenntnis des Vertrauenstatbestandes, der Vertrauensinvestition, dem Kausalzusammenhang und der Teilnahme am rechtsgeschäftlichen Verkehr, eingegrenzt werden muss. Diesen tatbestandlichen Voraussetzungen wurde bislang lediglich die Funktion einer Definition der Schutzwürdigkeit des Vertrauens zugewiesen. Den eingrenzenden Merkmalen eines Vertrauenshaftungsinstituts kommt jedoch vor dem Hintergrund der funktional polaren Stellung des Misstrauens zum Vertrauen eine weitere Funktion zu. Die genannten Voraussetzungen für die Schutzwürdigkeit von Vertrauen schließen bei ihrem Vorliegen zugleich, gleichsam aus einer negativen Betrachtungsweise heraus, die Existenz von Misstrauen aus. Im Rahmen der typisierenden Betrachtungsweise von Vertrauen kann auch das Misstrauen nicht individuell, sondern lediglich typisierend festgestellt werden. Da das Vertrauen durch die genannten objektivierenden Voraussetzungen erst normativ greifbar wird, muss es auch zulässig sein, das Misstrauen durch derartige Voraussetzungen fassbar zu machen. Mit dem Verständnis, dass das Misstrauen als funktionales Äquivalent zum Vertrauen besteht, ist es nicht erforderlich, eigene objektivierte Voraussetzungen zu konstruieren, sondern sind die bestehenden Tatbestandsvoraussetzungen gleichsam auch als Negativvoraussetzungen für Misstrauen zu begreifen. Damit ist es möglich, das unterschiedli-

[390] *Luhmann*, Vertrauen, S. 92

[391] *Luhmann*, Vertrauen, S. 93

[392] *Luhmann*, Vertrauen, S. 97

che Erleben von Vertrauen und Misstrauen und die darauf basierenden gegensätzlichen Erwartungshaltungen und Handlungsweisen zu erfassen. Wie sich das Misstrauen im Einzelnen äußert ist dabei aufgrund seiner funktionalen Stellung zum Vertrauen nicht von entscheidender Bedeutung. Versteht man nämlich das Misstrauen aufgrund seiner funktionalen Äquivalenz als negative Abgrenzung zum Vertrauen, ist es allein entscheidend, ob das Vertrauen in der vorgegebenen schutzwürdigen Position besteht oder nicht. Es ist dann folglich auch nicht entscheidend, ob eine mangelnde, die Vertrauenshaftung ausschließende, schutzwürdige Position im Rahmen des Vertrauenshaftungsinstituts einerseits auf der mangelnden Schutzwürdigkeit des Vertrauens oder andererseits auf Misstrauen begründet ist. Für die rechtlich-normative Erfassung ist es mithin nicht von entscheidender Bedeutung, ob durch eine fehlende „Vertrauensinvestition" die Schutzwürdigkeit des Vertrauens negiert oder Misstrauen bejaht wird. Entscheidend ist allein, dass das durch die genannten Tatbestandsvoraussetzungen definierte schutzwürdige Vertrauen sein funktionales Äquivalent Misstrauen negiert.

Mit dieser Erkenntnis lässt sich nun auch die These begutachten, "dass das anlagesuchende Publikum Abschreibungsgesellschaften und Anlagevermittlern meist voller Misstrauen begegnet"[393]. An dieser Aussage mag wohl durchaus ein richtiger Kern zu finden sein, doch ist es im Rahmen der Entwicklung eines Vertrauenshaftungsinstituts wesentlich entscheidender, wie sich ein solches Misstrauen von einer schützenswerten Vertrauensposition selektiv unterscheiden lässt. Wie bereits dargestellt, geht dies nur, indem man das Misstrauen als funktionales Äquivalent zum Vertrauen gleichfalls in juristisch-normative Kategorien einstellt. Im Rahmen der vorgezeichneten Betrachtungsweise handelt der Erwerber einer Anlage, welcher die vorgenannten tatbestandlichen Voraussetzungen einer schützenswerten Vertrauensposition erfüllt, gerade nicht misstrauisch. Auch wenn im Rahmen des Erwerbs der Anlage Zweifel über die Richtigkeit der Informationen ihn ihm entstehen, vollzieht er seiner Entscheidung gleichwohl im Vertrauen auf die Richtigkeit. Denn wenn er die, eine schützenswerte Position begründenden, normativen Tatbestandsvoraussetzungen erfüllt, beruht seine Entscheidung letztlich doch auf einem schützenswerten Vertrauen und nicht auf Misstrauen, welches sich durch das Vorhandensein von "Zweifeln" juristisch ohnehin nicht definieren lässt. Allein die Wahrnehmung des möglichen Verhaltens anderer gegen die eigene Erwartungshaltung als spezifisches Problem begründet noch nicht das Vorliegen von Misstrauen.[394] Ganz im Gegenteil zeigt die Anlageentscheidung des Anlegers, die sich im Rahmen der vorgezeichneten normativen Voraussetzungen bewegt, dass die Entscheidung auf Grund einer positiven Erwartungshaltung, und somit auf schützenswertem Vertrauen beruht.

---

[393] So *Wiedemann/Schmitz*, ZGR 1980, 129, 135 f.; ihnen folgend *v. Bar*, ZGR 1983, 476, 488 f.

[394] *Luhmann*, Vertrauen, S. 95

VI. Folgerungen und Erkenntnisse

Der BGH hat die zur Prospekthaftung bei der Publikums - KG entwickelten Grundsätze in seinen weiteren Entscheidungen auch auf Bauherrenmodelle, gemischte Anlagemodelle, die Elemente der reinen Kapitalbeteiligung und des konventionellen Bauherrenmodells vereinigen, sowie auf den Erwerb von Aktien außerhalb der geregelten Aktienmärkte für anwendbar erklärt. Das entscheidende Element dieser Rechsprechung ist die Betonung der hervorragenden Bedeutung des Prospekts für die Anlageentscheidung des Interessenten. Der Prospekt als regelmäßig einzige Informationsquelle des interessierten Anlegers und als Medium zur Beeinflussung der Anlageentscheidung rechtfertigt die Verantwortlichkeit derjenigen, die durch den Prospekt Einfluss auf den Anlageentschluss des Anlegers nehmen. Die Problematik der Prospekthaftung liegt daher unabhängig von gewählten Gesellschaftsformen in dem Vertrieb der Anlagen vermittels eines Prospekts, der die objektive Vertrauensgrundlage im Verhältnis zwischen Anleger und Prospektverantwortlichen darstellt.

Die Herausarbeitung der allgemein – zivilrechtlichen Prospekthaftung durch die Rechtsprechung des BGH basiert damit auf der grundlegenden Erkenntnis, dass das Vertrauensprinzip als tragender Grund für eine Haftung der Prospektverantwortlichen anerkannt wird. Eine normative Erfassung des Verhältnisses zwischen Anleger und Prospektverantwortlichen erfolgt, darauf aufbauend, durch die Einordnung in ein qualifiziertes Institut der Vertrauenshaftung, worin die dogmatische Begründung einer allgemein – zivilrechtlichen Prospekthaftung verfestigt wird. Nun lässt sich damit einhergehend auch feststellen, dass das der allgemein – zivilrechtlichen Prospekthaftung zugrunde liegende Verhältnis zwischen Anleger und Prospektverantwortlichen seiner dogmatischen Ableitung folgend ganz dem „gedanklichen Urbild“[395] eines Schuldverhältnisses nach § 241 BGB entspricht. Aus dem Verständnis des so dargelegten Vertrauensverhältnisses zwischen Anleger und Prospektverantwortlichen ergibt sich ein Recht des Anlegers auf und die Pflicht des Prospektverantwortlichen zur „richtigen und vollständigen Aufklärung durch den Prospekt“. Es ist jedoch keinesfalls methodisch legitim, aus diesen Erkenntnissen heraus bereits eine Anspruchsgrundlage für den „enttäuschten“ und geschädigten Anleger zu begründen. Zunächst ist § 241 BGB keine Anspruchsgrundlage, d.h. auch wenn man übereinkommt, dass das der allgemein – zivilrechtlichen Prospekthaftung zugrunde liegende normative Verhältnis zwischen den Beteiligten ganz abstrakt dem Verständnis eines Schuldverhältnisses entspricht, leiten sich daraus noch keine Ansprüche her. Es wurde im Rahmen dieses Kapitels lediglich eine Grundlage geschaffen, die es dogmatisch rechtfertigt, im Wege der Rechtsgewinnung eine Anspruchsgrundlage zu finden, die ganz auf dem Verständnis eines gesetzlichen Schuldverhältnisses beruht, welches seinerseits wiederum durch die Ableitung aus ei-

---

[395] Vgl. *Schellhammer*, Zivilrecht nach Anspruchsgrundlagen, Rdn. 1160

nem Institut der Vertrauenshaftung sachlogisch begründet wird. Auch aus dem Institut der Vertrauenshaftung an sich lassen sich noch keine konkreten Rechtsfolgen herleiten. Dieses gewährleistet zwar bereits eine wesentliche Präzisierung des Vertrauensprinzips und fügt sich insoweit in eine dezidiert abgestufte, dogmatische Begründung der allgemein – zivilrechtlichen Prospekthaftung; jedoch komme ich mit *Canaris* überein[396], dass das Institut der Vertrauenshaftung zur hinreichenden Klärung der Anforderungen an einzelne Tatbestandmerkmale als allgemeines Institut nicht in der Lage ist. Insoweit sollte man auch nicht Wege beschreiten, die das Institut der Vertrauenshaftung zu einer generalklauselartigen Haftungsgrundlage erheben, wodurch zum einen die erstrebte klare Abgrenzung dieser „Dritten Spur" der Haftung von klassischen Disziplinen „Vertrag" und Delikt", aber zum anderen auch die Anforderungen an die Rechtssicherheit böslich untergraben würde. Letztlich steht es auch im Rahmen der Entwicklung einer rechtsdogmatischen Theorie nicht zur Debatte, den Weg der Rechtsprechung zu beschreiten, indem die allgemeinen Merkmale eines Instituts der Vertrauenshaftung im Rahmen einer Rechtsfortbildung ohne weiteres in das Institut der allgemein – zivilrechtlichen Prospekthaftung eingestellt werden. Es muss sich folglich, in Anlehnung an *Mertens*, die Vertrauenshaftung zur Begründung einer Haftung zumindest an gesetzliche Tatbestände anlehnen.[397] Vor dem Hintergrund des Ziels dieser Arbeit, der Erarbeitung einer einheitlichen Prospekthaftungstheorie, müssen die methodischen Mittel und Wege zur Herleitung einer konkreten Anspruchsgrundlage zurückgestellt werden, bis die Erkenntnisse über das System der Prospekthaftung, mithin auch das der spezialgesetzlichen, erschöpfend behandelt wurden.

---

[396] Vgl. *Canaris*, Vertrauenshaftung, S. 525

[397] MünchKomm/*Mertens*, 3. Aufl. 1997, § 823 Rdn. 466

Kapitel 4: DIE SPEZIALGESETZLICHE PROSPEKTHAFTUNG

I. DIE SPEZIALGESETZLICHEN PROSPEKTHAFTUNGSTATBESTÄNDE

1. VERSTÄNDNIS UND ANWENDUNGSBEREICH DER SPEZIALGESETZLICHEN PROSPEKTHAFTUNG

Die „spezialgesetzliche" Prospekthaftung bezeichnet im Gegensatz zu der bereits dargestellten allgemein-zivilrechtlichen Prospekthaftung solche Haftungstatbestände, die im Gesetz verankert sind. Es handelt sich hierbei um Haftungstatbestände im Bereich des „Kapitalmarkts im engeren Wortsinne" (Wertpapiermarkt)[398], d. h. um die Statuierung von Haftungsfolgen für den Vertrieb unrichtiger oder unvollständiger Prospekte im Bereich des organisierten Kapitalmarktes. Die einzelnen, spezialgesetzlichen Regelungen statuieren nach ihrem Grundprinzip im Rahmen ihrer jeweiligen Regelungsbereiche einen inhaltlich näher ausgestalteten Prospektzwang. An die jeweiligen Prospekte knüpfen die einzelnen Haftungstatbestände an.[399] Spezialgesetzlich normierte Prospekthaftungstatbestände finden sich in den §§ 44, 45 BörsG; 1, 13 VerkProspG; 127, 42, 137 InvG[400]. Diese sollen im Folgenden näher dargestellt werden.

a) Die börsengesetzliche Prospekthaftung

aa) Normen der börsengesetzlichen Prospekthaftung

Die börsengesetzliche Prospekthaftung nach den §§ 44 bis 48 BörsG betrifft in erster Linie solche Prospekte, aufgrund derer Wertpapiere zum amtlichen Börsenhandel zugelassen wurden. § 55 BörsG erstreckt diese Haftung nach den §§ 44 bis 48 BörsG auch auf den Unternehmensbericht, der Voraussetzung zur Zulassung von Wertpapieren zum Börsenhandel mit nicht-amtlicher Notierung (geregelter Markt) ist. Die §§ 44 bis 48 BörsG sind in ihrer aktuellen Fassung erst durch die grundlegende Reform der §§ 45 ff. BörsG im Zuge des Inkrafttretens des dritten Finanzmarktförderungsgesetzes am 1. April 1998 und des 4. Finanz-

---

[398] Vgl. *Kümpel*, Bank- und Kapitalmarktrecht, Rdn. 8.10 ff.

[399] Vgl. *Hauptmann*, in: Vortmann, Prospekthaftung und Anlageberatung, § 3 Rdn. 22

[400] Entspricht §§ 19, 20 KAGG und 3, 12 AuslInvestmG a.F.; zum 01.01.2004 geändert durch das Gesetz zur Modernisierung des Investmentwesens und zur Besteuerung von Investmentvermögen (Investmentmodernisierungsgesetz) vom 19.12.2003, BGBl. I Nr. 62

marktförderungsgesetzes am 1. Juli 2002 entstanden. Die ursprünglichen Normen der börsengesetzlichen Prospekthaftung sind vor mehr als 100 Jahren in Kraft getreten und gelten als die zentralen Haftungsnormen der spezialgesetzlichen Prospekthaftung.[401]

bb) Bezugspunkt der börsengesetzlichen Prospekthaftung

Bezugspunkt der börsengesetzlichen Prospekthaftung ist nach der Rechtsprechung nur der Börsenzulassungsprospekt[402], im Rahmen der Zulassung zum geregelten Markt auch der Unternehmensbericht gem. §§ 51, 55 BörsG[403]. § 44 Abs. 4 BörsG erweitert den Anwendungsbereich der §§ 44 ff. BörsG dabei auch auf "schriftliche Darstellungen" i. S. v. § 45 Nr. 1 BörsZulVO und § 45 a Abs. 1 Nr. 3-5 BörsZulVO[404]. Diese schriftlichen Darstellungen sind keine Prospekte im eigentlichen Sinne, sondern Informationsschriften, die die Zulassungsstelle als genügende Information ansieht, um von der Prospektpflicht freizustellen.[405] Andere prospektersetzende Informationsschriften, die nach den §§ 45 ff. BörsZulVO zu einer Befreiung von der Prospektpflicht führen, begründen i.d.R. die nach § 44 Abs. 4 BörsG geltende gesetzliche Prospekthaftung nicht[406], können jedoch unter Umständen Anknüpfungspunkt für die allgemein-zivilrechtliche Prospekthaftung sein.[407]

cc) Der haftungsbegründende Tatbestand

Nach der Grundnorm des § 44 Abs. 1 Satz 1 BörsG knüpft die Prospekthaftung an die Unrichtigkeit oder Unvollständigkeit der im Prospekt enthaltenen Angaben an. Die hiernach begründeten Haftungsansprüche können gem. § 47 Abs. 1 BörsG nicht im Voraus wirksam ermäßigt oder erlassen werden.[408] Haftungsbe-

---

[401] Vgl. *Hauptmann*, in: Vortmann, Prospekthaftung und Anlageberatung, § 3 Rdn. 24

[402] BGH NJW 1982, 2827, 2828

[403] Vgl. hierzu exemplarisch BGH AG 1998, 520 ff.; „Elsflether Werft AG"

[404] Vgl. die genannte Aufzählung in der Regierungsbegründung zum Dritten Finanzmarktförderungsgesetz, BT-Drucks. 13/8933, S. 54,79

[405] *Lenenbach*, Kapitalmarkt- und Börsenrecht, Rdn. 8.81

[406] Vgl. hierzu die beispielhafte Aufzählung bei *Groß*, Kapitalmarktrecht, 2. Aufl. 2002, §§ 45, 46 BörsG a.F., Rdn. 12

[407] *Lenenbach*, Kapitalmarkt- und Börsenrecht, Rdn. 8.81; vgl. hierzu auch die Diskussion in: *Groß*, Kapitalmarktrecht, 2. Aufl. 2002, §§ 45, 46 BörsG a.F., Rdn. 13-15; zum Streit über die Anwendbarkeit der allgemein-zivilrechtlichen Prospekthaftung auch dort § 48 BörsG, Rdn. 4

[408] *Kümpel*, Bank- und Kapitalmarktrecht, Rdn. 9.293; *Groß*, Kapitalmarktrecht, 2. Aufl. 2002, §§ 45, 46 BörsG a.F., Rdn. 23

gründender Tatbestand ist die Fehlerhaftigkeit der Angaben im Prospekt. Der Börsenzulassungsprospekt muss gem. § 30 Abs. 3 Nr. 2 BörsG dem Publikum ein zutreffendes Urteil über den Emittenten und die Wertpapiere ermöglichen. Gleiches gilt gem. § 51 Abs. 1 Nr. 2 BörsG für den Unternehmensbericht im Rahmen der Zulassung zum geregelten Markt.[409] Nach § 44 Abs. 1 Satz 1 BörsG kann somit der Anleger von den Prospektverantwortlichen als Gesamtschuldner die Rücknahme der Wertpapiere gegen Erstattung des ersten Ausgabepreises verlangen, wenn er die Wertpapiere auf Grund eines Prospekts erworben hat, in dem die für die Beurteilung der Papiere wesentlichen Angaben unrichtig oder unvollständig sind.[410] Dabei ist herauszuheben, dass es für die Beurteilung der Unrichtigkeit nicht maßgeblich ist, dass der Prospekt von der Zulassungsstelle gebilligt wurde.[411] Dies bedeutet, dass der Prüfungsmaßstab im Rahmen der börsengesetzlichen Prospekthaftung über die Grenzen dessen hinausgeht, was gemäß § 13 ff. BörsZulVO als vorgeschriebener Inhalt des Prospektes von der Zulassungsstelle zu prüfen ist.

b) Die investmentrechtliche Prospekthaftung

aa) Normen der investmentrechtlichen Prospekthaftung

Die investmentrechtliche Prospekthaftung umfasst die durch das Investmentmodernisierungsgesetz[412] mit Wirkung zum 01.01.2004 in Kraft getretenen Normen des Investmentgesetzes (InvG), durch welche die weitgehend gleich gestalteten Prospekthaftungen des Gesetzes über Kapitalanlagegesellschaften (KAGG, a.F.) und des Gesetzes über den Vertrieb ausländischer Investmentanteile und über die Besteuerung der Erträge aus ausländischen Investmentanteilen (AuslInvestmG a.F.) zusammengeführt worden sind. Im KAGG war es § 20, der unter bestimmten Voraussetzungen und unter Bezugnahme auf § 19 eine Prospekthaftung anordnet, die dem Erwerber von Anteilscheinen unter erleichterten Beweisanforderungen einen gesetzlichen Rückgabeanspruch gewährte. Eine entspre-

---

[409] Vgl. für weitere Einzelheiten hierzu *Kümpel*, a.a.O., Rdn. 9.294 ff.; auch *Groß*, Kapitalmarktrecht, 2. Aufl. 2002, §§ 45, 46 BörsG a.F., Rdn. 23 ff.

[410] Die Differenzierung zwischen unrichtigem und unvollständigem Prospekt, die auf Grund der der bei unrichtigen Angaben einerseits und unvollständigen Prospekten andererseits unterschiedlichen Verschuldensmaßstäbe bis zum dritten Finanzmarktförderungsgesetz erforderlich war, ist aufgrund der Modernisierung der Prospekthaftung durch das Dritte Finanzmarktförderungsgesetz mit Inkrafttreten vom 1. April 1998, welches diesen unterschiedlichen Verschuldensmaßstab aufgab, entfallen. Vgl. hierzu *Groß*, Kapitalmarktrecht, 2. Aufl. 2002, §§ 45, 46 BörsG a.F., Rdn. 23 m. w. N. zu dieser Differenzierung.

[411] Dies ist unstreitig, vgl. hierzu OLG Frankfurt WM 1990, 291, 297

[412] BGBl. I 2003 Nr. 62

chende Prospekthaftung ordnete im Rahmen des AuslInvestmG der § 12 unter Bezugnahme auf § 3 für den Vertrieb ausländischer Investmentanteile an. Der Wortlaut von § 20 KAGG und § 12 AuslInvestmG unterschied sich lediglich durch den sich aus dem jeweiligen sachlichen Anwendungsbereich ergebenden, unterschiedlichen Bezugspunkt; dieses war der „Anteilsschein“ im Bereich des KAGG sowie der „ausländische Investmentanteil“ im Bereich des AuslInvestmG. Hieraus ergab sich jedoch keinesfalls ein sachlicher Unterschied, da in beiden Fällen ein adäquater Anspruchsaufbau gegeben war, wodurch die Voraussetzung geschaffen wurde, die Rechtsposition des Erwerbers rückgängig zu machen.[413]

Mit in Kraft treten des Investmentgesetzes zum 01.01.2004 traten KAGG und AuslInvestmG außer Kraft[414] und wurden durch dieses zusammengelegt[415]. Hinsichtlich der dogmatischen, wie auch der wesentlichen inhaltlichen Ausgestaltung der investmentrechtlichen Prospekthaftung hat das Investmentgesetz im Vergleich zu dem KAGG und AuslInvestmG keine Neuerungen gebracht. Geändert wurde die Einführung eines zusätzlichen „vereinfachten Verkaufprospekts“ neben dem bisherigen Verkaufsprospekt. Dadurch soll nach Sinn und Zweck dem Anleger in leicht verständlicher Form eine Kurzdarstellung wesentlicher Anlageinformationen geboten werden.[416] Der die Prospekthaftung regelnde § 127 InvG entspricht §§ 20 Abs. 1 KAGG, 12 Abs. 1 und 15 i AuslInvestmG. Die Prospekthaftung bezieht sich dabei sowohl auf die Richtigkeit des ausführlichen als auch des vereinfachten Verkaufsprospekts. Entsprechend der bisherigen Regelung im KAGG wurde nun einheitlich auch für den Bereich ausländischer Investmentanteile die Prospekthaftung nach § 127 Abs. 1 InvG auf denjenigen erstreckt, der die Anteile in eigenem Namen gewerbsmäßig verkauft.[417]

---

[413] Vgl. *Baur*, Investmentgesetze, AuslInvestmG, § 12 Rdn. 3

[414] Vgl. Art. 17 Abs. 1 des Investmentmodernisierungsgesetzes, BGBl. I 2003, Nr. 62, S. 2734

[415] In Umsetzung der Änderungsrichtlinien 2001/107/EG und 2001/108/EG vom 21.01.2002 zur EU - Investmentrichtlinie 85/611/EWG (Richtlinie über Organismen für gemeinsame Anlagen in Wertpapieren, kurz „OGAW -Richtlinie“) vom 20.12.1985 wurde das neue Investmentgesetz entworfen. Die Zusammenlegung von KAGG und AuslInvestmG diente dabei der Modernisierung der nationalen gesetzlichen Regelungen im Investmentfondsbereich, vgl. BT - Drucks. 15/1553, S. 65

[416] Vgl. BT - Drucks. 15/1553, S. 66; vgl. auch §§ 42 Abs. 1, 137 Abs. 2 InvG

[417] Vgl. BT - Drucks. 15/1533, S. 115

bb) Bezugspunkt der Haftung

Die investmentrechtliche Prospekthaftung alter Fassung knüpfte an den Verkaufsprospekt i. S. der §§ 19 KAGG und 3 AuslInvestmG an. § 20 Abs. 2 KAGG erweiterte den Bezugspunkt der Haftung auch auf die nach § 19 Abs. 1 Satz 2 dem Verkaufsprospekt stets beizufügenden Berichte.[418] Eine entsprechende Bezugnahme enthielt § 12 Abs. 2 AuslInvestmG, der auf die vorgeschriebenen Prospektangaben gem. § 3 Abs. 2 Satz 2 und 3 verwies. Durch den Verweis auf § 3 Abs. 2 Satz 3 AuslInvestmG wurde entsprechend dem KAGG festgestellt, dass auch hier Rechenschaftsberichte und Halbjahresberichte Bezugspunkte der Prospekthaftung sein konnten. Die Vorschriften der §§ 20 Abs. 1 KAGG, 12 Abs. 1 und 15 i AuslInvestmG entsprechen dem neuen § 127 Abs. 1 InvG. Die Vorschrift des § 127 Abs. 2 InvG entspricht den Regelungen der §§ 20 Abs. 2 KAGG und 12 Abs. 2 AuslInvestmG, wodurch eine gesetzliche Haftung auch für die den Verkaufsprospekten beizufügenden Berichte erfolgt.[419]

Bislang waren „Kurzprospekte“ oder Kurzfassungen der Berichte keine Bezugspunkte der investmentrechtlichen Prospekthaftung.[420]. Diese hatten Bedeutung erlangt, nachdem die ursprüngliche Prospektaushändigungspflicht für den Anwendungsbereich des KAGG durch die Änderung des §§ 19 Abs. 1 KAGG im Rahmen des „Ersten Finanzmarktförderungsgesetzes“ durch eine „Prospekt – Zurverfügungsstellungspflicht“ ersetzt wurde[421]. Ob solche „Kurzprospekte“ nach der Einführung der „vereinfachten“ Verkaufsprospekte[422], welche als Pflichtprospekte ausdrücklich der Prospekthaftung unterliegen[423], noch von Bedeutung sein werden, ist zu bezweifeln.

cc) Der haftungsbegründende Tatbestand

§ 127 InvG knüpft die Haftungsfolge der investmentrechtlichen Prospekthaftung an den Tatbestand eines unrichtigen oder unvollständigen Verkaufsprospektes. Die tatbestandliche Voraussetzung der Unrichtigkeit oder Unvollständigkeit bezieht sich dabei auf Angaben, die für die Beurteilung der Anteilscheine, respek-

---

[418] Dies waren z.B. der Rechenschaftsbericht gem. § 24 Abs. 1 KAGG und gegebenenfalls der Halbjahresbericht gem. § 24 a Abs. 2 KAGG.

[419] Vgl. BT - Drucks. 15/1553, S. 115

[420] Solche „Kurzprospekte“ stellten reine Werbemittel dar, welche jedoch gem. § 19 Abs. 6 KAGG auf den Verkaufsprospekt und die Stellen, wo dieser erhältlich ist, hinweisen mussten.

[421] Vgl. für den Bereich des AuslInvestmG § 3 Abs. 1 Satz 1, der insoweit keine Änderung erfahren hatte.

[422] Vgl. § 42 InvG

[423] BT - Drucks. 15/1553, S. 115, dort § 127 Abs. 1

tive für die Beurteilung der ausländischen Investmentanteile, von wesentlicher Bedeutung sind. Im Rahmen der §§ 20 KAGG, 12 AuslInvestmG a.F. konnte nicht grundsätzlich davon ausgegangen werden, dass Angaben "von wesentlicher Bedeutung" mit den Inhaltskatalogen der §§ 19 KAGG, 3 AuslInvestmG identisch waren. Hierbei waren die unterschiedlichen Regelungsgehalte der jeweiligen Vorschriften zu beachten, wonach die §§ 19 KAGG, 3 AuslInvestmG in erster Linie Ordnungsvorschriften waren, zu deren Beachtung die jeweiligen Gesellschaften auch dadurch angehalten wurden, dass sie eine Ordnungswidrigkeit begingen, wenn sie entgegen den Vorschriften einen Verkaufsprospekt nicht oder ohne die vorgeschriebenen Mindestangaben der Öffentlichkeit zugänglich machten, respektive zur Verfügung stellten. Die §§ 20 KAGG und 12 AuslInvestmG wurden hingegen als reine Anlegerschutzvorschriften angesehen[424], für die andere Auslegungsanforderungen gelten mussten, als für die Prüfung der Prospekte durch die zuständigen Behörden.[425] Durch den neuen § 127 InvG ist insoweit auch keine Neuerung eingetreten. Die Inhaltskataloge für den Prospekthalt sind nun weitgehend identisch mit den alten Regelungen der §§ 42 InvG (entsprechend § 19 KAGG) und 137 InvG (entsprechend § 3 AuslInvestmG).[426]

Für die Beurteilung der Anlage können somit solche Angaben von wesentlicher Bedeutung sein, die als sogenannte Mindestanforderungen in den §§ 42, 137 InvG angeführt sind. Dies ist indes nicht zwingend, da die geforderten Mindestangaben auch Angaben enthalten müssen, die nicht notwendigerweise von wesentlicher Bedeutung für die Anlageentscheidung sind; dies gilt ebenso für Angaben in den Berichten. Vergleichbar mit den Anforderungen in § 44 BörsG kommt es nicht nur auf die in dem Prospekt wiedergegebenen Einzeltatsachen, sondern auf das Gesamtbild an, das der Prospekt dem interessierten Publikum über die Anlage vermittelt. Auch Werturteile und Prognosen können hierbei Angaben von wesentlicher Bedeutung darstellen. [427]

c) Prospekthaftung nach dem Verkaufsprospektgesetz

aa) Normen der Verkaufsprospekthaftung

Für Wertpapiere, die erstmals im Inland öffentlich angeboten werden und nicht zum Handel an einer inländischen Börse zugelassen sind, muss der Anbieter,

[424] Siehe die amtliche Gesetzesbegründung zu § 12 Abs. 1 AuslInvestmG, BT – Drucks. V/3494, S. 23

[425] Vgl. zum ganzen *Baur*, a.a.O., KAGG § 20 Rdn. 5; AuslInvestmG § 12 Rdn. 3

[426] Siehe auch den Entsprechungen BT - Drucks. 15/1553, S. 88 ff. und 117

[427] Vgl. zu dieser Thematik insgesamt *Baur*, Investmentgesetze, KAGG, § 20 Rdn. 6 ff.

sofern keiner der Ausnahmetatbestände der §§ 2 bis 4 VerkProspG eingreift, einen Verkaufsprospekt veröffentlichen. Die Prospekthaftung für einen fehlerhaften Verkaufsprospekt bestimmt sich nach § 13 VerkProspG, welcher auf die §§ 44 – 47 BörsG verweist.

bb) Entsprechende Anwendung des Börsengesetzes

Da § 13 VerkProspG hinsichtlich des Bezugspunkts der Haftung sowie des haftungsbegründenden Tatbestandes der Prospekthaftung auf die Haftungsnormen des Börsengesetzes verweist, wird diesbezüglich auf die dort dargestellten Ausführungen verwiesen. Zwar enthält § 13 VerkProspG einige wenige Sonderregelungen[428] gegenüber der börsenrechtlichen Prospekthaftung, diese sind jedoch für das grundsätzliche Verständnis und den Anwendungsbereich der Prospekthaftung nach dem Verkaufsprospektgesetz nicht von grundlegender Bedeutung.

2. Konkurrenz der Prospekthaftungen

Die Diskussion um die konkurrierenden Anwendungsbereiche der verschiedenen Prospekthaftungstatbestände hat einen wesentlichen faktischen Bedeutungsgehalt nur dort, wo es um die Frage der Konkurrenz der spezialgesetzlichen Prospekthaftung zur allgemein – zivilrechtlichen Prospekthaftung geht. Diese Thematik gewinnt vor dem Hintergrund der bestehenden „Zweispurigkeit" der Prospekthaftungen vor allem deswegen an Bedeutung, weil hiermit inhaltliche Unterschiede einhergehen, welche im Haftungsfall – je nachdem ob man auf Seite der Haftenden oder der Anspruchsberechtigten steht – positive oder negative Auswirkungen auf die rechtliche Position der Beteiligten entfalten. Die Entwicklung einer einheitlichen Theorie der Prospekthaftung sowie ihre konstruktive Umsetzung in positives Recht hat hierbei auch die Aufgabe, die einheitlichen Grundlagen und Voraussetzungen des Instituts der Prospekthaftung derart auszugestalten, dass die Frage nach der Konkurrenz in den Hintergrund gerückt wird. Es ist gerade auch eine Folge der einheitlichen Theorie, im Hinblick auf die methodische Erschließung der konkreten tatbestandlichen Merkmale der allgemein – zivilrechtlichen Prospekthaftung, dass dadurch ein „haftungsmäßiger" Gleichlauf zwischen den einzelnen Prospekthaftungstatbeständen entsteht. Vor diesem Hintergrund zeigt sich, dass die an dieser Stelle aufgeworfene Frage der Konkurrenz lediglich im Sinne eines gegenwärtigen Erkenntnisstandes dargestellt werden kann, so dass ein kurzer Abriss über den derzeitigen Stand der Diskussion erfolgen soll. Abschließend geklärt werden, vor allem auch hinsichtlich der tatsächlichen Bedeutung der Konkurrenzfrage, kann dieses Thema jedoch erst nach Erarbeitung der einheitlichen Haftungstheorie, weil erst

---

[428] Vgl. hierzu die Übersicht bei *Assmann*, in: Assmann/Schütze, Handbuch des Kapitalanlagerechts, 1.Ergänzungslieferung 1999, § 7 Rdn. 66 ff.

damit die Grundlagen der Prospekthaftung abschließend erörtert sein werden, anhand derer sich die Konkurrenzfrage beantworten lässt.[429]

a) Konkurrenz innerhalb der spezialgesetzlich geregelten Prospekthaftungen

Die spezialgesetzlich geregelten Prospekthaftungstatbestände der §§ 44 ff. BörsG, 13, 1 VerkProspG, 127 InvG schließen sich in ihrem Anwendungsbereich gegenseitig aus.[430] Auf die jeweilige Art und Weise der Emission von Wertpapieren bezogen, kann immer nur eines der genannten kapitalmarktrechtlichen Gesetze zur Anwendung gelangen. Dem folgt dann auch die in diesem Gesetz zu Grunde gelegte Regelung der Prospekthaftung für den Vertrieb unrichtiger oder unvollständiger Prospekte. Diese Ausschließlichkeit der spezialgesetzlichen Prospekthaftungstatbestände zeigt sich z. B. deutlich im Rahmen einer Gegenüberstellung von Verkaufsprospektgesetz und BörsG. Während das Verkaufsprospektgesetz gemäß § 1 VerkProspG zur Anwendung gelangt, wenn Wertpapiere erstmals im Inland öffentlich angeboten werden und nicht zum Handel an einer inländischen Börse zugelassen sind, findet das Börsengesetz sowie die dort verankerte Prospekthaftung gemäß § 44 BörsG gerade dann Anwendung, wenn die Wertpapiere auf Grund eines Prospekts zum Börsenhandel zugelassen sind.

b) Konkurrenz der spezialgesetzlichen zur allgemein-zivilrechtlichen Prospekthaftung

Wenn man sich mit der Konkurrenz der spezialgesetzlichen zur allgemein-zivilrechtlichen Prospekthaftung auseinander setzt, ist es nicht erforderlich, eine Einzelbetrachtung der jeweiligen spezialgesetzlichen Prospekthaftungen vorzunehmen. Die verschiedenen Tatbestände der spezialgesetzlichen Prospekthaftungen entsprechen sich inhaltlich und basieren auf derselben dogmatischen Grundlage.[431] Daher wird im Folgenden die spezialgesetzliche Prospekthaftung im Hinblick auf die Konkurrenzfrage als einheitlicher Haftungskomplex verstanden. Die Frage der Konkurrenz zwischen allgemein-zivilrechtlicher Pros-

---

[429] Vgl. daher auch Kapitel 6, I. 2.

[430] Vgl. *Ellenberger*, Prospekthaftung im Wertpapierhandel, S. 105; *Kümpel*, Bank- und Kapitalmarktrecht, Rdn. 9. 286 ff.

[431] Vgl. zur dogmatischen Einordnung in diesem Kapitel 4 den Abschnitt II, 3.; ohne nähere Erläuterung im Ergebnis auch *Ellenberger*, Prospekthaftung im Wertpapierhandel, S. 106

pekthaftung und spezialgesetzlicher Prospekthaftung ist in der Literatur umstritten[432] und auch vom BGH noch nicht abschließend geregelt.[433]

Teilweise wird die konkurrierende Anwendung zwischen allgemein - zivilrechtlicher Prospekthaftung und spezialgesetzlicher Prospekthaftung bejaht, da es im Hinblick auf die zu Grunde liegenden Wertungen und die Systematik der Prospekthaftung nicht angezeigt sein könne, dass der organisierte Kapitalmarkt als derjenige mit den höchsten Qualitätsstandards haftungsmäßig hinter dem Niveau des Grauen Kapitalmarktes zurückbleibe.[434]

Die gegenteilige Auffassung schließt die Anwendung der allgemein-zivilrechtlichen Prospekthaftung wegen der Spezialität der Börsenprospekthaftung in deren Anwendungsbereich aus.[435] Es widerspreche der Zielrichtung der gesetzlichen Regelungen, dass die vom Gesetzgeber gewollte Haftungsprivilegierung der Börsenprospektverantwortlichen nicht durch die Zulassung der auch einfache Fahrlässigkeit sanktionierenden allgemein-zivilrechtlichen Prospekthaftung missachtet werde.[436]

Eine dazwischen vermittelnde Meinung schließt die allgemein-zivilrechtliche Prospekthaftung zwar im direkten Anwendungsbereich der spezialgesetzlich geregelten Prospekthaftung aus, will sie jedoch dort eingreifen lassen, wo obligatorische Publikations- und Publizitätsformen nicht im Zusammenhang mit einer Emission und einem gesetzlich geforderten Prospekt veröffentlicht werden[437];

---

[432] Nachweise bei *Grundmann/Selbherr*, WM 1996, 985, 988 Fn. 34 und 35

[433] BGH, Urteil vom 11.11.1985 in: ZIP 1986, 14, 19 (BuM)

[434] *Hopt*, Die Verantwortlichkeit der Banken bei Emissionen, Rdn. 100, Fn. 133; *Grundmann* in: Schimansky/Bunte/Lwowski III, § 112, Rdn. 49; vgl. auch die Darstellungen in Kapitel 6, II. 1. und II. 3.; an dieser Stelle sei bereits als Bsp. angeführt, dass es im Bereich der spezialgesetzlichen Prospekthaftung einen Haftungsausschluss für einfache Fahrlässigkeit gibt (§§ 45 Abs. 1 BörsG, 127 Abs. 3 InvG), welcher dem Haftungsverpflichteten im Rahmen der allgemein - zivilrechtlichen Prospekthaftung nicht zugute kommt. Ebenso gewährt §§ 44 Abs. 1 BörsG, 127 Abs. 1 InvG den Erwerbspreis sowie die damit verbundenen, üblichen Kosten zurück, während die allgemein -zivilrechtliche Prospekthaftung dem Geschädigten einen umfassenden Schadenersatzanspruch mit einem Ausgleich nach § 249 BGB zuspricht.

[435] OLG Frankfurt, WM 1997, 361 (Sachsenmilch); LG Frankfurt, WM 1996, 525, 526 (Sachsenmilch); *Kümpel*, Bank- und Kapitalmarktrecht, Rdn. 9. 349; *Kort*, AG 1999, 9, 19; *Groß*, AG 1999, 199, 209; *Kersting* WM 1997, 1969, 1975; kritisch dazu *von Westphalen*, BB 1994, 85, 88

[436] Vgl. *Köndgen*, AG 1983, 120, 130

[437] *Assmann*, AG 1996, 508, 512

dies gelte für Publikationen, die neben den gesetzlich geforderten Prospekten zur Anlagewerbung verwandt werden[438].

Dieser kurze Abriss der Diskussion über die Frage nach der Konkurrenz zwischen allgemein-zivilrechtlicher und spezialgesetzlicher Prospekthaftung zeigt auf, dass die Ursache und Problematik der Auseinandersetzung um den Anwendungsbereich der jeweiligen Haftungstatbestände vor allem durch die teilweise inhaltlich unterschiedlich ausgestalteten Haftungsvoraussetzungen und Haftungsfolgen der verschiedenen Haftungstatbestände genährt wird. An die Lösung dieses Problems kann jedoch im Zuge der Entwicklung der einheitlichen Haftungstheorie herangegangen werden, wenn im Folgenden das Verständnis einer einheitlichen dogmatischen Grundlage von allgemein-zivilrechtlicher und spezialgesetzlicher Prospekthaftung sowie eine methodisch, konstruktive Umsetzung dieses Verständnisses im Sinne eines gleichlaufenden Haftungsansatzes herausgearbeitet wird.[439]

II. DIE DOGMATISCHE GRUNDLAGE DER SPEZIALGESETZLICHEN PROSPEKTHAFTUNG

Zur dogmatischen Natur der Prospekthaftung im Allgemeinen und auch der spezialgesetzlichen Prospekthaftung im Speziellen werden wesentlich drei grundlegend verschiedene Einordnungsversuche vorgenommen. Wie schon bereits im Rahmen der Darstellung der allgemein-zivilrechtlichen Prospekthaftung gezeigt wurde, bewegen sich die vertretenen Theorien in den verschiedenen Systemkategorien der kraft Gesetzes eintretenden Vertrauenshaftung, des rechtsgeschäftlichen Erklärungsansatzes und letztlich des deliktischen, vertragsunabhängigen Haftungsansatzes.[440] Dieser Meinungsstreit ist seit jeher Ausdruck und auch Folge einer grundlegenden zivilrechtlichen Diskussion, die sich um das Problem dreht, wie der enge Schutz des Vermögens im deutschen Recht erweitert werden könne[441]: durch eine Fortentwicklung des Vertragsrechts im vorvertraglichen Bereich, durch die Ausweitung von Schutzpflichten im Rahmen des §§ 823 Abs. 2 BGB oder aber durch ein Institut der Vertrauenshaftung als Erklärungsmuster

---

[438] *Assmann*, WuB I G 8. – 2.96

[439] Vgl. zu dem einheitlichen Haftungsansatz umfassend Kapitel 5; zur Konkurrenz vgl. Kapitel 6 I. 2.

[440] Vgl. hierzu die Übersicht bei *Schwark*, BörsG, §§ 45, 46 (a.F.) Rdn. 2 ff.; im Einzelnen siehe die folgende, differenzierte Darstellung in diesem Kapitel

[441] *Schwark*, BörsG, §§ 45, 46 (a.F.) Rdn. 3

für die Haftung "zwischen Vertrag und Delikt".[442] Dies zeigt umso mehr, dass es sich mit der Prospekthaftung nicht allein um eine sonderprivatrechtliche Spezialität ohne grundsätzliche Relevanz handelt, sondern um eine grundlegende Auseinandersetzung mit System und Dogmatik des Zivilrechts.[443]

Vor dem Hintergrund dieses Verständnisses kann auch den Stimmen in der Literatur nicht zugestimmt werden, die die praktische Bedeutung des Meinungsstreits über die dogmatische Einordnung der spezialgesetzlichen Prospekthaftung als außerordentlich gering einstufen.[444] Die dogmatische und systematische Einordnung eines Instituts der Prospekthaftung ist nicht nur von exemplarischer Bedeutung für das Systemdenken innerhalb des Zivilrechts, sondern entfaltet darüber hinaus auch erhebliche Konsequenzen für die Ausgestaltung von allgemein – zivilrechtlicher und auch spezialgesetzlicher Prospekthaftung. Beispielhaft sei an dieser Stelle die Frage nach dem Kreis der Haftenden und nach dem Umfang ihrer Haftung zu benennen. Während das BörsG im Rahmen der prospektbezogenen Haftung nach überwiegender Auffassung lediglich eine Verantwortlichkeit, und somit Haftung für den gesamten Prospekt kennt[445], folgt aus der Fortführung des Gedankens eines vertrauenstheoretischen Haftungsansatzes, dass es auch eine Teilverantwortlichkeit für den Prospekt, bezogen auf den darin gesetzten Vertrauenstatbestand geben muss. Dies hätte im Rahmen der börsenrechtlichen Prospekthaftung zum Beispiel die Folge, dass der Wirtschaftsprüfer, welcher den Geschädigten aus spezialgesetzlicher Prospekthaftung bislang nicht haftet, im Rahmen eines im Prospekt nach außen gesetzten Vertrauenstatbestandes in die Haftung genommen werden könnte. Ein rechtsgeschäftlicher Ansatz könnte diese Folge nicht begründen, da ein Wirtschaftsprüfer zwar im Innenverhältnis den Prospektverantwortlichen im Rahmen seiner Beauftragung zur Erstellung eines Testats mit rechtsgeschäftlichem Bindungswillen entgegentritt, dieser jedoch nicht darüber hinaus auf den Kreis der Anlegerschaft auszuweiten ist.

Das Vorstehende zeigt nun, dass es durchaus von Bedeutung ist, die dogmatischen und systematischen Grundlagen der Prospekthaftung zu erschließen. Im Rahmen der Erarbeitung einer einheitlichen Prospekthaftungstheorie ist dies darüber hinaus von erheblicher, grundlegender Bedeutung, da sich eine rechtspositivistische, einheitliche Prospekthaftungstheorie nicht ohne den systemati-

---

442 Vgl. bereits die Diskussion in Kapitel 3, V.

443 Dies erkennt zutreffend bereits *Köndgen* in: AG 1983, 85, 85

444 Insbesondere hinsichtlich der börsenrechtlichen Prospekthaftung vertreten dies z. B. *Schwark*, BörsG, §§ 45, 46 (a.F.) Rdn. 4; *Groß*, BörsG, §§ 45, 46 (a.F.) Rdn. 4; *Schäfer/Hamann*, BörsG, §§ 45, 46 (a.F.) Rdn. 15

445 Vgl. *Meyer*, Aspekte einer Reform der Prospekthaftung, WM 2003, 1301, 1306, 1307 m.w.N.

schen und dogmatischen Gleichlauf der bestehenden Prospekthaftungen erreichen lässt.

1. Der rechtsgeschäftliche Lösungsansatz

Wenn in der Literatur im Rahmen der Diskussionen über die Rechtsnatur der spezialgesetzlichen Prospekthaftung die Theorie der rechtsgeschäftlichen Erklärung angeführt wird[446], finden sich durchgehend Verweise auf den Lösungsansatz von *Köndgen*[447], welcher bereits im Rahmen der Ausarbeitung zur allgemein-zivilrechtlichen Prospekthaftung erörtert wurde[448]. *Köndgens* Lösungsansatz, nach dem der Prospekt ein mit Rechtsbindungswillen abgegebenes, generelles Qualitätsversprechen hinsichtlich der Vermögensanlage enthält, welches mit dem Erwerb der Wertpapiere Inhalt des geschlossenen Individualvertrages wird[449], bezieht sich keinesfalls nur auf die von der Rechtsprechung entwickelte allgemein-zivilrechtliche Prospekthaftung, sondern war originär als Theorie der Prospekthaftung gedacht, die „hinter" den Einzeldogmatiken der gesetzlichen oder richterrechtlichen Tatbestände allgemeine Strukturen herausarbeitet.[450] Insoweit soll an dieser Stelle nicht wiederholend der rechtsgeschäftliche Lösungsansatz von Köndgen dezidiert dargestellt werden. Vielmehr sollen neben dem Verweis auf die Ausarbeitung im Rahmen der allgemein-zivilrechtlichen Prospekthaftung[451] lediglich noch einmal die Kernpunkte herausgehoben werden, auf Grund derer eine Einordnung der spezialgesetzlichen Prospekthaftung als rechtsgeschäftliche Haftung nach geltendem Recht[452] scheitern muss.

---

[446] Vgl. beispielhaft *Lenenbach*, Kapitalmarkt- und Börsenrecht, S. 424 Rdn. 8.80; *Groß*, BörsG, §§ 45, 46 (a.F.) Rdn. 4; *Schwark*, BörsG, §§ 45, 46 (a.F.) Rdn. 2

[447] Siehe AG 1983, 85 ff.

[448] Vgl. Kapitel 3, IV 1. c)

[449] *Köndgen*, AG 1983, 85, 91

[450] *Köndgen*, AG 1983, 85, 87

[451] Vgl Kapitel 3, IV 1. c)

[452] Es sei an dieser Stelle noch einmal darauf verwiesen, dass der Gegenstand vorliegender Arbeit die Entwicklung einer "rechtsdogmatischen Theorie" ist, und sich insoweit ausschließlich auf das positive Recht beziehen darf.

a) Die Differenzierung der Rechtsbeziehungen zwischen den Beteiligten

Auch im Geltungsbereich der spezialgesetzlichen Prospekthaftung kommt durch die jeweiligen Haftungsnormen[453] zum Ausdruck, dass der Gesetzgeber von unterschiedlichen Rechtsbeziehungen zwischen Emittent und Anleger sowie Prospektverantwortlichen und Anleger ausgegangen ist.[454] Er trägt damit der Tatsache Rechnung, dass es zwei getrennt voneinander zu beachtende Rechtsbeziehungen gibt, nämlich zum einen das durch die Prospektwerbung zwischen Prospektverantwortlichen und Anleger erzeugte, mithin "vorvertragliche" Rechtsverhältnis, und zum anderen das zwischen Anleger und Emittent der Wertpapiere durch den Zeichnungsvertrag eingegangene vertragliche Rechtsverhältnis. Das Besondere an diesem erstgenannten "vorvertraglichen" Rechtsverhältnis ist, dass die Prospektverantwortlichen nicht Vertragspartner des künftigen Zeichnungsvertrages sein müssen und dies in der Regel auch nicht sind[455]. Richtigerweise geht es bei der Prospekthaftung aber auch nicht um eine Leistungsstörung des Zeichnungsvertrages oder um dessen Rückabwicklung, sondern um unabhängig von diesem bestehende gesetzliche Prospekthaftungsansprüche. Der Zeichnungsvertrag ist mit Leistung der Einlage und Ausgabe der Aktien[456] erfüllt, die entsprechende Einlageverpflichtung des Zeichners durch Erfüllung erloschen. Prospekthaftung ist keine Gewährleistung des Zeichnungsvertrages, sondern unabhängig vom Zeichnungsvertrag diesen nicht berührende, spezialgesetzlich geregelte Folge fehlerhafter Prospektangaben.[457]

b) Lücken der rechtsgeschäftlichen Begründung

Anhand der geltenden Rechtsgeschäftslehre lässt sich dogmatisch nicht begründen, dass der Anleger mit denen, die für den Prospekt die Verantwortung übernommen haben, oder von denen Erlass des Prospekts ausgeht[458], von der Ver-

---

[453] §§ 44, 45 BörsG; 13 VerkProspG, 12 AuslInvestmG, 20 KAGG

[454] Dies erschließt sich bereits daraus, dass der in die Pflicht genommene Adressatenkreis der Haftung sich nicht dadurch qualifiziert, wer letztlich auch Vertragspartner des Zeichnungsvertrages wird, sondern auch darüber hinaus diejenigen Personengruppen erfasst, welche unabhängig davon Verantwortung für den Prospekt übernommen haben; vgl. §§ 44, 45 BörsG; 13 VerkProspG, 127 InvG.

[455] Es ist selbstverständlich möglich, dass auch der Emittent die Prospektangaben verantwortlich zeichnet; insoweit begegnet er dem Anleger sowohl im Rahmen des Zeichnungsvertrages als auch in dem der Prospekthaftung zugrunde liegenden Rechtsverhältnis.

[456] Hier exemplarisch für den Fall der spezialgesetzlichen, börsenrechtlichen Prospekthaftung

[457] Darauf weist zu Recht *Groß*, BörsG, §§ 45, 46 (a.F.) Rdn. 7a hin.

[458] § 44 Abs. 1 BörsG; auch §§ 13 Abs. 1 VerkProspG i.V.m. 44 Abs. 1 BörsG

waltungsgesellschaft oder der Vertriebsgesellschaft, welche für den Vertrieb ausländischer Investmentanteile verantwortlich sind[459], oder von demjenigen der Anteilsscheine im eigenen Namen gewerbsmäßig verkauft hat[460], also gleichsam mit jenen, die dem Anleger bereits im Vorfeld des Rechtsgeschäfts über den Erwerb der Anlage im Wege der Vermittlung der Anlageinformationen durch den Prospekt rechtlich bedeutsam entgegentreten, eine vertragliche Beziehung eingegangen ist, die der Prospekthaftung zugrunde läge.

aa) Das Problem des rechtsgeschäftlichen Bindungswillens

Zum einen ist es bereits rechtsdogmatisch nicht haltbar, wenn den Prospektverantwortlichen ein rechtsgeschäftlicher Bindungswille hinsichtlich der Prospektangaben beigemessen wird. Zunächst ist unbestritten, dass den Prospekten neben ihrer Funktion als Publizitätsinstrument auch der Charakter einer Werbemaßnahme zukommt, und insoweit untechnisch formuliert auch dem Problemkreis "Haftung für Werbung" zugehörig ist.[461] Dabei haben die Prospekte unter rechtlicher Hinsicht die Eigenschaft einer "invitatio ad offerendum“.[462] Würde man nun den Prospekten daneben noch einen weiteren Erklärungsinhalt beimessen, und zwar ein von dem rechtlichen Bindungswillen der Prospektverantwortlichen getragenes, in Selbstbindungsabsicht abgegebenes Qualitätsversprechen, enthielte der Prospekt zwei Erklärungsinhalte: einen bindenden und einen nicht - bindenden. Auch wenn sich nach *Köndgen* der rechtsgeschäftlich bindende Erklärungsinhalt erst dann verwirklichen soll, wenn der Anlageerwerb stattfindet[463], lässt sich die Widersprüchlichkeit zweier solcher entgegenstehender Erklärungsinhalte im Rahmen einer (Prospekt-)Erklärung nicht beseitigen. Die im Rahmen der Rechtsgeschäftslehre wichtige Trennung zwischen solchen Erklärungen, die eine rechtliche Bindungswirkung erzeugen, und solchen, die sich wie die „invitatio ad offerendum“ im unmittelbaren Vorfeld des noch nicht rechtsgeschäftlich bindenden Bereichs bewegen, würde sich dabei überschneiden und damit die bisherigen Errungenschaften nachhaltig exemplarisch verwässern. Darüber hinaus kommt dieser rechtsgeschäftlichen Konstruktion *Köndgens* ein weiteres unlösbares Problem zu: Will die Unterstellung eines rechtlichen Bindungswillens vor dem die Rechtsgeschäftslehre beherrschenden Prinzip der Privatautonomie Bestand haben, so muss diese Unterstellung zumindest widerlegbar sein dürfen, wollte man den freien Willen zum Abschluss und zur Gestaltung von Verträgen nicht aushebeln. Auf der Basis dieses Zugeständnisses wäre es dann durchaus

---

459 § 12 Abs. 1 AuslInvestmG (a.F.) = § 127 InvG

460 § 20 Abs. 1 KAGG (a.F.) = 127 InvG

461 So auch *Köndgen*, AG 1983, 85, 87 ff., insbes. S. 89

462 So weit auch noch *Köndgen*, AG 1983, 85, 89 unten

463 *Köndgen*, AG 1983, 85, 91

möglich und denkbar, dass ein rechtsgeschäftlicher Bindungswille in gewissen Fällen bei den Prospektverantwortlichen nicht vorhanden ist. Dies wäre zunächst ein Problem der Beweisbarkeit, aber für den Fall, dass dieses gelänge, ein unlösbares dogmatisches Problem für die rechtsgeschäftliche Einordnung der Prospekthaftung. In Fällen, in denen es feststünde, dass die Prospektverantwortlichen nicht in rechtsgeschäftlicher Selbstbindungsabsicht gehandelt haben, würde dem gleichwohl bestehenden gesetzlichen Prospekthaftungsanspruch seine dogmatische Grundlage entzogen. Vor diesem Problem versagt der rechtsgeschäftliche Lösungsansatz.

bb) Die Konstruktion eines „stehenden Angebots"

Nach *Köndgen*[464] soll das in Selbstbindungsabsicht abgegebene Qualitätsversprechen für eine Vielzahl künftiger Individualverträge abgegeben werden. Der Prospekt enthalte ein „stehendes Angebot" hinsichtlich der Eigenschaften der Vermögensanlage, welches im Rahmen eines "generalisierten Geschäftswillens" gegenüber allen potentiellen Anlegern in der Schwebe bleibe, bis dieses durch den Abschluss des Individualvertrages aktualisiert werde. Dieser Ansatz ist indes mit den Vorschriften des BGB[465] zur Geltungsdauer von Willenserklärungen, welche grundsätzlich von der sofortigen Wirksamkeit eines Angebotes ausgehen, nicht vereinbar.[466] Weiterhin unterläuft die Vorstellung eines "generalisierten Geschäftswillens" das Erfordernis eines bestimmbaren Erklärungsadressaten. Der Grundsatz der Privatautonomie könnte nicht mehr verwirklicht werden, wenn die Reichweite der rechtsgeschäftlichen Erklärung nicht mehr überschaubar wäre.[467]

Aufgrund der vorstehend dargestellten Argumente ist der rechtsgeschäftliche Lösungsansatz *Köndgens* mangels der notwendigen Regelungen im geltenden Recht, aber auch wegen der dargelegten dogmatischen Inkonsistenz nicht für die Begründung der Prospekthaftung, und hier im Besonderen der spezialgesetzlichen Prospekthaftung, haltbar.

2. Der deliktsrechtliche Lösungsansatz

Wenn im Rahmen der dogmatischen Einordnung der spezialgesetzlichen Prospekthaftung der Versuch unternommen wird, diese als deliktsrechtliche Haftung

---

[464] In: AG 1983, 85, 91

[465] Vgl. §§ 145 ff. BGB

[466] *Köndgen* selbst stellt hierbei fest, dass die Vorschriften des BGB über die Geltungsdauer von Willenserklärungen dazu einer Modifizierung bedürften, AG 1983, 85, 91 Fn. 73

[467] *Pleyer/Hegel*, ZIP 1986, 681, 685

zu begründen, ist es allen voran der Lösungsansatz von *Assmann*[468], der für eine entsprechende deliktsrechtliche Anerkennung streitet. Nach ihm sei die Prospekthaftung im Allgemeinen sowie die spezialgesetzliche Prospekthaftung im Besonderen als Haftung für die Verletzung kapitalmarktbezogener, vertragsunabhängiger Informationsverkehrspflichten einzuordnen. Als eine Haftung für die Verletzung von Verkehrspflichten sei sie demnach systematisch als deliktische Haftung zu qualifizieren. Die Einzelheiten des deliktsrechtlichen Ansatzes von *Assmann*, welcher sich in wesentlichen Teilen mit dem ebenfalls deliktischen, an Berufsrollen geknüpften Ansatz *v. Bars* überschneidet, wurden bereits im Rahmen der Ausarbeitung zur allgemein-zivilrechtlichen Prospekthaftung dargestellt.[469] Während im Wesentlichen hierauf verwiesen wird, soll an dieser Stelle gleichwohl erörtert werden, weshalb der deliktsrechtliche Ansatz ebenfalls nicht als dogmatische Grundlage der spezialgesetzlichen Prospekthaftung dienen kann.

a) Der qualifizierte Vermögensschutz im Deliktsrecht

aa) Systematische Grundlagen

Bereits grundlegend systematische Argumente stehen der Einordnung der spezialgesetzlichen Haftungstatbestände in das Deliktsrecht entgegen. Die deliktsrechtliche Systematik der §§ 823 ff. BGB ist originär auf den Schutz absoluter Rechtsgüter ausgerichtet. Der Schutz des Vermögens findet sich nicht in diesem Bereich absolut geschützter Rechtsgüter i.S.d. § 823 Abs. 1 BGB. Vielmehr wird durch die Systematik des Deliktsrechts klargestellt, dass der Schutz des Vermögens nur in bestimmten Ausnahmefällen gleichsam als Schutz gegenüber jedermann zu gewährleisten ist. Solche Ausnahmetatbestände finden sich in § 826 BGB sowie bei der Verletzung eines Schutzgesetzes in § 823 Abs. 2 BGB i.V.m. dem verletzten Gesetz, welches dem Schutz von Vermögensinteressen dient. Beide Haftungsnormen konstatieren bestimmte qualifizierte Tatbestandsvoraussetzungen, die den in solchen Fällen gebotenen Schutz des Vermögens gegenüber der originären deliktsrechtlichen Haftung für die Verletzung absoluter Rechtsgüter profiliert. Tatbestandliche Voraussetzung für den Schadenersatzanspruch des § 826 BGB ist, dass eine sittenwidrige, vorsätzliche Schädigung vorliegt. § 823 Abs. 2 BGB setzt voraus, dass ein Gesetz verletzt wird, welches neben dem Schutz der Allgemeinheit gerade auch die einzelne Person vor Schäden bewahren will, wobei das Schutzgesetz auch durchaus das Vermögen schützen kann. Anhand dessen wird deutlich, dass das Deliktsrecht grundsätzlich die freiheitliche Wirtschaftsordnung respektiert, welche elementar von

---

[468] *Assmann*, Prospekthaftung, S. 377

[469] Vgl. Kapitel 3, IV, 3. b), „deliktsrechtliche Haftung für die Verletzung von Verkehrspflichten“

dem Prinzip des Wettbewerbes getragen wird und sich mit einem originären absoluten Schutz des Vermögens nicht vereinbaren ließe. Unter bestimmten qualifizierten Voraussetzungen gewährt jedoch auch das Deliktsrecht einen solchen Vermögensschutz.

bb) Qualifizierter Vermögensschutz

Vor dem Hintergrund dieser deliktsrechtlichen Systematik erscheint es nicht möglich, dass sich die spezialgesetzlichen Prospekthaftungsnormen der §§ 44, 45 BörsG, 13 VerkProspG, 127 InvG hierin einfügen können: Zunächst einmal gewähren die genannten Normen einen Haftungsanspruch, ohne dass es, wie im Rahmen des § 826 BGB, auf eine besonders qualifizierte Art der Schädigung ankommt, welche jedoch als Voraussetzung für den absoluten Schutz des Vermögens erforderlich wäre. Die zweite Möglichkeit bestünde darin, die spezialgesetzlichen Prospekthaftungstatbestände i. S. v. § 823 Abs. 2 BGB als Haftung für die Verletzung eines Schutzgesetzes einzuordnen. Als solche kämen im Rahmen der börsenrechtlichen Prospekthaftung z. B. die §§ 13 ff. BörsZulVO in Betracht. Es ist jedoch anerkannt, dass diesen Normen kein individuell schützender Charakter zukommt, sondern sie der Funktionserhaltung des Kapitalmarkts durch die Erzeugung und Vermittlung von Transparenz dienen. Darüber hinaus sind die genannten Paragraphen anerkanntermaßen nicht für die Haftung nach § 44 BörsG bestimmend, da ein Prospekt auch unrichtig oder unvollständig sein kann, wenn die Voraussetzungen der §§ 13 ff. BörsZulVO erfüllt sind.

cc) Prospekthaftung als Haftung für die Verletzung von Verkehrspflichten

Letztlich wäre lediglich noch eine Einordnung der Pflicht zur richtigen und vollständigen Information durch den Prospekt als Verkehrspflicht denkbar[470], folglich eine Haftung nach dem Gedanken des § 823 Abs. 2 BGB i.V.m. der verletzten Verkehrspflicht. Dieser Einordnungsversuch der informationsbezogenen Verkehrspflichtverletzung bewegt sich jedoch jenseits der Grenzen der geltenden Rechtsdogmatik. Im Rahmen der Darstellung zur allgemein-zivilrechtlichen Prospekthaftung wurde bereits erörtert[471], weshalb die fehlende Eignung einer Verkehrspflicht zur Anerkennung als Rechtsnorm und damit als Schutzgesetz im Sinne des § 823 Abs. 2 BGB eine Einbeziehung in den Tatbestand dieser Norm scheitern lässt. Doch selbst die Anerkennung der Verkehrspflicht als Schutzgesetz könnte keine tragfähige Grundlage bereitstellen, wonach sich die Einordnung der spezialgesetzlichen Prospekthaftung für den Vertrieb unrichtiger und

---

[470] Auf diesem Verständnis bauen die deliktsrechtlichen Konzeptionen *Assmanns* und *v. Bars* auf; vgl. Kapitel 3, IV, 3., b)

[471] Vgl. Kapitel 3, IV, 3., b)

unvollständiger Prospekte als Haftung nach § 823 Abs. 2 BGB systemkonform rechtfertigen ließe.

(1) Funktionsbestimmungen und Grundlagen des § 823 Abs. 2 BGB

Den folgenden systematischen Überlegungen vorausgehend muss festgestellt werden, dass § 823 Abs. 2 BGB nach der gesetzgeberischen Grundentscheidung nicht als deliktische Generalklausel sowie als Einfallstor für einen generellen, umfassenden Vermögensschutz verstanden werden darf.[472] Vielmehr muss bei der Interpretation des § 823 Abs. 2 bedacht werden, wie sich dieser in das System des Deliktsrechts generell und auch hinsichtlich des Vermögensschutzes konkret einfügt. Dabei sind vordringlich die Ergänzungs- und Öffnungsfunktion von § 823 Abs. 2 gegenüber § 823 Abs. 1 einerseits und § 826 andererseits zu beachten.[473] Während § 823 Abs. 1 BGB durch die Beschränkung auf einen bestimmten Kreis von Rechten und Rechtsgütern und § 826 BGB durch das Vorsatzerfordernis sowie die im Merkmal der Sittenwidrigkeit liegende Bezugnahme auf das rechts- und sozialethische Minimum inhaltlich begrenzt und akzentuiert sind, enthält § 823 Abs. 2 BGB eine solche wertungsmäßige Abgrenzung nicht. Dies führt dazu, dass der § 823 Abs. 2 BGB i.V.m. der betreffenden Norm oder Verkehrspflicht hinsichtlich der sich solchermaßen darstellenden deliktischen Systematik rechtsgutspezifisch differenziert sowie unter Berücksichtigung seines Unrechtsgehalts betrachtet werden muss.[474] Eine solche Bindung an die Systematik ist durchaus gerechtfertigt und auch notwendig, wenn man sich vergegenwärtigt, dass gerade die Bezugnahme auf Schutzgesetze und Verkehrspflichten im Rahmen des sich fortschreibenden, „offenen“ Systems des BGB ansonsten eine generalklauselartige Öffnung des Deliktsrechts, ohne Beachtung seiner enthaltenen Grund- und Wertentscheidungen, zur Folge hätte. Deshalb muss jede und gerade jede neue Einbeziehung von Normen und Verkehrspflichten, ob durch gesetzliche oder richterliche Rechtsfortbildung entstanden, in den Anwendungsbereich des § 823 Abs. 2 BGB einer strengen Untersuchung anhand der systematischen Leitgedanken des Deliktsrechts unterzogen werden. Ausgehend von den, gegenüber den Verkehrspflichten argumentativ stärkeren und vorrangig zu betrachtenden, formalen Gesetzen[475] lässt sich feststellen, dass gegen die Anerkennung der fraglichen Norm als Schutzgesetz nichts einzuwenden ist,

---

[472] Vgl. hierzu auch *Picker*, AcP 183 (1983), 369, 498

[473] Vgl. *Canaris*, FS Larenz II, S. 27, 48 ff.

[474] So auch *Canaris*, FS Larenz II, S. 27, 48

[475] Da die Verkehrspflichten als richterliche Schöpfungen im Rahmen einer Einordnung nach § 823 Abs. 2 als Nicht - Gesetzesakte formal nicht der „gesetzlichen Systematik“ als Argumente dienen können, sondern vielmehr umgekehrt von dieser beeinflusst sind, müssen sie im Rahmen einer systematisch - argumentativen Betrachtung gegenüber einzelnen Gesetzen nachrangig betrachtet werden.

wenn sie als Konkretisierung oder Ergänzung des Schutzes von § 823 Abs. 1 BGB zu verstehen ist.[476] Ist dies dagegen nicht möglich, muss überprüft werden, ob vom Unrechtsgehalt der betreffenden Norm her eine Nähe zu § 826 BGB besteht.[477] Diese Differenzierung stimmt mit der ursprünglichen Konzeption des Gesetzgebers überein, welcher als Beispiele für Schutzgesetze nur Strafgesetze und die dem heutigen § 858 BGB entsprechende Vorschrift des Entwurfs genannt hat.[478] Während letztere sich in den deliktsrechtlichen Schutz nach § 823 Abs. 1 BGB einfügt, da der Besitz schließlich in den § 861 ff. BGB wie ein absolutes Recht behandelt wird[479], stehen die Strafgesetze dem § 826 BGB nahe, markieren doch auch sie das rechts- und sozialethische Minimum und implizieren einen ähnlich hohen Unrechtsgehalt wie Verstöße gegen die guten Sitten.[480] Grundsätzlich ist es demnach auch möglich, dass Vorschriften ohne Strafbewehrung Schutzgesetze darstellen können, wenn dies solche Normen sind, die sich ergänzend in den Schutz des § 823 Abs. 1 einfügen, mithin den Schutz eines der in § 823 Abs. 1 BGB genannten Rechtsgüter bezwecken.

(2) Die Bedeutung der „Strafbewehrung" für den deliktischen Vermögensschutz

Normen, die auf den Schutz des Vermögens abzielen und sich dabei gleichwohl in die deliktsrechtliche Systematik einfügen wollen, können offenkundig nicht in Ergänzung zu § 823 Abs. 1 BGB betrachtet werden. Jene Normen müssen, der Systematik folgend, mit den Wertungen des § 826 BGB übereinkommen. Daher müssen solche Gesetze zum Schutz reiner Vermögensinteressen, wollen sie als Schutzgesetze anerkannt werden, einen dem § 826 gleichkommenden Unrechtsgehalt beinhalten, wie dies von den strafbewehrten Verhaltensanordnungen vorgegeben wird. Denn allenfalls von Strafgesetzen lässt sich mit Recht behaupten, dass sie in ihrem Unrechtsgehalt mit § 826 vergleichbar sind.[481] Dabei ist augenfällig, dass sich die Rechtsprechung bei scheinbar nah beieinander liegenden Tatbeständen zur Abgrenzung an dem Kriterium der Strafbarkeit orientiert[482]

---

[476] Wenn es also um den Schutz eines dem § 823 Abs. 1 BGB zugehörigen Rechtsgutes geht.

[477] *Canaris*, FS Larenz II, S. 27, 48

[478] Vgl. Protokolle der Kommission für die zweite Lesung des Entwurfs des BGB („Prot. II"), S. 572

[479] Vgl. zum Besitz als geschütztes Recht im Rahmen des § 823 I auch MünchKomm/*Wagner*, § 823 Rdn. 151 - 153

[480] *Canaris*, FS Larenz II, S. 27, 49

[481] *Canaris*, FS Larenz II, S. 27, 50

[482] Vgl. BGHZ 58, 199, 201 ff.; und dem hingegen BGH VersR 1976, 982 f.

und nur in seltenen Fällen die Schutzgesetzeigenschaft einer nicht - strafbewehrten Vorschrift bei einem reinen Vermögensschaden anerkannt hat.[483]

Diese Erkenntnisse erlauben es nun, eine Überleitung zu der Frage nach der Schutzgesetzqualität von Verkehrspflichten zum Schutze des Vermögens zu schließen. Zunächst muss zugestanden werden, dass es grundsätzlich Verkehrspflichten zum Schutze reiner Vermögensinteressen geben kann. Lehrreich sind insoweit die §§ 831 und 832 BGB, welche ein lediglich „widerrechtliches" Verhalten des Verrichtungsgehilfen bzw. des Aufsichtsbedürftigen voraussetzen. Diese auch dem Schutz reiner Vermögensinteressen dienenden Auswahl-, Leitungs- und Aufsichtspflichten der §§ 831 f. BGB gehören dogmatisch zu den Verkehrspflichten.[484] Gleichwohl bleibt das System der § 823 ff. BGB insoweit einerseits gewahrt, als in der Person des unmittelbar Handelnden der (objektive) Tatbestand der §§ 823 Abs. 2 oder 826 BGB zur Verwirklichung eines Vermögensschadens verwirklicht sein muss. Andererseits scheint es aber auch über das System hinauszugehen, kann doch der Geschäftsherr ausnahmsweise auch für von ihm nur fahrlässig (mittelbar) verursachte Vermögensschäden haften. Diese Regelung trägt jedoch dem Umstand Rechnung, dass die Einschaltung einer weiteren, in ihren Handlungen grundsätzlich von einer freien Willensbestimmung geleiteten Person gegenüber den §§ 823 II, 826 ein zusätzliches Risiko darstellt, welches sich trotz eines (rechtlichen) Weisungs- bzw. Aufsichtsrechts[485] nicht sicher beherrschen lässt. Dies gestattet es ausnahmsweise, dass eine Haftung des Geschäftsherrn bzw. Aufsichtspflichtigen für einen eingetretenen Vermögensschaden bereits durch dessen Fahrlässigkeit begründet wird. Insoweit lassen sich die deliktischen Grundaussagen zur Haftung für Vermögensschaden nicht nur auf die Verletzung einer Norm mit entsprechend hohem Unrechtsgehalt wie die §§ 823 Abs. 2 i.V.m. mit einer an dem Leitbild der Straftat orientierten Norm oder 826 BGB beschränken, sondern werden unter Berücksichtigung der Wertung in §§ 831 ff. durch solche Normen vervollständigt, welche eine zusätzliche und erhöhte Gefahr der Schädigung dadurch erzielen, dass dritte Personen eingeschaltet sind, welche tatsächlich nicht beherrschbar sind. Das bedeutet schließlich, dass Verkehrspflichten zum Schutz reiner Vermögensinteressen im Deliktsrecht nicht generell ausgeschlossen sind, sondern sich unter Berücksichtigung der genannten, scharf konturierten Grundaussagen des deliktsrechtlichen Systems einfügen können.[486] Für die Einbeziehung von Verkehrs-

---

[483] RGZ 59, 49, 52; vgl. dazu die Systematische Kritik an der Entscheidung durch *Canaris*, FS Larenz II, S. 27, 61

[484] Vgl. MünchKomm/*Mertens*, 3.Aufl., § 831 Rdn. 1; ihm folgend MünchKomm/*Wagner*, 4. Aufl., § 831 Rdn. 7

[485] Welches sich freilich tatsächlich nicht im Sinne einer vis absoluta durchsetzen lässt.

[486] *Canaris*, FS Larenz II, S. 27, 83 stellt daher zu Recht fest, dass es nicht um das „Ob" von VP`s zum Schutz des Vermögens, sondern um die „Voraussetzungen hierfür" geht.

pflichten in den Tatbestand des § 823 Abs. 2 BGB ist es somit[487] jedoch gleichwohl erforderlich, dass diese, wollen sie dem Schutz reiner Vermögensinteressen dienen, zumindest dem Unrechtsgehalt eines strafbewehrten Gesetzes gleichkommen müssen. Ein derartiger Unrechtsgehalt kann Verkehrspflichten - als richterrechtliche Prägungen anhand von Einzelfällen - jedoch nicht zugesprochen werden, wenn man sich vergegenwärtigt, wie streng die Voraussetzungen an die Bestimm- und Vorhersehbarkeit[488] im Rahmen der strafrechtlichen Repression sind. Gerade dies wird und kann durch Verkehrspflichten nicht gewährleistet sein.

Eine Einordnung der Prospekthaftung als Haftung für die Verletzung von das Vermögen schützenden Verkehrspflichten in den Bereich des § 823 Abs. 2 BGB darf und kann aus dogmatisch zwingenden, systembedingten Gründen folglich nicht vorgenommen werden.

b) Das Merkmal der Gutgläubigkeit als Fremdkörper im Deliktsrecht

Auch konkrete systematische und dogmatische Gründe sprechen gegen die deliktsrechtliche Einordnung der Prospekthaftung, wenn man sich das tatbestandliche Erfordernis der „Gutgläubigkeit" der spezialgesetzlichen Haftungsnormen[489] vergegenwärtigt und dieses in das grundlegende System des Deliktsrechts einzufügen versucht. Dem Grundsatz „volenti non fit iniura"[490] folgend, setzen die spezialgesetzlichen Prospekthaftungsansprüche voraus, dass der Anleger beim Erwerb der Kapitalanlagen gutgläubig ist, d.h. dass er das Erwerbsgeschäft in dem Glauben an die Richtigkeit und Vollständigkeit der Prospektangaben abschließt. Wer als Anleger hingegen die Unrichtigkeit oder Unvollständigkeit der Angaben bei dem Erwerb kannte, verdient nicht den Schutz des jeweiligen Prospekthaftungsanspruchs. Die positive Kenntnis[491] der entsprechenden fehlerhaften Prospektangaben lässt dabei den Anspruch insgesamt entfallen. Dabei ist dies keine Frage des Haftungsumfangs im Sinne eines Mitverschuldens, sondern es entfällt bedingungslos der Anspruchsgrund. Durch die „Unredlichkeit" des

---

[487] Die in den §§ 831 ff. Wertentscheidungen treffen auf die Frage nach der Haftung von Prospektverantwortlichen offensichtlich nicht zu.

[488] „Nulla poena sine lege" sei hier als Grundsatz angeführt, um zu verdeutlichen, dass der Ausspruch des bedeutenden Unrechtsgehalts im Rahmen der Strafnormen einer klaren gesetzlichen Normierung bedarf.

[489] Vgl. §§ 44, 45 Abs. 2 Nr. 3 BörsG, 13 VerkProspG i.V.m. 45 Abs.2 Nr. 3 BörsG, 12 Abs. 3 Satz 2 AuslInvestmG, 20 Abs. 3 Satz 2 KAGG

[490] Vgl. *Baur*, Investmentgesetze, AuslInvestmG, § 12 Rdn. 13

[491] Fahrlässige Unkenntnis allein wirkt sich nicht nachteilig für den Anleger aus.

Anlegers beim Erwerb der Anlage billigt ihm die Rechtsordnung somit nicht einmal mehr einen Anspruch dem Grunde nach zu, sondern schließt diesen gänzlich aus. Daraus ergibt sich, dass die „Gutgläubigkeit" oder „Redlichkeit" ein Tatbestandsmerkmal des haftungsbegründenden Tatbestandes darstellt, selbst wenn sie in den spezialgesetzlichen Haftungsnormen „negativ" i.S.d. „Bösgläubigkeit" als Ausschlusstatbestand für das Bestehen eines Anspruchs formuliert wurde.[492]

Vor dem Hintergrund dieser Erkenntnis wird jedoch augenscheinlich, dass System und Gedanken des Deliktsrechts nicht geeignet erscheinen, das Merkmal der „Gutgläubigkeit" oder „Redlichkeit" im Rahmen des spezialgesetzlichen Prospekthaftungsanspruches zu vertreten. Das Deliktsrecht ist ein Systembereich des bürgerlichen Rechts, welcher auf einen grundsätzlich absoluten Rechtsgüterschutz ausgerichtet ist. Dies bedeutet, dass die Rechtsgüter des § 823 Abs. 1 sowie unter bestimmten, qualifizierten Voraussetzungen das Vermögen als solches generell dem Schutz gegenüber jedermann unterworfen sind. Dieses System sieht dabei vor, dass die geschützten Rechtsgüter dem Grunde nach immer und gerade nicht nur im relativen Verhältnis gegenüber einer anderen Person durch die Rechtsordnung verteidigt werden. Im Rahmen der haftungsbegründenden Ausgangsposition eines deliktischen Anspruchs, also der Anspruchsberechtigung i.S.d. Vorhandenseins eines Anspruchsgrundes, wird somit zunächst nicht nach einem etwaigen für die unerlaubte Handlung mitverantwortlichen Beitrag des Geschädigten gefragt.[493] Ein im Einzelfall vorliegender mitverantwortlicher Beitrag des Geschädigten für den Eintritt der Rechtsgutsverletzung wird erst auf der haftungsausfüllenden Tatbestandsseite im Rahmen des Mitverschuldens berücksichtigt. Dem Geschädigten wird folglich unbeschadet seines Verantwortungsbeitrags ein Anspruch dem Grunde nach zugestanden[494], wobei der auf ihn entfallende Verantwortungsbeitrag erst bei der Frage nach der Höhe des ihm zustehenden Schadensersatzanspruchs berücksichtigt wird.[495] Diese deliktsrechtliche Struktur ist mit der Merkmal der „Gutgläubigkeit" nicht vereinbar. Hier-

---

[492] Solche „negativen" Tatbestandmerkmale sind durchaus geläufig und regelmäßig in einer, der Anspruchsgrundlage systematisch zugeordneten Norm zu finden, vgl. z.B. § 442 BGB; an ihrer Zugehörigkeit zu dem haftungs- oder (generell) anspruchsbegründenden Tatbestand im Rahmen des systematischen Aufbaus der zugrunde liegenden Norm ist nicht zu zweifeln, wird doch durch das Vorliegen des„negativen" Tatbestandsmerkmals der Anspruch bereits dem Grunde nach ausgeschlossen, ohne dass es hierbei noch um die Frage nach der Art und Weise einer tatbestandlichen Beteiligung i.S.e. Mitverschuldens etwa geht.

[493] Eine Ausnahme stellt insoweit § 831 Abs. 1 Satz 2 dar, wonach ein Ausschluss des Anspruchsgrundes durch Exkulpation erfolgen kann.

[494] Vgl. MünchKomm/*Oetker*, 4. Aufl., § 254 Rdn. 2

[495] Wobei sich die Höhe des Schadens dann durchaus auch auf Null reduzieren kann, vgl. MünchKomm/*Oetker*, 4. Aufl., § 254 Rdn. 2

durch wird nämlich gerade von der „Redlichkeit“ des Geschädigten abhängig gemacht, ob seine Rechtsposition dem Grunde nach von der Rechtsordnung als schützenswert oder nicht anerkannt werden soll. Das Merkmal der „Gutgläubigkeit“ läuft mithin der grundsätzlichen, absoluten Anerkennung des Schutzes von bestimmten Rechtsgütern unter qualifizierten Voraussetzungen genau entgegen: Durch das Tatbestandsmerkmal der „Gutgläubigkeit“ würde der Deliktsrechtsschutz dem Grunde nach von der relativen Beziehung zwischen Schädiger und Geschädigtem abhängig werden. Es ist einzusehen, dass dies mit dem geltenden Recht nicht vereinbar ist.

3. Das Verständnis der spezialgesetzlichen Prospekthaftung als Vertrauenshaftung

a) Die Vertrauenshaftung als „Dritte Spur“ der Haftung zwischen Vertrag und Delikt[496]

Gerade im Rahmen der Dogmatik der spezialgesetzlichen Prospekthaftung und einer Grundlegung derselben in dem Institut der Vertrauenshaftung wird augenscheinlich, dass es nicht um die Begründung einer „allgemeinen“ Vertrauenshaftung geht, sondern um ihre Präzisierung und Einordnung innerhalb klar umgrenzter Tatbestände.[497] Damit wird sogleich jenen Stimmen begegnet, die die Gefahr einer beliebigen Manipulierbarkeit einer „allgemeinen“ Vertrauenshaftung sehen und sie aus diesen Gründen bereits kategorisch ablehnen.[498] Ebenso wenig, wie eine solche „allgemeine“ Vertrauenshaftung proklamiert werden soll, handelt es sich bei der Einordnung der Vertrauenshaftung als „Dritte Spur“ zwischen Vertrag und Delikt“ um eine Neuschaffung, weshalb es falsch ist, wenn zuweilen von der „Eröffnung“ einer dritten Spur der Haftung gesprochen wird.[499] Vielmehr zeigen die §§ 122, 179 BGB sowie mittlerweile auch der § 311 BGB, dass die systematische Konzeption des Gesetzes sich nicht durch die klassischen Disziplinen Vertrag und Delikt erklären lässt. Ebenso unbestreitbar wie dies ist die Feststellung, dass sich gerade die genannten Normen irgendwo

---

[496] Vgl. grundlegend bereits die Ausführungen in Kapitel 3, V, 1.

[497] Vgl. auch *Canaris*, Die Reichweite der Expertenhaftung gegenüber Dritten, ZHR 163 (1999), 206, 220

[498] Siehe *Philippsen*, Zur Dritthaftung des privat beauftragten Gutachters für fahrlässig verursachte Vermögensschäden, S.220

[499] So z.B. *Phillipsen*, Zur Dritthaftung des privat beauftragten Gutachters für fahrlässig verursachte Vermögensschäden, S. 213

„zwischen“ Vertrags- und Deliktshaftung befinden.[500] Die häufig verwandten Bezeichnungen wie „quasideliktisch“ und „quasivertraglich“[501] betonen diese Erkenntnis dabei mehr, als dass sie sie verdecken. Dabei sollte nicht vergessen werden, dass auch jene, die an der Dichotomie von Vertrags- und Deliktsrecht festhalten, bereits in Erklärungsnot geraten, wollen sie z.B. die dem Gesetz bekannte und jenseits der Deliktshaftung befindliche Gefährdungshaftung einordnen.

Dem Wesen eines Instituts der Vertrauenshaftung als „Dritte Spur“ zwischen Vertrag und Delikt liegt dabei die konstituierende Bedeutung des Vertrauensschutzprinzips für einen „Vertrauenshaftungsanspruch“ zugrunde. Dies bedeutet, dass das Vertrauensschutzprinzip nicht lediglich als ergänzendes Kriterium[502] fungiert, sondern das tragende Element darstellt, bei dessen Fehlen ein Anspruch nicht denkbar ist. Es soll dabei nicht unbeachtet bleiben, dass der Vertrauensschutzgedanke auch in Gebieten wie dem Vertrags- und Deliktsrecht eine Rolle spielt[503]; doch dort eben nicht die Rolle eines konstituierenden Elementes übernimmt[504].

b) Die vertrauenstheoretische Konzeption der spezialgesetzlichen Prospekthaftungsansprüche

aa) Das Leitmodell der §§ 44 ff. BörsG

Den Gegenstand der dogmatischen Betrachtung der spezialgesetzlichen Prospekthaftungstatbestände sollen zunächst die entsprechenden Regelungen des Börsengesetzes darstellen. Das Börsengesetz, welches in seiner ursprünglichen Fassung aus dem Jahre 1896 stammt, war das erste kapitalmarktrechtliche Gesetz, welches sich, wenn auch damals noch nicht von tragender Bedeutung, mit

---

500 *Canaris*, Die Reichweite der Expertenhaftung gegenüber Dritten, ZHR 163 (1999), 206, 220

501 Bezeichnend hierfür etwa *Jost*, Vertragslose Auskunfts- und Beratungshaftung, S.253, welcher fordert, „vom dualistischen System des BGB auszugehen“ und in diesem Zusammenhang die Haftung aus einer Sonderverbindung „quasi als vertragliche“ bezeichnet. Auch *Köndgens* Ansatz von der Prospekthaftung als einer „quasivertraglichen Selbstbindung“ rückt die dogmatische Grundlage weg von einem „ rein vertraglichen“ Ausgangspunkt in den Bereich zwischen Vertrag und Delikt, grundlegend in: Zur Theorie der Prospekthaftung, AG 1983, 85 ff.

502 Auch i.S.e. „Auslegungskriteriums“: denken wir z.B. an die Auslegung einer Willenserklärung nach dem „Empfängerhorizont“.

503 Vgl. *Köndgen*, Selbstbindung, S. 98 ff.; *Picker*, AcP 183 (1983), 427 und JZ 1987, 1041, 1046; *Gernhuber*, Das Schuldverhältnis, 1989, § 8 I 6 b;

504 Vgl. *Canaris*, Vertrauenshaftung, S. 2 f. und *ders.*, FS Larenz II, S. 27, 105 f.

der Problematik von Gründungsschwindeln von Aktiengesellschaften und den maßgeblich beteiligten Banken befasste.[505] Dem Börsengesetz kommt im Rahmen des kapitalmarktrechtlichen Anlegerschutzes insoweit eine Leitbildfunktion zu, durch welche die Prospekthaftungsnormen des KAGG und AuslInvestmG[506] aus dem Jahre 1969 entscheidend mit beeinflusst worden.[507] Im Folgenden sollen jene signifikanten Merkmale des börsenrechtlichen Prospekthaftungsanspruches beleuchtet werden, welche dessen vertrauenstheoretische Konzeption indizieren. Dabei soll auch nicht unbeachtet bleiben, welche tragenden Elemente der zugrunde liegenden Interessenkonflikte und ihrer durch die Norm zum Ausdruck kommenden Wertentscheidungen sich in dieser Konzeption widerspiegeln. Ausgangspunkt ist hierbei die im Gesetz zum Ausdruck gebrachte, prospektbezogene Betrachtung, nach welcher die grundlegende Voraussetzung für einen Prospekthaftungsanspruch stets ein unrichtiger oder unvollständiger Prospekt ist.

(1) Die Adressaten der Haftung

Adressaten der Prospekthaftung sind zum einen jene, die für den Prospekt die Verantwortung übernommen haben, und zum anderen diejenigen, von denen der Erlass des Prospekts ausgeht.[508] Der Haftungsauspruch des § 44 BörsG baut mithin darauf auf, dass zwischen dem Personenkreis, welcher im oben genannten Sinne für die Richtigkeit und Vollständigkeit der Prospektangaben einzustehen hat, sowie den Anlegern ein qualifiziertes Schuldverhältnis besteht, in welchem der Prospekthaftungsanspruch genetisch wurzelt. Es wurde in den vorstehenden Abschnitten dieses Kapitels bereits ausgeführt, dass und warum sich dieses Schuldverhältnis dogmatisch nicht durch die Rechtsgeschäftslehre und auch nicht deliktisch erklären lässt. Es ist dem hingegen möglich, den vorliegenden Adressatenkreis im Wege des vertrauenstheoretischen Ansatzes zu begründen. Objektive Vertrauensgrundlage des Prospekthaftungsanspruches ist der Pros-

---

[505] Vgl. den Überblick bei *Assmann*, in: Assmann/Schütze, Handbuch des Kapitalanlagerechts, 1990, § 7 Rdn. 3 ff.

[506] Der Erlass des AuslInvestmG erfolgte am 28.7.1969; hierbei wurde die Prospekthaftungsregelung des § 12 AuslInvestmG dem damals bereits existierenden KAGG entsprechend (§ 17 b a.F.) angeglichen. Außer Kraft getreten sind die genannten Gesetze zugunsten des einheitlichen Investmentgesetzes durch das Investmentmodernisierungsgesetz vom 19.12.2003, BGBl. I Nr. 62, Art. 17 Abs. 1 mit Wirkung zum 01.01.2004.

[507] Vgl. hierzu die - deutlich auf den Einfluss der börsenrechtlichen Konzeption hinweisende - amtliche Begründung zu § 12 AuslInvestmG (a.F.), Bundestags - Drucks. V/3494 S. 23: „Nach der Konzeption des Entwurfs stellt der Verkaufsprospekt eine wesentliche Grundlage für den Kaufentschluss des Sparers dar. Der Käufer, der in der Regel über keinerlei eigene Informationsquellen über die ihm angebotenen ausländischen Investmentanteile besitzt, muss sich darauf verlassen können, dass die im Verkaufsprospekt enthaltenen wesentlichen Angaben sachlich richtig und vollständig sind."

[508] Vgl. § 44 Abs. 1 Satz 1 Nr. 1 und 2

pekt. Er ist das Medium, durch welches die Anlageinformationen übermittelt werden. Wie bereits im Rahmen der Ausarbeitung zur allgemein-zivilrechtlichen Prospekthaftung aufgezeigt wurde, findet zunächst durch den Prospekt die Überwindung des Informationsdefizits zwischen Anleger und Prospektverantwortlichen statt. Darüber hinaus ist es das Vertrauen, welches der Anleger in die Richtigkeit der Prospektangaben hat, da diesbezüglich keine Situationskontrolle im Sinne einer „Gewähr" für die Richtigkeit vorliegt, welche den Anlageentschluss letztendlich motiviert. Es wird somit deutlich, dass das Medium Prospekt als „Vertrauensmittler" zwischen Anleger und Prospektverantwortlichen fungiert. Durch die Fixierung der objektiven Vertrauensgrundlage lassen sich also die Beteiligten des Schuldverhältnisses bestimmen, nämlich jene, die durch den Prospekt auf beiden Seiten der Informationskette ersichtlich werden: Anleger und Prospektverantwortliche.

Es ist im Rahmen des Prospekthaftungsanspruches offenkundig, dass das Vertrauen zwischen Anleger und Prospektverantwortlichem kein „persönliches" ist, da ein unmittelbarer Kontakt regelmäßig nicht stattfindet. Vielmehr ist es ein aus der Natur des Geschäftes und des typischen Kontaktes, welcher durch den Prospekt vermittelt wird, sich ergebendes „typisiertes" Vertrauen in jene, die für die objektive Vertrauensgrundlage verantwortlich sind, ohne dem Anleger dabei persönlich bekannt zu sein. Verweist man in diesem Zusammenhang auf die Nähe und Ähnlichkeit dieser vertrauensrechtlichen Beziehung zwischen Anleger und Prospektverantwortlichen auf den § 311 Abs. 2 Nr. 3 und Abs. 3 BGB, so ist dies die entscheidende Besonderheit und Differenzierung. Während dort ein Schuldverhältnis im Sinne eines qualifiziert, geschäftlichen Kontaktes auf der Basis eines persönlichen Vertrauens gründet[509], ist es im Rahmen des Prospekthaftungsanspruches das „typisierte" Vertrauen zu jenen Personen, die für den Prospekt verantwortlich zeichnen. Diese Differenzierung und auch die Rechtfertigung hierfür finden sich durchaus in einem sachlichen Grund, nämlich in der Zwischenschaltung des Prospektes bei der Informationsübermittlung. Das Vertrauen des Anlegers gilt nun nicht irgendwelchen Personen, sondern berechtigterweise ausschließlich und typischerweise denjenigen, die Urheber und Verantwortliche dieser bestimmten Art der Informationsübermittlung sind. Durch den vertrauenstheoretischen Ansatz erschließt sich folglich eine dogmatisch schlüssige Begründung für die Bestimmung des Adressatenkreises der börsenrechtlichen Prospekthaftung.

(2) Die Kausalität zwischen Prospekt und Anlagenerwerb

Die haftungsbegründende Kausalität ist für die Einordnung der Prospekthaftung als Vertrauenshaftung von zentraler Bedeutung; sie vermittelt Vertrauen und Vertrauensgrundlage zwischen Prospektverantwortlichem und Anleger. Dem entspricht im Bereich der spezialgesetzlichen Prospekthaftung der § 45 Abs. 2

[509] Vgl. Palandt/*Heinrichs*, § 280 Rdn. 58

Nr. 1, wonach ein Prospekthaftungsanspruch nicht besteht, sofern die Wertpapiere nicht aufgrund des Prospekts erworben wurden. Ein Prospekthaftungsanspruch scheidet demnach bereits grundsätzlich bei Kaufentscheidungen aus, die vor der Veröffentlichung des Prospekts getroffen wurden[510], da es bereits an dem Vorliegen der für den vertrauenstheoretischen Ansatz unabdingbaren objektiven Vertrauensgrundlage fehlt. Die Probleme im Rahmen der haftungsbegründenden Kausalität des Prospekthaftungsanspruchs lagen jedoch seit jeher nicht in der dogmatischen Konstruktion, sondern vielmehr in den damit praktisch verknüpften Beweisproblemen. So galt bis zur Änderung der börsenrechtlichen Prospekthaftung durch das Dritte Finanzmarktförderungsgesetz, dass der Erwerber den Erwerb gerade auf Grund des Prospektes nachweisen musste. Diesen Nachweis hat die Rechtsprechung durch die tatsächliche Vermutung einer durch den Prospekt für eine gewisse Zeit erzeugten Anlagestimmung erleichtert.[511] Nach der gegenwärtigen gesetzlichen Regelung bedarf es des Nachweises eines Erwerbs auf Grund des Prospektes bzw. der Anlagestimmung nicht mehr; vielmehr reicht der bloße Erwerb innerhalb der in § 44 Abs. 1 BörsG genannten Sechsmonatsfrist aus.[512] Wie bereits angedeutet, ist dies eine Regelung, welche die Beweisfragen betrifft, nicht jedoch das Kausalitätserfordernis an sich obsolet macht. Denn gemäß § 45 Abs. 2 Nr. 1 BörsG kann der Haftungsverpflichtete die Haftung dadurch vermeiden, dass er nachweist, die Wertpapiere seien nicht aufgrund des Prospektes erworben worden. Wenn hierbei, wie die Gesetzesbegründung ausdrücklich festhält, § 45 Abs. 2 Nr. 1 „die Überlegungen der Rechtsprechung“ zur Anlagestimmung aufgreift[513], dann kommt dem „weiten Kausalitätsbegriff“ auch weiterhin entscheidende Bedeutung zu. Dieser verkehrt sich in seinem Anwendungsbereich lediglich dahingehend, als der Haftpflichtige als Voraussetzung für den Haftungsausschluss auch die Beseitigung der Anlagestimmung darlegen und beweisen muss. Die Kausalität wird folglich nicht beseitigt, sondern als ein originäres Problem des Haftungsverpflichteten behandelt, was aus guten Gründen eines effizienten Anlegerschutzes ebenso gerechtfertigt

---

[510] Vgl. bereits zum alten Recht OLG Frankfurt NJW-RR 1998, 122

[511] Vgl. OLG Frankfurt WM 1996, 1216 (vier Monate) ; OLG Düsseldorf WM 1984, 586, 596 (fünf Monate); sehr weitgehend BGH DB 1998, 1755, 1756 (höchstens zwölf Monate); für diesen von Rechtsprechung und Lehre ursprünglich angenommenen "weiten Kausalitätsbegriff" war die Überlegung ausschlaggebend, dass die Prospektangaben die Einschätzung des Wertpapiers in den Fachkreisen jedenfalls mitbestimmen, wodurch eine Anlagestimmung erzeugt werde, die der einzelne Erwerber für sich in Anspruch nehmen kann, auch wenn er den Prospekt nicht gelesen oder im Einzelnen gekannt hat, vgl. *Schwark*, BörsG, §§ 45, 46 (a.F.) Rdn. 34; BGH NJW 1982, 2827, 2828

[512] *Groß*, BörsG, §§ 45, 46 (Fassung Drittes Finanzmarktförderungsgesetz, welche der aktuellen Fassung des 4. FMFG diesbezüglich entspricht) Rdn. 39

[513] Regierungsbegründung zum diesbezüglich unveränderten Dritten FMFG, BT - Drucks. 13/8933, S. 54

ist, wie die Anwendung eines „weiten Kausalitätsbegriffes". Diese Verlagerung der Kausalitätsfragen in den Bereich von Darlegungs- und Beweislast lässt die Konzeption eines vertrauenstheoretischen Ansatzes offensichtlich unberührt: Der Prospektverantwortliche erzeugt vermittels des Prospektes Vertrauen, welches der Anleger wegen des Erwerbs der Wertpapiere „aufgrund des Prospekts" in Anspruch nimmt[514]; diese nach der gesetzlichen Regelung grundsätzlich indizierte Voraussetzung gewährleistet den Prospekthaftungsanspruch, wobei es dem Verpflichteten unbenommen ist, durch den - durchaus schwierigen - Gegenbeweis die essentielle Anspruchsvoraussetzung der Kausalität auszuräumen.

Auch die investmentrechtliche Prospekthaftung des § 127 InvG erfordert die Kausalität des Prospektes für den Erwerb der Kapitalanlage, gleichwohl die Konzeption leichte Unterschiede zur börsenrechtlichen Prospekthaftung aufweist. Die bis zum 01.01.2004 geltenden investmentrechtlichen Prospekthaftungsansprüche der §§ 20 KAGG, 12 AuslInvestmG bauten darauf auf, dass dem Erwerber der Kapitalanlage gemäß §§ 3 Abs. 1 AuslInvestmG, 19 Abs. 1 KAGG vor dem Vertragsabschluss ein datierter Verkaufsprospekt zur Verfügung zu stellen war. Die Kausalität zum Erwerb der Kapitalanlage ging nun nicht wie nach der davor bestandenen Regelung[515] von dem „Zur - Verfügung - Stellen" aus. Dieses war indes Bedingung für die eigentliche Voraussetzung der Kausalität, nämlich die Kenntnisnahme des Prospekts, aufgrund dessen die Kapitalanlagen erworben wurden. Haftungsvoraussetzung war schließlich nicht, dass der Erwerber den Verkaufsprospekt im Einzelnen gelesen haben musste. Es genügte, wenn er ihn in groben Zügen zur Kenntnis genommen hatte.[516] Ursächlichkeit war dabei auch dann gegeben, wenn die Vorlage eines Verkaufsprospekts die Entscheidung des Käufers nur mitbestimmt, er im Übrigen aber seine Entscheidung aufgrund einer gezielten Werbung der Anlagegesellschaft oder des Verkaufgeschicks des Vermittlers getroffen hatte.[517] Die solchermaßen zu bestimmende Kausalität war auch folgerichtig, wenn man sie vor dem Hintergrund der Konzeption des Gesetzesentwurfs betrachtete:[518] Demnach *„stellt der Ver-*

---

[514] Vgl. aus den neueren Entscheidungen BGH NJW 2003, 2384, 2385, wo die konstituierende Bedeutung des Vertrauensschutzes deutlich zum Ausdruck gebracht wird.

[515] Hinsichtlich § 3 AuslInvestmG bis zur Änderung durch das 3. FMFG und hinsichtlich § 19 KAGG bis zur Änderung durch das 1. FMFG wurde verlangt, dass dem Erwerber ein Verkaufsprospekt „ausgehändigt" wurde; ohne diese Aushändigung schied ein investmentrechtlicher Prospekthaftungsanspruch von vornherein aus.

[516] *Frohne*, Prospektpflicht und Prospekthaftung, S. 107; *Horst*, Kapitalanlegerschutz 1987, S. 29 f.

[517] *Baur*, KAGG, § 20 Rdn. 14

[518] BT - Drucks. V/3494, S. 23 für § 12 AuslInvestmG und S. 28 f. für § 17 a (später § 20, beide a.F.) KAGG

kaufsprospekt eine wesentliche Grundlage für den Kaufentschluss des Sparers dar. Der Käufer, der in der Regel keine eigenen Informationsquellen über die ihm angebotenen ausländischen Investmentanteile besitzt, muss sich darauf verlassen können, dass die im Verkaufsprospekt enthaltenen wesentlichen Angaben sachlich richtig und vollständig sind. Trifft dies nicht zu, wird seine Entscheidungsgrundlage verändert." Die Konzeption des Investmentgesetzes und insbesondere die Neuregelung des § 127 InvG unterscheidet sich davon dogmatisch nicht.[519] Dies zeigt, dass das vertrauenstheoretische Element auch im Rahmen der investmentrechtlichen Prospekthaftung gerade von konstituierender Bedeutung ist. Der Anleger, der sich auf die im Prospekt enthaltenen Angaben „verlässt", vertraut gleichsam darauf. Wird dieses „Darauf - Verlassen" oder „Darauf - Vertrauen" enttäuscht („*Trifft dies nicht zu...*"), wird die Entscheidungsgrundlage des Anlegers verändert, woran sich die Haftung des Verantwortlichen anschließt. Auch hier spiegelt sich die klassische Konzeption eines Vertrauenshaftungsinstituts wider, nämlich die Abhängigkeit des Prospekthaftungsanspruchs von objektiver Vertrauensgrundlage sowie von der „Enttäuschung" des durch das Verlassen auf die Richtigkeit und Vollständigkeit der Prospektangaben entstandenen Vertrauens.

Letztlich ist eine generelle Aufnahme[520] der „Anlagestimmung" als Kausalitätsfaktor in den Bereich der investmentrechtlichen Prospekthaftung vorliegend wegen der sachbezogenen Unterschiede zur börsenrechtlichen Prospekthaftung abzulehnen, da das Phänomen der „Anlagestimmung" gerade auf typischen Gegebenheiten bei der Vorveröffentlichung von Prospektangaben bei Börsen - Emissionen beruht.[521] Auch im Rahmen der investmentrechtlichen Prospekthaftung verlagern sich die Kausalitätsprobleme vielmehr in die Fragen von Darlegungs- und Beweislast, als dass sie dem Haftungsinstitut inhärente dogmatische Unwägbarkeiten darstellten. Es verhält sich vergleichbar mit der Börsenpros-

---

[519] Dass die für die Prospekthaftung einschlägigen Vorschriften des Investmentgesetzes den Regelungen des KAGG und AuslInvestmG entsprechen, steht so ausdrücklich in der Regierungsbegründung des Investmentmodernisierungsgesetzes, BT - Drucks. 15/1553, insbesondere S. 65, 88 ff., 112 ff., 115, 117

[520] Was jedoch im Einzelfall für eine durchaus gegenteilige Beurteilung Raum lässt.

[521] Darauf weist mit Recht *Westa*, Prospekt- und Vertriebshaftung, S. 175 Fn. 33 hin; vgl. auch *Assmann*, Prospekthaftung 1985, S. 297 Fn. 104, S. 362; in diesem Zusammenhang sei erwähnt, dass dieser sachliche Unterschied zur börsenrechtlichen Prospekthaftung auch im Hinblick auf die allgemein - zivilrechtliche Prospekthaftung von Bedeutung ist: Denn auch dort kann aufgrund der mangelnden medialen Präsenz einer Emission in der Regel nicht von einem Kriterium der „Anlagestimmung" als Kausalitätsfaktor gesprochen werden; vielmehr ist dies (sachlich begründet) ein Phänomen des Börsenrechts.

pekthaftung so, dass bei Erwerb der Anlage nach Erscheinen des Verkaufsprospekts ein Ursachenzusammenhang vermutet werden kann.[522]

(3) Die Gutgläubigkeit hinsichtlich Richtigkeit und Vollständigkeit der Prospektangaben

Ein weiteres grundlegendes Merkmal der vertrauenstheoretischen Konzeption ist die Voraussetzung des Guten Glaubens in die Richtigkeit und Vollständigkeit der Prospektangaben für die Geltendmachung eines spezialgesetzlichen Prospekthaftungsanspruches. So enthalten die §§ 45 Abs. 2 Nr. 3 BörsG, 127 Abs. 3 Satz 2 InvG eine Gutglaubensregelung dahingehend, dass der Prospekthaftungsanspruch ausgeschlossen ist, wenn der Erwerber der Anlage die Unrichtigkeit oder Unvollständigkeit des Prospekts beim Erwerb kannte. Der Gute Glaube ist mithin eine zentrale Figur eines vertrauensrechtlichen Haftungsanspruches. Das Vertrauenshaftungsinstitut gründet auf einer qualifiziert geschäftlichen Beziehung zwischen Personen, welche durch die Erzeugung[523] und Inanspruchnahme[524] von Vertrauen bestimmt ist. Im Hinblick auf den Prospekthaftungsanspruch als Vertrauenshaftungsanspruch stellt der Gute Glaube somit ein subjektives Erfordernis seitens des Anlegers dar, ohne welches bereits kein schutzwürdiges Vertrauen[525] in die Richtigkeit und Vollständigkeit der Prospektangaben erzeugt wird. Es fehlt damit an einem unabdingbaren Bestandteil des Tatbestandes des Vertrauenshaftungsanspruches. Auf der diesem zugrunde liegenden Schicht von Interessenfindung und -bewertung zeigt sich das vorliegende Ergebnis in Folgendem: Ausgangspunkt der Beurteilung der Schutzwürdigkeit des Anlegers war die Feststellung, dass dieser in der Regel über keine eigene Unterrichtungsmöglichkeit über die Kapitalanlage verfügt. Er befindet sich in einer informationsdefizitären Stellung, welche durch sein Vertrauen in die Richtigkeit der durch den Prospekt übermittelten Informationen überwunden wird. Dieses

---

522 Vgl. *Baur*, KAGG, § 20 Rdn. 16; BGH WM 1982, 867; OLG Frankfurt a.M. WM 1994, 291, 298; *Canaris*, Bankvertragsrecht, Rdn. 2282

523 M.a.W. durch den Vertrieb des Prospekts, dessen Kenntnisnahme durch den Anleger und sein Vertrauen in die Richtigkeit der Prospektangaben.

524 M.a.W. durch den darauf folgenden Anlageerwerb.

525 Es führt im Ergebnis zu keinerlei Unterschieden, ob man die Folge der Bösgläubigkeit in „fehlendem Vertrauen“ oder wie vorliegend in „mangelnder Schutzwürdigkeit des Vertrauens“ erblickt. Beiden Ansätzen kommt gleichermaßen eine auf der Tatbestandsebene vollzogene haftungsausschließende Wirkung zu. Der vorliegend gewählte Weg der mangelnden Schutzwürdigkeit rechtfertigt sich durch die grundlegende Verobjektivierung und Typisierung des Vertrauens im Rahmen der normativ - rechtlichen Erfassung desselben; Vertrauen wird subjektiv nicht im Einzelnen geprüft, es wird durch das Vorliegen bestimmter Merkmale als „typischerweise“ gegeben betrachtet. Der Gute Glaube fungiert mithin als „verobjektivierte“ Schranke, indem er danach fragt, ob das typischerweise vorhandene Vertrauen auch schutzwürdig ist.

Vertrauen stellt mithin eine „Vorleistung“ des Anlegers da, und führt bei Enttäuschung desselben als Ausgleich zu einem Haftungsanspruch. Kennt der Anleger hingegen beim Erwerb der Anlage die Unrichtigkeit oder Unvollständigkeit der übermittelten Informationen, befindet er sich offensichtlich nicht in einer defizitären schutzwürdigen Position; es kann ihm von der Rechtsordnung bereits dem Grunde nach kein Anspruch zuerkannt werden. Dieser vertrauenstheoretischen Konzeption[526] folgt die spezialgesetzliche Prospekthaftung, indem sie den bösgläubigen Anleger für nicht schutzwürdig erachtet. Um gleichwohl einen effektiven Anlegerschutz zu gewährleisten, trägt der Haftpflichtige für das Vorliegen der Bösgläubigkeit die Darlegungs- und Beweislast.

Nach den vorstehenden Ausführungen wird ersichtlich, dass die Ausgestaltung der spezialgesetzlichen Prospekthaftung ganz nach der grundsätzlichen Konzeption eines Instituts der Vertrauenshaftung gestaltet ist. Das Prinzip des Vertrauensschutzes gewinnt gerade in den spezialgesetzlichen Prospekthaftungstatbeständen konstituierende Bedeutung. Andere Erklärungsversuche scheitern unter Berücksichtigung des geltenden Rechts an einer schlüssigen und rechtsdogmatisch vertretbaren Begründung. Es muss daher abschließend festgehalten werden, dass es sich bei den spezialgesetzlichen Prospekthaftungstatbeständen um die Ausprägung einer gesetzlich normierten Vertrauenshaftung handelt.

III. Folgerungen und Erkenntnisse aus der Einordnung der spezialgesetzlichen Prospekthaftung als gesetzliche Ausprägung der Vertrauenshaftung

Vereint man die im Rahmen der Kapitel 3 und 4 gewonnen dogmatischen und systematischen Erkenntnisse, so wird offenbar, dass der historisch gewachsene Befund der Zweigleisigkeit von allgemein-zivilrechtlicher und spezialgesetzlicher Prospekthaftung weder zwingend noch schlüssig ist. Beide, konstruktiv auseinander gehaltenen, Haftungskomplexe sind dogmatisch als Institut der Vertrauenshaftung zu begreifen. Systematisch betrachtet, befinden sich sowohl die allgemein-zivilrechtliche als auch die spezialgesetzliche Prospekthaftung in dem Bereich zwischen Vertrag und Delikt. Sie erlangen ihre Legitimation gleichsam in einer „Dritten Spur“ der Haftung zwischen den genannten klassischen Haftungsdisziplinen. Der entscheidende offensichtliche Unterschied ist der, dass es sich bei der spezialgesetzlichen Prospekthaftung um eine Vertrauenshaftung kraft gesetzlicher Anordnung handelt, wohingegen die allgemein-zivilrechtliche Prospekthaftung eine Entwicklung richterlicher Rechtsfortbildung darstellt. Während man im Bereich der allgemein-zivilrechtlichen Prospekthaftung darüber streitet, welche dogmatische Begründung einer entsprechenden Anspruchs-

---

[526] Vgl .hierzu auch die Ausführungen zu Kapitel 3, V. 2. c) bb) (1)

grundlage legitim ist, und dabei stets zu Recht heraushebt, dass die Etablierung einer allgemein-zivilrechtlichen Prospekthaftung als „Weiterführung eines Gedankens der Vertrauenshaftung“[527] methodisch nicht korrekt und zu abstrakt ist sowie die Gefahr einer vertrauenstheoretischen Generalklausel birgt, kommen solche Bedenken und Zweifel bei Betrachtung der spezialgesetzlichen Prospekthaftung nicht auf. Diese findet sich positivrechtlich verankert und grenzt sich durch die verschiedenen gesetzlichen Tatbestände bereits von der Gefahr einer „wildwüchsigen“ Verbreitung dieses Vertrauenshaftungsinstitut im Bereich der Haftung zwischen Vertrag und Delikt ab.[528] Freilich sind auch die spezialgesetzlichen Tatbestände offen für die im Einzelfall gebotene Auslegung und Interpretation. Doch hält sich dies zum einen in den erforderlichen Grenzen durch Systematik, Dogmatik und Historie der jeweiligen Norm und gewährt zum anderen genügend Flexibilität, um auf sich verändernde Gegebenheiten des Normbereichs[529] reagieren zu können.

Vor dem Hintergrund der Betrachtung der spezialgesetzlichen Prospekthaftung als Institut der Vertrauenshaftung soll auch deutlich werden, dass es bei der Begründung eines Instituts der Prospekthaftung gerade nicht um die Konstatierung einer „allgemeinen“ Vertrauenshaftung geht.[530] Die spezialgesetzliche Prospekthaftung als gesetzliche Vertrauenshaftung mit präzisen Tatbeständen zeigt, dass die Problematik einer Haftung zwischen Vertrag und Delikt vermittels der Dogmatik der Vertrauenshaftung in den Griff zu bekommen ist, ohne sie gleichzeitig der Gefahr einer weitgehend beliebigen Manipulierbarkeit auszusetzen. An dieser Stelle schließt sich auch der Kreis zu der vor dem Hintergrund der allgemein-zivilrechtlichen Prospekthaftung bereits ausgesprochenen Überlegung, dass sich ein Institut der Vertrauenshaftung, um nicht den oben genannten Gefahren ausgeliefert zu sein, zur Begründung einer Haftung zumindest an ge-

---

[527] Mit dieser, im Folgenden verfestigten Begründung der BGH zum ersten Mal in NJW 1981, 1449, 1450 = BGHZ 79, 337 ff.

[528] *Köndgen*, AG 1983, 85, 87 sieht das „Niemandsland zwischen Vertrag und Delikt immer noch schlecht kartographiert und mit allerlei Wildwuchs bestanden“. Vergegenwärtigt man sich die Dogmatik der Prospekthaftung als klare Einordnung in einen Bereich der Vertrauenshaftung, der im Rahmen der spezialgesetzlichen Prospekthaftung eine scharfe Konturierung erfährt, so findet man entgegen der Annahme *Köndgens* in dem hier behandelten Problembereich der Prospekthaftung als zwischen Vertrag und Delikt stehend, weder „Niemandsland“ noch eine schlechte „Kartographierung“ oder auch „Wildwuchs“ vor.

[529] Dem Verständnis von *Friedrich Müller* folgend, ist bei jeder Rechtsnorm der von ihr betroffene Ausschnitt der sozialen Wirklichkeit („Normbereich“) und die Regelung dieses Wirklichkeitsbereichs („Normprogramm“) zu unterscheiden, ursprünglich in: Normstruktur und Normativität, 1966, vor allem S. 114 ff., die überarbeitete Fassung diese Schrift bildet jetzt den ersten Teil von *ders.*, Strukturierende Rechtslehre, 1984

[530] Darum geht es schon grundsätzlich nicht, vgl. auch *Canaris*, ZHR 163 (1999), 206, 220

setzliche Tatbestände anlehnen muss.[531] Im Bereich der allgemein-zivilrechtlichen Prospekthaftung wurde festgestellt, dass es methodisch nicht legitim ist, eine konkrete Anspruchsgrundlage aus dem dogmatischen Konstrukt „Vertrauenshaftungsinstitut" herzuleiten.[532] Nun findet sich in der spezialgesetzlichen Prospekthaftung ein gesetzlicher Tatbestand der Prospekthaftung, welcher auf dem gleichen dogmatischen Fundament steht wie die allgemein-zivilrechtliche Prospekthaftung. Dies ist ein Erkenntnisfortschritt, welcher nicht nur für die allgemein-zivilrechtliche Prospekthaftung unter dem Aspekt einer konstruktiv - methodisch legitimierten Anspruchsgrundlage, sondern auch für die einheitliche Theorie der Prospekthaftung fruchtbar gemacht werden kann. Hinsichtlich des Kreises der Haftenden muss die sich aufdrängende Frage, „wer ist in diesem Sinne verantwortlich", über die verschiedenen Haftungstatbestände hinaus durch eine vertrauenstheoretische Dogmatik beantwortet werden. Auf Grund ihrer positivrechtlichen Verankerung wird der spezialgesetzlichen Prospekthaftung insoweit eine „Leitfunktion" zukommen müssen. Mit anderen Worten ist der dogmatische und systematische Gleichlauf von allgemein-zivilrechtlicher und spezialgesetzlicher Prospekthaftung bereits das rechtsdogmatische Fundament für die einheitliche Theorie der Prospekthaftung.

---

[531] Vgl. Kapitel 3, V. 1. e), insoweit konzedierend MünchKomm/*Mertens*, 3. Aufl., § 823 Rdn. 466

[532] Vgl. die Ausführungen in Kapitel 3, V. 2. d)

Kapitel 5: DIE EINHEITLICHE PROSPEKTHAFTUNG

I. DIE NOTWENDIGKEIT DER EINHEITLICHEN PROSPEKTHAFTUNGS-THEORIE

Jede rechtsdogmatische Theorie lässt grundsätzlich ihre Leistungsfähigkeit vermissen, wenn sie lediglich selbsterklärend ist.[533] Sie muss daher über eine solche „tautologische" Wirkung hinaus Nutzen durch die gedankliche Erschließung ihres Anwendungsbereiches entfalten. Dieses kann auf unterschiedliche Weise gewährleistet werden, wobei eine Einordnung der durch die Theorie geregelten Problematik in einen grundlegenden Sachzusammenhang zumindest gegeben sein muss. Es ist durchaus möglich und im Rahmen einer werthaltigen Theorie auch wünschenswert, dass eine rechtsdogmatische Theorie nicht nur Erkenntnislücken in der Dogmatik schließt, sondern auch strukturelle, funktionelle und systematische Fortschritte erzielt.

1. DOGMATISCHE PROBLEMLÖSUNG

Wie sich bereits aus den beiden vorangehenden Kapiteln ergeben hat, besteht die grundlegende Verbindung zwischen allgemein-zivilrechtlicher und spezialgesetzlicher Prospekthaftung in ihrem rechtsdogmatischen Gleichlauf. Beide Haftungsinstitute wurden vorstehend als vertrauenstheoretische Haftungskomplexe identifiziert. Diese Erkenntnis ist ein wesentlicher Kern der vorliegend zu bestimmenden Theorie, durch welche sich der Blick auf einen einheitlichen Lösungsansatz der nebeneinander bestehenden Prospekthaftungsinstitute eröffnet. Durch die Qualifizierung als vertrauenstheoretische Haftungsinstitute erschließt sich die gemeinsame Problematik der Prospekthaftungsinstitute, welche für die Durchdringung dieses Rechtsstoffes von entscheidender Relevanz ist.[534] Aufgrund der konformen, dogmatischen Struktur, welche als Fundament der einheitlichen Prospekthaftungstheorie dient, klärt sich der Blick und schärft sich das Bewusstsein für die darin liegenden Probleme. Es ist zu verdeutlichen, dass als „intendierte Anwendung" der einheitlichen Prospekthaftungstheorie nicht einzelne Fälle oder auch Fallgruppen, sondern Problemlösungen anzusehen sind[535], wodurch sich der dogmatische Sinn dieser Theorie mithin erhellt. Grundlegende Problematik der Prospekthaftung ist die Frage nach der nichtvertraglichen Haf-

[533] *Canaris*, JZ 1993, 377, 384

[534] Vgl. *Canaris*, JZ 1993, 377, 380

[535] *Canaris*, JZ 1993, 377, 380

tung für primäre Vermögensschäden, konkretisiert durch den Vertrieb von Kapitalanlagen vermittels unrichtiger oder unvollständiger Prospekte. Die einheitliche Prospekthaftungstheorie soll es im Folgenden ermöglichen, rechtliche Probleme der jeweiligen Bereiche durch ein „Hin- und Herschauen" unter Bezugnahme auf den gleichen dogmatischen Ausgangspunkt zu lösen. Darauf aufbauend kann ein einheitlicher Haftungsansatz begründet werden, welcher sich als Umsetzung einer rein rechtstheoretischen Erfassung der Problematik in einen methodisch konstruktiven Haftungsansatz präsentiert und damit - gleichwohl er Bestandteil der Theorie ist - die „Theorie zur Praxis macht". Daneben führt die Entwicklung einer einheitlichen Prospekthaftungstheorie auf der Basis der Vertrauenshaftung zu einer Harmonisierung der Prospekthaftung im Rahmen allgemein-zivilrechtlicher Regeln. Damit tritt man der bisherigen sonderprivatrechtlichen Stellung der Prospekthaftung entgegen, indem diese mit allgemeinzivilrechtlichen Regeln zusammengeführt und juristisch gelöst wird[536], wodurch sich das Problem der Prospekthaftung insgesamt in einen allgemeinen Zusammenhang der Rechtsdogmatik einfügt. Die Herausarbeitung der hinter den Einzeldogmatiken von richterrechtlichen und gesetzlichen Tatbeständen der bisher zweispurigen Prospekthaftung stehenden allgemeinen Strukturen macht die Lösung von Problemen der Prospekthaftung auch zukünftig mit allgemeinzivilrechtlichem Handwerkszeug einfacher. Durch die dogmatische Verankerung in dem Institut der Vertrauenshaftung als wesentlichem Bestandteil der Theorie erfolgt schließlich auch ein Beitrag zur wichtigen Abgrenzung der Disziplinen „vertragliche Haftung - Vertrauenshaftung - deliktische Haftung".[537]

2. ÜBERWINDUNG STRUKTURELLER SCHWÄCHEN

Der Gesetzgeber hat für die spezialgesetzliche Prospekthaftung ein detailliertes, gesetzlich verankertes Haftungskonzept entwickelt. Im Bereich des „Grauen Kapitalmarktes" wurde diese Aufgabe von der Rechtsprechung des Bundesgerichtshofes übernommen. Die Lösung der Rechtsprechung, eine Haftung generell durch „eine Weiterführung des Grundgedankens einer Vertrauenshaftung"[538] zu begründen, ohne eine tragfähige dogmatische Grundlage hierfür jemals präsentiert zu haben, aber auch die Lösung der Problematik anhand von sich weiter entwickelnden Fallgruppen, ohne eine dahinter stehende Systematik dargetan zu haben, kann strukturelle Probleme des nichtorganisierten Kapitalmarktes nicht beseitigen. Diese Art der Problemlösung leidet stets an der für diesen Bereich des Schutzes von Vermögensinteressen notwendigen Vorhersehbarkeit der Ver-

---

[536] Vgl. *Köndgen*, AG 1983, 85, 86

[537] Insbesondere vor dem wichtigen Hintergrund der Frage nach der Haftung für primäre Vermögensschäden.

[538] So in: BGH NJW 1981, 1449 ff.

antwortlichkeit und Haftung. Gleichermaßen fehlen die erforderlichen dogmatischen Grundlagen, um neu entstehende Probleme des Haftungsrechts unter Wahrung einer gewissen Stringenz zu bewältigen. Diese mangelhafte Struktur im bestehenden Haftungsrecht des „Grauen Kapitalmarktes“ trägt nicht zu dessen Stärkung bei. Hierbei sollte man sich vergegenwärtigen, dass gerade auch das Segment des „Grauen Kapitalmarktes“ ein finanzstarkes ist und insofern sowohl rechts- als auch wirtschaftspolitisch interessant und strukturell nicht zu vernachlässigen ist.[539]

Der Bereich des Haftungsrechts ist ein zentrales strukturelles und institutionelles Element des „Grauen Kapitalmarktes“. Eine klare institutionelle Haftungsregelung sanktioniert nicht nur, sie erzeugt auch Prävention. Die Stärkung eines derartigen Kernbereiches des „Grauen Kapitalmarktes“ auf institutioneller Ebene ist mithin dringend notwendig. Die bisherige, auf Einzelprobleme ausgerichtete Bewältigung der Haftungsproblematik durch die Rechtsprechung führt zu Intransparenz und Unwägbarkeiten. Dies schwächt die Stellung des wichtigen nichtorganisierten Marktbereichs gegenüber dem organisierten Markt, was indes offensichtlich keinem Interesse zu dienen vermag. Es ist vielmehr notwendig, den Kapitalmarkt im Sinne seiner strukturellen Stärkung als Gesamtkapitalmarkt zu betrachten.[540] Strukturelle Reformen sollen nicht bereichsbezogen durchgeführt werden, sondern müssen die Gesamtproblematik und damit beide Segmente von organisiertem und nichtorganisiertem Kapitalmarkt erfassen. Die Begründung einer einheitlichen Haftungstheorie und einem damit verknüpften einheitlichen Haftungsansatz führt zu einer übergreifenden Institutionalisierung in diesem wichtigen Bereich des „Grauen Kapitalmarktes“. Durch diese dogmatische, institutionelle und damit auch strukturelle Verknüpfung mit dem Haftungsrecht des organisierten Kapitalmarktes geht eine Stärkung des „Grauen Kapitalmarktes“ einher, die sich als voranschreitendes Ziel ein gesamtkapitalmarktrechtliches, transparentes Haftungsrecht auf die Fahne geschrieben hat. Es liegt auf der Hand, dass eine derartige Vereinheitlichung des Haftungsrechts im Bereich des Kapitalmarktes nur der erste Schritt einer wünschenswerten, grundlegenden Strukturreform darstellen kann. Mindestens ebenso wichtig sind die weiterführenden Schritte einer strukturellen Angleichung von organisiertem und nicht organisiertem Kapitalmarkt, bei der vor allem die Gedanken eines Prospektszwanges[541] sowie die Etablierung von entsprechenden Aufsichtsgremien[542],

---

[539] Interessant ist es hierbei, sich alleine die Schäden vor Augen zu führen, die aufgrund struktureller Missstände im Rahmen des „Grauen Kapitalmarktes“ entstehen: vgl. den Bericht der Bundesregierung zum „Grauen Kapitalmarkt“, BT - Drucks. 14/1633 vom 17.09.1999

[540] *Kohl/Kübler/Walz/Wüstrich*, Abschreibungsgesellschaften, Kapitalmarkteffizienz und Publizitätszwang, ZHR 138, 1, 13

[541] Vgl. die hierzu angestellte Expertise von *Kohl/Kübler/Walz/Wüstrich*, ZHR 138, 1ff.

auch für den Bereich des nicht organisierten Kapitalmarktes, zu nennen sind, obwohl dies mit einem ungleich höheren Aufwand zu begleiten sein wird. Für die Diskussion jener durchaus interessanten Fragen ist jedoch an dieser Stelle kein Platz vorhanden.

3. Schaffung eines einheitlichen Anlegerschutzes

Der Gedanke des einheitlichen Schutzes der Anleger im Bereich des organisierten und auch nichtorganisierten Kapitalmarktes ist, von verschiedenen Standpunkten aus beleuchtet, sowohl ein Argument zur Begründung der Notwendigkeit einer einheitlichen Haftungstheorie als auch eine Voraussetzung und Grundlage derselben. Im nachfolgenden Abschnitt dieses Kapitels[543], wenn es um die Voraussetzungen und Grundlagen der einheitlichen Theorie geht, spielt dieser Gedanke eine wichtige Bedeutung unter dem Aspekt, dass teilweise ein Unterschied zwischen organisiertem und nichtorganisiertem Kapitalmarkt im Rahmen des Anlegerschutzes, vor allem wegen der „Selbstgefährdung" der Anleger, im Bereich von Risikokapitalanlagen gesehen wird.[544] Vorliegend geht es jedoch um das Postulat des einheitlichen Anlegerschutzes, welches im Kontext mit der vorstehend erörterten strukturellen Angleichung von organisiertem und nichtorganisiertem Kapitalmarkt sowie der dahinter stehenden Erkenntnis eines „Gesamtkapitalmarktes"[545] steht. Für die Realisierung struktureller Reformen, ausgerichtet auf einen homogenen Gesamtkapitalmarkt, muss auch hinsichtlich des zu besorgenden Anlegerschutzes bereichsübergreifend gedacht werden. Das hehre Postulat der Markthomogenität kann jedoch nur über einen homogenen, d.h. einheitlichen, Anlegerschutz verwirklicht werden. Im Übrigen ist die Schaffung eines einheitlichen Anlegerschutzes eine ebenso wichtige Grundlage für die Verwirklichung des folgenden Argumentes, der Stärkung des Marktes in seiner Gesamtheit.

4. Vertrauen in den Markt in seiner Gesamtheit

Man hätte diesen Abschnitt auch mit den Worten „Erhaltung der Funktionsfähigkeit des Marktes in seiner Gesamtheit" überschreiben können. Denn gerade

---

[542] Vgl. den Bericht der Bundesregierung zum „Grauen Kapitalmarkt", BT - Drucks. 14/1633 vom 17.09.1999

[543] Vgl. in diesem Kapitel 5, II., 3., c)

[544] Vgl. *Köndgen*, AG 1983, 85, 87; *Kübler*, ZHR 145 (1981), 204, 211 ff.; *ders.*, in: Festschrift für Coing, 1982, Bd. II, 193, 203 f.

[545] *Kohl/Kübler/Walz/Wüstrich*, ZHR 138, 1, 13

unter dem Aspekt Funktionsfähigkeit des Marktes spielt das Phänomen „Vertrauen“ eine entscheidende Rolle. Zur Verdeutlichung des Zusammenhangs zwischen dem Erhalt und der Steigerung der Funktionsfähigkeit des Kapitalmarktes und dem Vertrauen ist es hilfreich, sich die grundlegende Forderung an einen idealen Kapitalmarkt vor Augen zu führen: durch die weitgehend personelle Trennung von geldanlegenden Sparern und unternehmerischen Investoren bedarf es eines Mechanismus, der das Kapital von den Sparern sammelt und es den Investoren zur Verfügung stellt. Wenn dieser Mechanismus als Markt mit dezentralisierter Entscheidungsstruktur ausgestaltet ist, muss er marktrationalen Effizienzbedingungen genügen: er muss ein Minimum an institutionellen Sicherungen enthalten, ohne das kein, oder nicht genügend, Anleger ihr übriges Einkommen zur Verfügung stellen würden.[546] Damit schließlich überhaupt Anlagekapital bereitgestellt wird, ist das Vertrauen der Anleger in den Markt ein wichtiges Regelungsziel.[547] Ein solches Vertrauen kann sich aus entsprechenden institutionellen Sicherungen ergeben. Dies setzt voraus, dass hierbei ein qualifiziertes Maß an Transparenz und Abwägbarkeit vorhanden ist. Ein einheitliches Haftungssystem trägt diesen Anforderungen an die Funktionsfähigkeit des Gesamtkapitalmarktes Rechnung. Eine Haftungstheorie, die sich von einer reinen kasuistischen Gestaltung durch die Rechtsprechung entfernt, dabei durch die Begründung eines einheitlichen dogmatischen Ansatzes die Brücke zwischen organisiertem und nichtorganisiertem Kapitalmarkt im Bereich des Haftungsrechts schlägt und zugleich auf dem Vertrauensprinzip gründet, schützt und erhält das Vertrauen der Anleger ebenso wie es neues Vertrauen erzeugt. Insbesondere auch dadurch, dass Klarheit und Transparenz über Bestand und dogmatischen Fortgang der Haftung entstehen. Die Zusammenführung der Haftung im Rahmen eines Gesamtkapitalmarktes nimmt dem „Grauen Kapitalmarkt“ gleichsam einen Teil dessen weg, weswegen er als „Grau“ betitelt wurde: Undurchsichtigkeit und Unsicherheit. Die Anlehnung und Verbindung mit dem gesetzlich strukturierten Haftungsrecht des organisierten Kapitalmarkts schafft einen Wiedererkennungseffekt, der Sicherheit und dadurch auch Vertrauen schafft. Es ist einzusehen, dass damit noch längst nicht die letzte Hürde gegen die Beseitigung von Missständen des „Grauen Kapitalmarktes“ genommen und nicht alles Misstrauen beseitigt ist. Doch ist es ein wichtiger erster Schritt zur Schaffung von mehr Vertrauen in den Kapitalmarkt.

Damit verflochten ist der ökonomisch - volkswirtschaftliche Aspekt dieses Arguments. Der „Graue Kapitalmarkt“ verfügt über einen enormes Innovationspotential.[548] Würde es gelingen, das „brachliegende“ Sparkapital der Bevölke-

---

[546] *Kohl/Kübler/Walz/Wüstrich*, ZHR 138, 1, 16

[547] *Assmann*, Entwicklungstendenzen der Prospekthaftung, WM 1983, 138, 142

[548] Das Umsatzvolumen im Bereich des „Grauen Kapitalmarktes“ beläuft sich bereits in Milliardenhöhe; zur zyklischen Abhängigkeit von den steuerpolitischen Rahmenbedingungen des

rung[549] bereits nur zu geringen Teilen in Kapitalanlagen des „Grauen Marktes" umzuschichten, führte dies zu einem volkswirtschaftlichen, konjunkturellen Aufschwung. Die Makel der Undurchsichtigkeit und Unsicherheit in den „Grauen Kapitalmarkt" erklären das Misstrauen der Bürger gegen die Investition in Anlagen des „Grauen Kapitalmarktes", wodurch die hohe Sparquote entscheidend mit beeinflusst wird. Es ist erforderlich, das Sicherheitsdenken vieler Bürger als potentielle Anleger zu entschärfen, respektive das vorhandene Investitionspotential auf andere volkswirtschaftlich wichtige Bereiche wie den „Grauen Kapitalmarkt" zu verlagern, indem man dort die entsprechenden Voraussetzungen schafft[550]. Denn letztlich ist in diesem Zusammenhang vor allem zu berücksichtigen, dass eine große Summe von „Sparkapital" der Bürger potentielles „Graumarkt - Kapital" darstellt. Unter der Prämisse größerer Sicherheit und Transparenz des „Grauen Kapitalmarktes" würden viele Bürger wegen der hohen Renditechancen und des mittlerweile auch geschwundenen Vertrauens in die Börse dort investieren.[551] Dadurch ließe sich schließlich auch das enorme Innovationspotential des „Grauen Kapitalmarktes" ausschöpfen.

II. Grundlagen, Voraussetzungen und Kernelemente der einheitlichen Prospekthaftungstheorie

Im Rahmen dieses Kapitels geht es um die Erschließung solcher Parameter, die für die rechtliche Beurteilung der Prospekthaftung grundsätzlich maßgebend sind. Bei der vorliegenden Entwicklung der einheitlichen Prospekthaftungstheorie steht vor allem das Aufzeigen von äquivalenten Kriterien im Vordergrund, welche sowohl die allgemein-zivilrechtliche als auch die spezialgesetzliche Prospekthaftung maßgebend bestimmen. Die bestehenden Unterschiede zwischen den Prospekthaftungen sollen ebenfalls aufgedeckt werden; wichtig hierfür ist, dass sich die Analyse auf die *Bedeutung* solcher Unterschiede für die rechtliche Bewertung der Prospekthaftungen und die daraus zu ziehenden Folgerungen für den Ansatz einer einheitlichen Prospekthaftungstheorie konzentriert.

Gesetzgebers vgl. *Assmann*, in: Assmann/Schütze, Handbuch des Kapitalanlagerechts, § 3 Rdn. 106 ff.

549 Die Sparquote der deutschen Privathaushalte liegt bezogen auf die letzten 10 Jahre bei durchschnittlich über 10 % des verfügbaren Einkommens pro Jahr; bei einem Einkommen der privaten Haushalte im Dritten Quartal 2003 von insgesamt 348, 55 Mrd. EUR betrug die Sparquote 10, 9 %, vgl. den Bericht der Deutschen Bundesbank, Stand November 2003

550 Ein einheitliches, transparentes Haftungssystem ist sicherlich eine Voraussetzung, weitere, wie z.B. aufsichtsrechtliche Institutionen, müssen folgen.

551 Dies ist mithin keine neue und überraschende Erkenntnis, wenngleich ihre Umsetzung anscheinend nicht gelingt, vgl. *Kohl/Kübler/Walz/Wüstrich*, ZHR 138, 1, 13; *Schwark*, ZRP 1973, 7

1. ELEMENTE DER SOZIALEN WIRKLICHKEIT

Der Begründung einer einheitlichen Prospekthaftungstheorie liegt die Erwartung zugrunde, dass der betroffene Wirklichkeitsbereich im Rahmen seiner Bewertung normativ durch sie geregelt werden soll.[552] Die Zusammenführung von allgemein-zivilrechtlicher und spezialgesetzlicher Prospekthaftung auf der Basis einer einheitlichen Haftungstheorie erfordert mithin eine Begutachtung der zugrunde liegenden Wirklichkeit unter dem Aspekt der Einheitlichkeit oder Gleichartigkeit der zu bewältigenden real - sozialen Probleme. Die Betrachtung der Ausschnitte der sozialen Realität in den jeweiligen Wirklichkeitsbereichen „Grauer Kapitalmarkt" und organisierter Markt muss sich hierbei auf die Ermittlung gleichartiger Interessensituationen und deren einheitlicher Bewertung, aber auch auf die Herausarbeitung weiterer real - sozialer, gleichartiger Phänomene, welche für die Prospekthaftung maßgebend und bestimmend sind, konzentrieren[553]. Die einheitliche Prospekthaftung soll sich hierbei unter anderem dadurch legitimieren, dass mit ihrer Hilfe ein gleichartiges Problem, die Haftung für den Vertrieb von Kapitalanlagen vermittels unrichtiger oder unvollständiger Prospekte, welches bisher verschiedenen Regelungsmaterien zugeordnet ist, zusammengeführt wird. Die Ermittlung dieser gleichartigen Problematik, und damit verbunden auch ihre gleichartige rechtliche Behandlung, ist Grundlage und Element der einheitlichen Haftungstheorie. Die Durchdringung des Rechtsstoffes im Bereich der Prospekthaftung zur Ermittlung des zugrunde liegenden Problems muss wegen der Bedeutung des Rechts als Bewältigung einer sozialen Wirklichkeit nun auch gerade diese soziale Wirklichkeit durchdringen: es geht nämlich vorliegend darum, dass die einheitliche Haftungstheorie auf dem Postulat aufbaut, dass sowohl die der allgemein-zivilrechtlichen als auch die der spezialgesetzlichen Prospekthaftung zugrunde liegende Problematik gleichartig ist. Diese gleichartige Problematik ist die Basis und ein Element der einheitlichen Haftungstheorie, die Lösung dieser Problematik im Folgenden bestimmt ihre Tragweite und Anwendung.[554] Wegen der genannten Verknüpfung von Recht und Wirklichkeit muss also vorliegend zunächst der Gleichlauf der den beiden Segmenten der Prospekthaftung zugrunde liegenden sozialen Wirklichkeit erfasst werden.

---

[552] Kurz und prägnant zur Differenzierung von "Normbereich" und „Normprogramm": *Stein*, Die rechtswissenschaftliche Arbeit, S. 25

[553] Eine einheitliche Prospekthaftungstheorie, die sich auf Sachbereiche bezieht, denen unterschiedliche charakterisierende Interessenkonflikte und -bewertungen zugrunde liegen, ist schon im Ansatz nicht denkbar, will man nicht den notwendigen Bezug des Rechts auf die Wirklichkeit negieren.

[554] Vgl. Zur Bedeutung des ermittelten Problems und seiner Lösung für die rechtsdogmatische Theorie *Canaris*, JZ 1993, 377, 380

a) Bereich der allgemein-zivilrechtlichen Prospekthaftung

aa) Die spezifische Interessenlage aus Sicht von Anleger und Prospektverantwortlichen

Der von der Rechtsprechung entwickelten allgemein-zivilrechtlichen Prospekthaftung liegen Beobachtungen und Feststellungen zugrunde, welche die rein dogmatische Ebene verlassen und sich auf der Ebene der tatsächlichen Realitätserfassung wieder finden. Die Bedeutung der sozialen Wirklichkeit für das Recht wurde bereits erörtert und soll als Bestandteil in eine einheitliche Prospekthaftungstheorie mit einfließen.

In der Regel handelt es sich bei jedem Beteiligungsentschluss eines Anlegers um einen wirtschaftlich bedeutsamen und mit Risiken verbundenen Entschluss. Die Beitrittsinteressenten haben hierbei im Allgemeinen keine eigenen Unterrichtungsmöglichkeiten und sind weitgehend darauf angewiesen, sich anhand des Emissionsprospekts über das zu finanzierende Vorhaben zu informieren.[555] Der Prospekt bildet dabei nicht nur die Grundlage für den Beitrittsentschluss.[556] Ihm kommt darüber hinaus eine hervorragende Bedeutung für die Informationsvermittlung und die damit verbundene Beeinflussung des Anlageentschlusses zu; der Prospekt ist oftmals die einzige, jedenfalls die wichtigste Informationsquelle für den Anleger.[557] Ungeachtet dessen, dass der Anleger mit der Anlageentscheidung ein Risikogeschäft eingeht und ihm das wirtschaftliche Risiko seiner Beteiligung bleiben muss, darf er erwarten, dass er ein zutreffendes Bild über das Beteiligungsobjekt erhält.[558] Daher muss der potentielle Anleger von Seiten der Prospektverantwortlichen möglichst vollständig über alle Umstände aufgeklärt werden, denen Bedeutung für die Entscheidung des potentiellen Anlegers für oder gegen den Erwerb der angebotenen Anlage zukommen kann. Dies beschränkt sich nicht darauf, den Anleger nur vor einigen ganz bestimmten mit der Anlage verbundenen Risiken, nämlich gerade denjenigen, die sich später tatsächlich verwirklichen, zu warnen. Vielmehr soll durch eine umfassende Aufklärungspflicht gegenüber den mit dem Prospekt geworbenen Interessenten deren Recht zur Selbstbestimmung über die Verwendung ihres Vermögens sichergestellt werden. Der Anleger hat trotz und gerade wegen der Tatsache, dass er mit seiner Anlage ein Risikogeschäft eingeht und ihm dieses wirtschaftliche Risiko bleiben muss, ein Recht darauf, seine Entscheidung eigenverantwortlich in voller Kenntnis sämtlicher für die Beurteilung dieses Risikogeschäfts maß-

---

555 Vgl. BGH NJW 1980, 1840, 1841

556 Derart unscharf noch in BGH NJW 1980, 1840, 1841 und BGH NJW 1981, 1449, 1451

557 So klargestellt in BGHZ 115, 213, 218 f.

558 BGH NJW 1981, 1449, 1451

geblicher Umstände zu treffen. Dabei stellt sich der schließlich für oder gegen die Beteiligung an der angebotenen Anlage gefasste Entschluss stets als das Ergebnis einer in Ausübung des wirtschaftlichen Selbstbestimmungsrechts getroffenen Gesamtentscheidung dar, bei der alle Vor- und Nachteile sowie sämtliche mit der betreffenden Anlage verbundenen Chancen und Risiken gegeneinander abgewogen worden sind. Da dem Anleger diese in eigener Verantwortung zu treffende Entscheidung von niemandem, am wenigsten von dem Anbieter der Anlage, abgenommen werden kann und darf, hat ihm der Beteiligungsprospekt, mit dem für die Anlage geworben wird, ein möglichst vollständiges Bild von den für eine sachgerechte Beurteilung der Anlage erheblichen Umständen zu vermitteln. Bezogen auf die Prospektverantwortlichen stellen somit in wesentlichen Punkten unrichtige oder unvollständige Prospektangaben eine irreführende, rechtswidrige Verletzung der dem Anleger gegenüber bestehenden Verhaltenspflichten dar.[559]

Im Kern dieser Problematik stehen das originäre Informationsdefizit und das damit verknüpfte Aufklärungsbedürfnis des Anlegers. Davon abstrahiert findet sich die Rolle des Prospektes nicht nur als Werbemittel auf Seiten der Prospektverantwortlichen, sondern als die dem Aufklärungsbedürfnis des Anlegers dienende, in der Regel einzige, zumindest wichtigste Informationsquelle wieder. Der Anleger kann im Rahmen einer real - sozialen Betrachtung zu der Anlagescheidung nur gelangen, wenn er in die gemachten Prospektangaben vertraut. Dieses, zur Anlageentscheidung führende Vertrauen ist auf der real - sozialen Ebene die „Vorleistung"[560] des Anlegers gegenüber den Prospektverantwortlichen, im Rahmen derer er die von anderen erarbeiteten, durch den Prospekt übermittelten Informationen „unkritisch" verwendet[561], im Engagement auf die Gefahr hin, dass die Informationen sich zumindest teilweise als falsch herausstellen.[562] Da diese reale Vorleistung, vor allem durch Anerkennung des Vertrauensschutzprinzips von unserem Rechtssystem als schützenswert betrachtet wird, muss sie juristisch - normativ erfasst werden: durch die Prospekthaftung. Anleger und Prospektverantwortliche sind mithin durch das Informationsmedium „Prospekt" und das als „Vorleistung" notwendige Anlegervertrauen in richtige und vollständige Prospektangaben verbunden.

---

559 BGHZ 123, 106, 112, 113

560 Vgl. dazu *Luhmann*, Vertrauen, S. 68

561 Wozu der Anleger in der Regel auch gezwungen ist, da ihm Mittel zur Kontrolle, mithin zur „Ereignisbeherrschung", regelmäßig nicht zustehen; würde man eine solche Kontrolle des Anlegers durch Beauftragung fachkundiger Kreise verlangen wollen, würde dies zu einem drastischen Absturz der Operationalität beim Vertrieb von Kapitalanlagen führen, mithin ist ein solches undenkbar.

562 Vgl. zu Medien der Kommunikation und Systemvertrauen: *Luhmann*, Vertrauen, S. 68

bb) Der Kreis der Haftenden und deren „Funktionale Autorität“

Der Kreis der Haftenden im Rahmen der allgemein-zivilrechtlichen Prospekthaftung wurde durch die Rechtsprechung des BGH, ausgehend von den das Management bildenden Initiatoren und Gründern[563], über solche Personen, die daneben besonderen Einfluss in der Gesellschaft ausüben und Mitverantwortung tragen[564], bis zu jenen Personen und Unternehmen ausgeweitet, die mit Rücksicht auf ihre besondere berufliche und wirtschaftliche Stellung oder auf ihre Eigenschaft als berufsmäßige Sachkenner eine Garantenstellung einnehmen.[565] Während die beiden erstgenannten Personenkreise in die Haftung geraten, ohne dass es erforderlich ist, dass sie oder ihr Einfluss den Anlegern bekannt waren[566], ist bei den Personen der dritten genannten Gruppe erforderlich, dass sie durch ihr nach außen in Erscheinung tretendes Mitwirken am Emissionsprospekt einen „besonderen - zusätzlichen - Vertrauenstatbestand schaffen“.[567]

Der BGH hat hierbei klargestellt, dass die Vertrauensstellung der Haftpflichtigen nicht auf deren gesellschaftlicher Stellung, sondern vielmehr auf ihren Einflussmöglichkeiten und Entscheidungsbefugnissen beruht.[568] Diese Erkenntnis trägt dem Umstand Rechnung, dass die für den Prospekt verantwortlichen Personen den potentiellen Anlegern regelmäßig nicht bekannt sind. Hieraus ergibt sich nun, dass die haftpflichtigen Personen aufgrund ihrer „funktionalen Autorität“ in die Verantwortung gerückt werden.[569] Im Folgendem ist hierbei noch zu differenzieren: Diejenigen Personen, deren „Funktionale Autorität“ sich aufgrund ihrer Einflussmöglichkeiten und Entscheidungsbefugnisse innerhalb des Unternehmens des Emittenten ergibt, müssen keinen zusätzlichen Tatbestand schaffen, da sich ihre „Funktionale Autorität“, ihre Befugnisse und Kompetenzen originär und genuin im Unternehmen des Emittenten entfalten. Solche Personen, die aufgrund ihrer besonderen beruflichen Kompetenz eine Garantenstellung einnehmen und als „Unternehmensfremde“ an der Erstellung oder Herausgabe des Prospekts mitwirken, müssen einen „besonderen - zusätzlichen Vertrauenstatbestand“ in dem Prospekt schaffen, da sich ihre „Funktionale Autorität“ nicht aus ihrer Stellung im Unternehmen des Emittenten selbst ergibt, son-

---

[563] BGH NJW 1978, 1625 f.

[564] BGH NJW 1979, 718 f.

[565] BGH NJW 1980, 1840 f.

[566] BGH NJW 1979, 718, 719

[567] BGH NJW 1980, 1840, 1841

[568] BGH NJW 1979, 718, 719

[569] Vgl. hierzu *Luhmann*, Vertrauen, S. 66 ff.

dern erst aufgrund ihrer externen Mitwirkung als dafür qualifizierte Fachleute am Prospekt; die Einflussmöglichkeiten und Entscheidungsbefugnisse dieses Personenkreises ergeben sich mit anderen Worten nicht originär aufgrund ihrer Stellung im Unternehmen, sondern erst durch ihre qualifizierte Einbeziehung in die Prospekterstellung. Das Vertrauen in „Funktionale Autorität" korrespondiert dabei mit einem „Systemischen Vertrauen", welches das Anlegervertrauen in die Kompetenzen der Verantwortlichen zur ordnungsgemäßen Informationsverarbeitung innerhalb des Unternehmens und die Informationsvermittlung durch den Prospekt beschreibt.[570]

Das vorstehend Ausgeführte reflektiert die Erkenntnis, dass das Kernproblem der Prospekthaftung auf der real - sozialen Ebene das Informationsdefizit des Anlegers und sein damit verbundenes umfassendes Aufklärungsbedürfnis ist, welchem durch den Prospekt Rechung getragen werden soll und muss.[571] Schließlich sind es diejenigen Personen, die aufgrund ihrer Vertrauensstellung in die Verantwortung genommen werden, welche innerhalb des Unternehmens oder durch Setzung eines besonderen - zusätzlichen - Vertrauenstatbestandes auch von außerhalb eine qualifizierte Funktion bei der Beseitigung dieses Informationsdefizits durch Prospektaufklärung übernehmen.

b) Bereich der spezialgesetzlichen Prospekthaftung

aa) Die spezifische Interessenlage aus Sicht von Anleger und Prospektverantwortlichen

Auch im Bereich der spezialgesetzlichen Prospekthaftung stellt der Prospekt eine wesentliche Grundlage für den Kaufentschluss des Anlegers dar. Der Anleger, der in der Regel keine eigenen Informationsquellen über die ihm angebotenen Anlagen besitzt, muss sich darauf verlassen können, dass die im Prospekt enthaltenen wesentlichen Angaben sachlich richtig und vollständig sind. Trifft dies nicht zu, wird seine Entscheidungsgrundlage verändert.[572] Auch hierbei sind das Informationsdefizit des Anlegers und sein damit verbundenes gesteigertes Aufklärungsbedürfnis hervorzuheben. Im Gegensatz zur allgemein-zivilrechtli-

---

[570] Der Prozess der Prospekterstellung und -verbreitung wird in diesem Sinne als ein „System der Informationsverarbeitung und -vermittlung verstanden. Denn auch die unmittelbar an der Prospekterstellung Beteiligten müssen sich regelmäßig auf die vorherige Informationsverarbeitung anderer stützen und verlassen, vgl. Luhmann, Vertrauen, S. 64 ff.

[571] Vgl. hierzu dieses Kapitel 5, II. 1. a) aa)

[572] Vgl. Gesetzesbegründung zu § 12 AuslInvestmG, 17 b KAGG (a.F.) = § 127 InvG, der insoweit sachlich unverändert ist, BT - Drucks. V/3494, S. 23 und 28 f.; davon geht ersichtlich auch die Begründung des Entwurfs eines BörsG des Reichstages aus, vgl., RT - Drucksache 1895 - 97 Anlage Band I, Nr. 14 S. 4 ff., zu § 41 (=§ 44 n.F.) s. S. 24/25

chen Prospekthaftung wurde im Bereich der spezialgesetzlichen Prospekthaftung auf diesen Umstand bereits ursprünglich durch die Statuierung eines Prospektzwanges, verbunden mit einem festgeschriebenen Mindestinhalt des Prospektes[573], reagiert. Hierdurch wird deutlich, dass der Anleger in die Lage versetzt werden soll, die komplexe Anlageentscheidung in Ausübung seines wirtschaftlichen Selbstbestimmungsrechts in Kenntnis aller wesentlichen, für die Anlage bedeutsam erscheinenden Tatsachen zu treffen. Da im Rahmen der spezialgesetzlichen Prospekthaftung vorausgesetzt und zugrunde gelegt wird, dass der Anleger über ein Informationsdefizit verfügt, welches sich in der Anordnung zur Erstellung eines Prospektes mit gesetzlichem Mindestinhalt[574] widerspiegelt, liegt die Erkenntnis nahe, dass dem Prospekt neben seinem Charakter als Werbemittel[575] auch und vor allem die Rolle als Aufklärungs- und Informationsmedium[576] zukommt. Im Ergebnis bedeutet die spezialgesetzliche Prospekthaftung keinesfalls, dass dem Anleger das wirtschaftliche Risiko seiner Anlageentscheidung abgenommen werden soll.[577] Der Anleger soll in die Lage versetzt werden, in Kenntnis aller wesentlichen Umstände über ein mögliches Risiko selbstverantwortlich zu entscheiden. Garantiert wird die Verität, nicht aber die Bonität der Anlage[578].

Auch im Bereich des organisierten Kapitalmarktes ist eine weitere Komponente erforderlich, um zu einer Anlageentscheidung zu gelangen. Die Erstellung und Übermittlung des Prospekts für sich genommen reicht noch nicht aus, um das Informationsdefizit des Anlegers dergestalt zu überwinden, dass es zur Anlageentscheidung kommt. Vielmehr tritt auch in diesem Zusammenhang auf real - sozialer Ebene ein Problem auf, das zunächst überwunden werden muss: Der Anleger hat keine eigene Kontrollmöglichkeit und damit auch keine Gewähr für die Richtigkeit eines solch komplexen Gebildes wie des Prospekts. Eine positive Anlageentscheidung wird erst dann getroffen, wenn der Anleger diese fehlende „Ereignisbeherrschung“[579] durch sein vor dem Erwerb in die Richtigkeit des

---

[573] §§ 19 KAGG, 3 AuslInvestmG, 13 ff. BörsZulVO

[574] Die zulassungsrechtlichen Voraussetzungen enthalten nur Mindestanforderungen an den Prospektinhalt, deren Erfüllung den Prospekt gleichwohl unrichtig machen kann, vgl. *Kümpel*, Bank- und Kapitalmarktrecht, Rdn. 9.301; Zulassungsrechtliche und haftungsrechtliche Voraussetzungen decken sich also nicht in vollem Umfang und letztere können weiter gehen als erstere, so LG Frankfurt, WM 1992, 1768, 1770 f.

[575] Allein aus Anbietersicht

[576] Vordringlich aus Anlegersicht

[577] *Kümpel*, Bank- und Kapitalmarktrecht, Rdn. 9.302

[578] Vgl. *Kümpel*, Bank- und Kapitalmarktrecht, Rdn. 9.302

[579] Vgl. zum Begriff: *Luhmann*, Vertrauen, S. 19

Prospekts gefasstes Vertrauen überwindet[580]. Erneut folgt der Überwindung des Informationsdefizits durch Übermittlung des Prospekts die „Vorleistung“ des anlagebereiten Anlegers durch sein Vertrauen in die Richtigkeit des Prospekts.

bb) Der Kreis der Haftenden und deren „Funktionale Autorität“

Wie die allgemein-zivilrechtliche Prospekthaftung knüpft auch die spezialgesetzliche Prospekthaftung die Haftpflichtigkeit von Personen und Unternehmen an bestimmte Einflussmöglichkeiten und Entscheidungsbefugnisse, mithin an „Funktionale Autorität“. § 44 Abs. 1 BörsG differenziert zwischen „denjenigen, die für den Prospekt die Verantwortung übernommen haben“[581] und „denjenigen, von denen der Erlass des Prospekts ausgeht“.[582] Eine sachliche Änderung hat das Dritte Finanzmarktförderungsgesetz[583], indem es anstelle des früheren Gesetzestextes, „welche den Prospekt erlassen haben“, den jetzigen § 44 Abs. 1 Nr. 1 gesetzt hat, nicht gebracht. Unter den Personen, die einen Prospekt „erlassen“, verstand man auch damals diejenigen, welche nach außen erkennbar die Verantwortlichkeit für den Prospekt übernommen haben.[584] Das sind zum einen die Unterzeichner des Prospekts, d.h. bei Börsenzulassungsprospekten für den amtlichen Handel gemäß § 36 Abs. 2 BörsG i.V.m. § 13 Abs. 1 Satz 5 BörsZulVO die Antragssteller, d.h. zwingend der Emittent und die Emissionsbegleiter, zum anderen all diejenigen Personen, welche gemäß § 14 BörsZulVO im Prospekt als die für dessen Inhalt Verantwortlichen aufgeführt werden.[585] Dieser Kreis der Haftpflichtigen zeichnet sich folglich dadurch aus, dass er nach außen erkennbar in Erscheinung getreten ist. Es ist im Rahmen des § 44 Abs. 1 Nr. 1 BörsG nicht allein entscheidend, ob tatsächliche Verantwortungsbeiträge zum Prospekt geleistet wurden. Vielmehr kommt es auf die Übernahme der Verantwortlichkeit nach außen an. Insofern liegt die Ähnlichkeit zur Gruppe der Haftpflichtigen kraft „Garantenstellung durch berufliche Sachkunde“ im Bereich der allgemein-zivilrechtlichen Prospekthaftung nahe. Auch dort wird die Haftung erst durch die Setzung eines besonderen - zusätzlichen - Vertrauenstatbestandes im oder durch den Prospekt begründet. Mit der Haftung derjenigen Personen,

---

[580] So auch BGH NJW 2003, 2384, 2385 f.; in Bezug auf die Rolle der emissionsbegleitenden Bank auch schon BGH AG 1998, 520, 521 („Elsflether Werft AG“)

[581] § 44 Abs. 1 Nr. 1 BörsG

[582] § 44 Abs. 1 Nr. 2 BörsG

[583] Durch das 4. FMFG vom 21.06.2002 diesbezüglich sachlich unverändert, mittlerweile überholt.

[584] *Groß*, AG 1999, 199, 200; *Kort*, AG 1999, 9, 10; *Assmann*, Handbuch des Kapitalanlagerechts, 1. Erg. März 1999, § 7 Rdn. 32

[585] Regierungsbegründung zum Dritten FMFG, BT - Drucks. 13/8933, S. 54 und 78

von denen der Prospekt „ausgeht", sollen die tatsächlichen Urheber des Prospekts erfasst werden.[586] Die Regierungsbegründung zum Dritten Finanzmarktförderungsgesetz folgt bei der Umschreibung dieses Personenkreises ersichtlich einem Vorschlag *Schwarks*, dass hierunter nur diejenigen Personen fallen sollen, die ein "eigenes geschäftliches Interesse an der Emission"[587] haben. Von Lieferanten von unrichtigem Material für die Aufstellung des Prospekts, z. B. den Wirtschaftsprüfern, Abschlussprüfern und Rechtsanwälten, soll dagegen, so weit diese nur Teile des Prospekts liefern und kein eigenes geschäftliches Interesse haben, der Prospekt nicht ausgehen.[588] Diese Interpretation entspricht der Differenzierung, wonach es für die Haftung von "externen" Personen, welche keine unmittelbaren Einflussmöglichkeiten innerhalb des Unternehmens des Emittenten besitzen, erforderlich ist, dass diese einen besonderen - zusätzlichen - Vertrauenstatbestand im oder durch den Prospekt setzen.[589] Die Personen, von denen der Prospekt "ausgeht", können z. B. die Konzernmuttergesellschaft, der seine Beteiligung veräußernde Großaktionär oder die Prospektherstellung maßgeblich steuernden Beirats- und Aufsichtsratsmitglieder sein. Es ist ersichtlich, dass diesen Personen originäre Einfluss- und Entscheidungsmöglichkeiten bei der Erstellung des Prospekts zukommen und ihre Beteiligung an der Prospekterstellung die Bezeichnung als Haftung kraft "Funktionale Autorität" rechtfertigt. Die vorstehenden Ausführungen und Differenzierungen zeigen einen wichtigen Gleichlauf mit den entsprechenden, für die rechtliche Beurteilung auf real - sozialer Ebene maßgebenden Strukturen der allgemein-zivilrechtlichen Prospekthaftung auf.

Auch im Rahmen des Investmentgesetzes finden sich hinsichtlich der Einbeziehung von Verwaltungs- und Vertriebsgesellschaft in die Haftung ähnliche Strukturen. Der Grund für deren Einbeziehung in die Haftung wurde als erforderlich angesehen, da auch sie wesentlichen Einfluss auf die Richtigkeit und Vollständigkeit der Prospektangaben nehmen können.[590] Selbst die Haftung der

---

[586] *Groß*, AG 1999, 199, 201

[587] *Schwark*, BörsG, §§ 45,46 (a. F.) Rdn. 7; Regierungsbegründung zum Dritten Finanzmarktförderungsgesetz, BT-Drucks. 13/8933, 54, 78

[588] Vgl. *Sittmann*, NZG 1998, 490, 493

[589] Wird lediglich Material für den Prospekt „geliefert", kann von der Setzung eines Vertrauenstatbestandes nicht ausgegangen werden. Anders verhält es sich jedoch, wenn für die gelieferten Angaben im Prospekt „gezeichnet" wird. Dann ist m. E. zu diskutieren, ob auf der Grundlage einer vertrauenstheoretisch verstandenen Prospekthaftung nicht auch eine Haftung der genannten Personen, im Rahmen des von ihnen gesetzten Vertrauenstatbestandes, in Betracht zu ziehen ist; vgl. hierzu auch das folgende Kapitel 6, I. 1.

[590] Regierungsbegründung zu § 12 AuslInvestmG (a.F.), BT-Drucks. V/3494, S. 23, durch § 127 InvG insoweit sachlich unverändert geblieben, vgl. BT - Drucks. 15/1553, S. 115

Kapitalanlagegesellschaft stützt sich auf die Feststellung, dass die Verantwortung für einen einwandfreien Verkaufsprospekt regelmäßig ausschließlich bei der Kapitalanlagegesellschaft liegt.[591] Die Struktur der Haftung im Bereich der spezialgesetzlichen Prospekthaftung zeigt, dass eine Haftung sich auf der verantwortlichen, "funktionalen Autorität" der Haftpflichtigen gründet.

c) Gleichlauf im Rahmen des maßgeblichen real - sozialen Wirklichkeitsbereiches

Es wird durch die vorstehenden Ausführungen deutlich, dass auf der Ebene der der Prospekthaftung zu Grunde liegenden real-sozialen Wirklichkeit ein Gleichlauf zwischen allgemein-zivilrechtlicher Prospekthaftung und spezialgesetzlicher Prospekthaftung in jenen Punkten besteht, die für die normativ - rechtliche Erfassung der Prospekthaftung maßgebend sind. So fällt auf, dass sich als zugrunde liegendes Kernproblem beider Segmente der Prospekthaftung das Problem des Informationsdefizits auf Seiten des Anlegers und sein damit verbundenes gesteigertes Aufklärungsbedürfnis herausfiltern lässt. Der Prospekt findet hierdurch seine wichtige Rolle als Medium zur Aufklärung des Anlegers. Da dem Anleger in der Regel kein Mittel zur Verfügung steht, die Richtigkeit der Prospektangaben zu verifizieren, ist es als letzter und entscheidender Schritt zur Anlageentscheidung erforderlich, dass er hierin vertraut. Als Adressaten seines Vertrauens erscheinen ihm zum einen solche Personen, die kraft der ihnen zustehenden Einfluss- und Entscheidungsmöglichkeiten sich originär innerhalb des Unternehmens des Emittenten als "Funktionale Autoritäten" darstellen. Zum anderen jedoch auch diejenigen Personen, welche durch den Prospekt nach außen in Erscheinung treten und dabei die Gewähr für die Richtigkeit der Prospektangaben übernehmen und insoweit durch Setzung eines besonderen - zusätzlichen - Vertrauenstatbestandes dem Anleger gegenübertreten.

Es zeigt sich, dass aus dem bestehenden Informationsdefizit und dessen Überwindung durch Übermittlung der Informationen im Prospekt ein zusätzliches Maß an Vertrauen auf Seiten des Anlegers erforderlich ist, welches sich als auf der Wirklichkeitsebene zu Grunde liegendes Kernproblem herauskristallisiert. Denn mit der Gewährung dieses Vertrauens, welches vorstehend bereits als "Vorleistung" qualifiziert wurde, geht die Frage einher, wer für die Enttäuschung dieses Vertrauens verantwortlich zu machen ist. Dies können indes nur die Adressaten des Anlegervertrauens, nämlich jene, die sich originär als "Funktionale Autoritäten" des Unternehmens des Emittenten auszeichnen, sowie diejenigen, welche nach außen die Verantwortung übernehmen, sein. Insoweit lässt sich diesbezüglich abschließend festhalten, dass die allgemein-zivilrechtliche und die spezialgesetzliche Prospekthaftung auf der Ebene der real-sozialen

---

[591] Vgl. *Baur*, Investmentgesetze, KAGG, § 20, Rdn. 19 (a.F.)

Wirklichkeit durch gleichartige Interessenkollisionen und Problembereiche gekennzeichnet sind.

2. DIE VERTRAUENSTHEORETISCHE DOGMATIK ALS KERNELEMENT DER THEORIE

Die dogmatischen Grundlagen von allgemein-zivilrechtlicher Prospekthaftung und spezialgesetzlicher Prospekthaftung wurden in den Kapiteln 4 und 5 herausgearbeitet und ausführlich erörtert. Beide Segmente der Prospekthaftung gründen demnach dogmatisch auf dem Institut der Vertrauenshaftung. Es ist diesbezüglich zu betonen, dass es hierbei nicht um ein „allgemeines" Institut der Vertrauenshaftung geht, aus welchem sich generalklauselartig Haftungsfolgen herleiten lassen. Vielmehr wurde im Rahmen der Ausarbeitung zur allgemein-zivilrechtlichen Prospekthaftung erläutert, dass es sich zwar um eine dogmatische Begründung der Prospekthaftung handelt, welche jedoch nicht ohne weiteres eine zur Ableitung von Haftungsfolgen geeignete Anspruchsgrundlage bereitstellt. Es ist zumindest die Anlehnung an bereits verfestigte und präzisierte Tatbestände erforderlich, um konkrete Haftungsfolgen herzuleiten. Eine solche methodische Konkretisierung der Voraussetzungen der allgemein-zivilrechtlichen Prospekthaftung ist bislang nicht erfolgt, wurde auch von der Rechtsprechung nicht zur Verfügung gestellt. Es ist zwar die Feststellung des II. Senats des BGH grundsätzlich richtig, dass es sich um die „Weiterführung eines Grundgedankens der Vertrauenshaftung" handelt[592], was jedoch für die Herleitung von konkreten Rechtsfolgen hieraus methodisch unzulänglich ist. Im Bereich der spezialgesetzlichen Prospekthaftung findet sich hingegen das darin verkörperte Institut der Vertrauenshaftung in gesetzlichen Haftungstatbeständen wieder. Damit ist der Forderung, dass sich ein Institut der Vertrauenshaftung zur Begründung einer Haftung zumindest an gesetzliche Tatbestände anlehnen muss[593], um nicht der Gefahr einer weitgehend beliebigen Manipulierbarkeit ausgesetzt zu sein, ausreichend Rechnung getragen.

Die entscheidende Erkenntnis, die sich nun aus der gleichartigen dogmatischen Begründung von allgemein-zivilrechtlicher und spezialgesetzlicher Prospekthaftung gewinnen lässt, ist, dass beiden Bereichen gleichartige juristische Probleme zugrunde liegen, welche einer ebenso gleichartigen Lösung zugeführt werden. Es stellt sich beiden Bereichen der Prospekthaftung die Aufgabe der Bewältigung des Problems der Haftung für den Vertrieb von Kapitalanlagen vermittels eines unrichtigen oder unvollständigen Prospekts. Dieses Problem äußert sich originär dogmatisch in der Frage nach dem Ansatz für die Haftung

---

[592] BGH NJW 1981, 1449 ff.

[593] So auch MünchKomm/*Mertens*, 3.Aufl., § 823 Rdn. 466

für primäre, nichtvertragliche Vermögensschäden, welche bei dem geschädigten Anleger eintreten. Die Gemeinsamkeit des im Rahmen der Prospekthaftung insgesamt zu lösenden Problems konstituiert hierbei die Verbindung zwischen den Fällen und die Ähnlichkeit der jeweils differenzierten Fallgruppen[594] von allgemein-zivilrechtlicher und spezialgesetzlicher Prospekthaftung.[595] Eine Durchdringung der zivilrechtlichen Dogmatik ergibt, dass das Deliktsrecht systematisch nicht auf den Ersatz von primären Vermögensschäden ausgelegt ist und ein Vertrag über den Prospektinhalt[596] zwischen Anleger und Prospektverantwortlichen regelmäßig nicht zustande kommt. Eine Lösung dieser Problematik kann dogmatisch nur über das Institut der Vertrauenshaftung erreicht werden, welches die Beziehung zwischen Anleger und Prospektverantwortlichem als „zwischen" Vertrag und Delikt stehend erfasst. Die sich solchermaßen gestaltende Problemlösung ist gleichsam als Bestandteil der „intendierten Anwendung"[597] und Teilelement der einheitlichen Prospekthaftungstheorie anzusehen. Mit anderen Worten liegt es der einheitlichen Prospekthaftungstheorie nicht zugrunde, bestimmte Lösungen für Fallgruppen herauszuarbeiten, sondern aufgrund der gleichartigen Problematik von allgemein-zivilrechtlicher und spezialgesetzlicher Prospekthaftung eine einheitliche dogmatische Handhabe zur Problemlösung bereitzustellen. Aus diesen dogmatischen Grundlagen lassen sich dann ohne weiteres bestimmte Lösungen für Fallgruppen finden, als welche sich die grundlegenden Probleme letztlich präsentieren. Diese Fallgruppen sind jedoch nicht Bestandteil des eigentlichen Theorienkerns, sondern bereits Ableitungen und Umsetzungen desselben. Die Ähnlichkeit von Fallgruppen wurzelt mithin in der Gemeinsamkeit des zu lösenden Problems; der eigentliche Theorienkern i.S. einer „intendierten Anwendung" vorliegender Theorie liegt dabei in dem in den Fallgruppen sichtbar werdenden gemeinsamen Problem der Haftung für den Vertrieb von Kapitalanlagen vermittels unrichtiger oder unvollständiger Prospekte und dessen vertrauenstheoretischer Lösung.

3. Funktional - rechtlicher Gleichlauf

Eine funktional - rechtliche Analyse der Prospekthaftung ist erforderlich um funktionale Äquivalenzen innerhalb eines „Gesamtsystems" aufzufinden und

[594] Zu vergegenwärtigen sind hierbei vor allem zum einen die Haftung kraft „Funktionaler Autorität" und zum anderen die Haftung kraft „Setzung eines besonderen - zusätzlichen - Vertrauenstatbestandes.

[595] Vgl. zur „Theorie": *Canaris*, JZ 1993, 377, 380

[596] Streng zu unterscheiden von dem „Zeichnungsvertrag", vgl. Groß, BörsG, §§ 45, 46 (a.F.) Rdn. 7a

[597] *Canaris*, JZ 1993, 377, 380

deren Auswirkungen auf eine einheitliche Prospekthaftungstheorie zu ermitteln. Gegenstand der Untersuchung ist einerseits die funktionale Bedeutung von den der Prospekthaftung zugrunde liegenden Funktionselementen wie dem Prospekt, sowie andererseits die systemischen Rahmenbedingungen, als welche z. B. die Struktur des Marktes und die Bedeutung des Anlegerschutzes zu nennen sind. Die Funktionsanalyse soll für sich genommen keine erschöpfende juristische Qualifizierung des hier vorgestellten Problemkreises der Prospekthaftung darstellen; vielmehr sollen die im Rahmen der Funktionsanalyse gewonnenen Erkenntnisse das bereits erarbeitete Fundament der einheitlichen Prospekthaftungstheorie auch auf funktionale Zusammenhänge erweitern.[598]

a) Die Bedeutung des Prospekts

aa) Funktionale Analyse des Prospekts

Der Gleichlauf der funktionalen Bedeutung des Prospekts im Rahmen von allgemein-zivilrechtlicher und spezialgesetzlicher Prospekthaftung ist das funktionale Kernelement der einheitlichen Prospekthaftungstheorie. Der Prospekt ist für die Anleger das wichtigste, in der Regel einzige Mittel zur Information über die Kapitalanlage[599], für den Prospektverantwortlichen stellt der Prospekt die Grundlage seiner Haftung dar. Der Prospekt findet sich mit anderen Worten als zentrales Medium zwischen Anleger und Prospektverantwortlichen, also den Parteien des Vertrauenshaftungsverhältnisses, wieder. Jede Mitteilung eines kapitalwerbenden Unternehmens ist im Grundsatz auch ein Stück Kapitalmarktpublizität. Die veröffentlichten Unternehmensdaten bilden die Basis für die Investitionsentscheidungen breiter Anlegerschichten. Dies ist verbunden mit erheblichen Kostenvorteilen gegenüber der aufwendigen einzelvertraglichen Beratung durch Kreditinstitute oder freie Anlageberater.[600] Wie andere Publizitätsformen dienen also auch die Prospekte dem ökonomischen Ziel der Kapitalmarkteffizienz.[601]

---

598 Zum grundlegenden Verhältnis von funktionaler Methode und juristischer Entscheidung vgl. *Luhmann*, AÖR 94 (1969), S. 1ff, insbes. S. 30 f.; es ist hierbei anzumerken, dass vorliegend keine klassische funktionalistische Soziologie betrieben wird, sondern die rechtlichen Funktionen von Elementen und Systemvorgaben der Prospekthaftung unter dem Aspekt der „Äquivalenz" beleuchtet werden.

599 Stellvertretend BGHZ 115, 213, 218, 219

600 *Kübler*, ZHR 145 (1981), 205 ff.

601 Vgl. zum Zusammenhang von Unternehmenspublizität und Kapitalmarkteffizienz Kübler, ZHR 145 (1981), 205 ff. und *Hopt*, ZGR 1980, 225, 240 ff.

Die Charakterisierung der Prospekte als Publizitätsinstrumente ist indes nicht erschöpfend. Jeder Prospekt spielt außerdem eine mehr oder weniger große Rolle für die Absatzstrategie des Emittenten. Das ist bei den Prospekten auf dem „Grauen Kapitalmarkt", denen man das professionelle Werbedesign regelmäßig direkt ansieht, keine Frage. Aber selbst die Prospekte des organisierten Kapitalmarkts, wie z.B. der Börsenzulassungsprospekt, zielen darauf, eine für die Kapitalanlage günstige Stimmung im Felde der Anleger zu erwirken. Dies wurde von der Rechtsprechung dahingehend mit einbezogen, dass durch den Prospekt beim Anlagepublikum eine „Anlagestimmung" erzeugt werde.[602] Prospekte dienen also zugleich der Absatzwerbung des kapitalsuchenden Emittenten.

Nun reicht es nicht aus, die Funktion der Prospektwerbung in Unternehmenspublizität einerseits und Absatzwerbung andererseits aufzuteilen. Diesem steht entgegen, dass Werbeerklärungen selbst durchaus ambivalente Phänomene sind. Werbung ist, nach einer in der Marketingforschung verwendeten Definition „beeinflussende Kommunikation"[603], d.h., sie dient zugleich der Information der Umworbenen und der Überredung zum Vertragsschluss.[604] Diese, auf den Prospekt zutreffende, differenzierte Funktionalität birgt die verschiedene Interessenlage und das begründete Spannungsverhältnis zwischen Anleger und Prospektverantwortlichen. Der sich in einer informationsdefiztären Stellung befindliche Anleger hat ein gesteigertes Interesse an sachgerechter und vollständiger Aufklärung über die Kapitalanlage. Die auf Seiten des Emittenten stehenden Prospektverantwortlichen wollen das Anlagepublikum möglichst breitflächig zur Anlageentscheidung bewegen. Der sich derart gestaltende Zielkonflikt zwischen einer möglichst richtigen und lückenlosen Information des Publikums und der oft aggressiven Absatzstrategie der Anbieter ist daher schon im Begriff und Wesen der Werbung selbst angelegt.[605] Diese Problematik und Differenzierung zeigt sich dem Grundsatz nach sowohl in den Prospekten auf dem „Grauen Kapitalmarkt", als auch in denen des organisierten Marktes, wenngleich die in den Prospekten gesetzten Schwerpunkte im Einzelnen variieren können, wie im Folgenden zu zeigen ist.

---

[602] Vgl. OLG Frankfurt WM 1996, 1216; BGH DB 1998, 1755, 1756, wobei es in den vorgenannten Entscheidungen um die Bedeutung der „Anlagestimmung" als Vermutung für den Nachweis des Erwerbs der Anlage aufgrund des Prospekts ging. Dies hat sich durch die Änderung des Dritten FMFG überholt, vgl. dazu *Groß*, BörsG, §§ 45, 46 (a.F.) Rdn. 39; vgl. auch Kapitel 4, II. 3. b) aa) (2)

[603] *Kroeber-Riel*, Werbung als beeinflussende Kommunikation, in: *Specht/Wiswede* (Hrsg.), Marketing-Soziologie, S. 325 ff.

[604] *Köndgen*, Selbstbindung, S. 297 ff.

[605] *Köndgen*, AG 1983, 85, 88

Die Prospekte des organisierten Marktes, wie der Börsenzulassungs- oder Investmentprospekt, haben einen gesetzlich fixierten Mindestinhalt,[606] welcher im Bereich des Börsenrechts zudem einer aufsichtsrechtlichen Kontrolle unterliegt, der die für die Beurteilung der Anlage in tatsächlicher und rechtlicher Hinsicht wesentlichen Verhältnisse darlegen muss. Kernstück dieser Prospekte sind neben Angaben zur Individualisierung des Unternehmens und seiner Organe[607] jeweils die aktuellen Rechenschaftswerke des Unternehmens.[608] Ihrem Wesen nach sind diese Prospekte überwiegend retrospektiv: Sie informieren über Unternehmensdaten, die zum Zeitpunkt der Veröffentlichung bereits Vergangenheit sind. Jedoch erschöpft sich der Gegenstand der Information auch im Rahmen der Prospekte des organisierten Kapitalmarktes nicht in einem rein retrospektiven Element. Auch diese enthalten prognostische Angaben, die das Anlegerpublikum naturgemäß mehr interessieren. Zum einen ergibt sich dies teilweise aus gesetzlichen Vorschriften wie dem § 29 Abs. 2 BörsZulVO. Zum anderen geschieht es überwiegend auf freiwilliger Basis, da die Kataloge über die zwingenden Inhalte des Prospektes nur Mindestangaben regeln und weitere Informationen darüber hinaus zulassen. Inwieweit davon in der Praxis Gebrauch gemacht wird, ist schwierig zu beurteilen. Es ist davon auszugehen, dass die Verwendung prognostischer Daten eher zurückhaltend geschieht[609] und im Vordergrund die Vermittlung von Informationen steht, die für sich selbst sprechen sollen.[610]

Ein anders gelagerter Schwerpunkt findet sich regelmäßig in Prospekten des „Grauen Kapitalmarktes", wo es keine gesetzlichen Regelungen über den Inhalt des Prospektes gibt. Die sich hieraus ergebende Gestaltungsfreiheit der Prospektverantwortlichen verführt dann, den Prospekt zu einer möglichst positiven Selbstdarstellung des emittierenden Unternehmens zu nutzen. Das zivilrechtliche Problem liegt hierbei nicht nur im Schutz vor unrichtigen, sondern auch und vor allem im Schutz vor unvollständigen und tendenziell einseitig informieren-

---

606 Vgl. § 13 ff. BörsZulVO; §§ 42 und 137 InvG

607 Vgl. §§ 18 - 20 BörsZulVO, § 3 Abs. 2 Satz 2 Nr. 1 und 2 AuslInvestmG, § 19 Abs. 3 Satz 3 Nr. 1 und 2 KAGG

608 §§ 21 ff. BörsZulVO, § 3 Abs. 2 Satz 2 i.V.m. § 4 Abs. 1 Nr. 1 AuslInvestmG, § 19 Abs. 1 Satz 2 KAGG

609 Die Zulassungsstellen bei den Wertpapierbörsen verlangen - allerdings ohne gesetzliche Grundlage - Angaben über den Geschäftsgang seit dem Stichtag der Prospektbilanz sowie Prognosen über Geschäftsaussichten, insbesondere Auftragslage. Dabei sind vorsichtige Angaben über Umsatzerwartungen und noch zurückhaltender formulierte Ertragsprognosen die Regel. Vgl. den Fall „BuM/WestLB", wo unzutreffenderweise eine Ergebnisverbesserung angekündigt worden war, in: BGH WM 1982, 862, 863. Zur Ergänzung der „statischen" Pflichtpublizität durch freiwillige Prognosen allgemein *Hopt*, ZGR 1980, 249 ff.

610 So *Köndgen*, AG 1983, 85, 88

den Prospekten.[611] Anders als die gesetzlichen Pflichtprospekte ist die Prospektwerbung im Bereich des „Grauen Kapitalmarktes" im Schwerpunkt nicht retrospektiv, sondern prognostisch auf die Zukunft projiziert. Dies hat seinen Grund einfach darin, dass das emittierende Unternehmen in der Regel noch in der Gründungsphase steckt und seine werbende Tätigkeit gerade erst begonnen hat. Selbst wenn aussagekräftige Daten aus der Vergangenheit vorliegen, so können diese doch zumeist nicht ohne weiteres auf die Zukunft hochgerechnet werden.[612]

Es bleibt somit festzustellen, dass im Bereich der gesetzlichen Pflichtprospekte das retrospektive Element überwiegt, während die freiwilligen Prospekte des „Grauen Kapitalmarktes" vorwiegend durch das prognostische, persuasive Element der Werbung dominiert werden.

Diese unterschiedlichen inhaltlichen Schwerpunkte zwischen Prospekten des „Grauen Kapitalmarktes" und solchen des organisierten Marktes ändern indes nichts an deren gleichlaufenden strukturellen Funktionszuweisungen, wenn man sie vom maßgeblichen objektiven Erwartungshorizont der Anleger und der mit dem Prospekt verfolgten Intention der Prospektverantwortlichen aus beleuchtet. Ausgehend von dem vorstehend erörterten, dualen Werbecharakter des Prospekts steht aus Sicht des Anlegers der Informationscharakter des Prospekts im Vordergrund: Der Anleger ist auf sachgerechte Aufklärung durch den Prospekt angewiesen. Aus Sicht der auf Seiten des Emittenten stehenden Prospektverantwortlichen ist der „Überredungscharakter" des Prospekts vordergründig: Es soll ein möglichst großes Anlegerpublikum zu einer Anlageentscheidung bewogen werden. Gleichwohl ist diese Differenzierung bezüglich der Prospekte beider Marktsegmente im Gleichlauf. Für den Schwerpunkt des Informationscharakters aus Anlegersicht ist dies leicht ersichtlich. Aber auch hinsichtlich des „Überredungscharakters" ist einsichtig, dass die Prospektverantwortlichen - marktunabhängig - möglichst viele Anleger werben wollen. Die unterschiedliche Informationsverarbeitung und Präsentation hängt dabei vor allem an den strengen aufsichtsbehördlichen und haftungsrechtlichen Regelungen im Bereich des organisierten Marktes. Im Rahmen der Prospekthaftung ist letztlich von Bedeutung, dass dieser vom Prinzip des Anlegerschutzes geprägt ist. Haftungsrechtlich ist vor allem die Funktion der richtigen und vollständigen Informationsübermittlung entscheidend. Dabei ist es unerheblich, ob die Informationsübermittlung durch den retrospektiven Charakter des organisierten Kapitalmarktes oder den prognostischen Charakter der Prospekte des „Grauen Kapitalmarktes" geprägt ist. Es wird klar, dass im Rahmen der Prospekthaftung unter funktionalen Aspekten hinsichtlich des Prospekts vordringlich dessen Informationscharakter von Bedeutung ist. Es kann daher aus funktionaler Sicht nicht darauf ankommen,

---

[611] Vgl. *Schwark*, BB 1979, 873, 903; *Köndgen*, AG 1983, 85, 88 f.

[612] *Köndgen*, AG 1983, 85, 89

welche einzelnen, schwerpunktmäßigen Inhalte der Prospekt hat, sondern darauf, welche funktionale Rolle er im Gefüge der Prospekthaftung zwischen Anleger und Prospektverantwortlichen übernimmt: Dies ist zweifelsfrei seine Funktion als Medium zur richtigen und vollständigen Informationsverarbeitung und -übermittlung. Diese Funktionszuweisung erfährt der Prospekt im Rahmen des organisierten Kapitalmarktes ebenso wie im Bereich des „Grauen Kapitalmarktes".

bb) Der Prospektzwang

Zentraler Anknüpfungspunkt der Prospekthaftung ist der Prospekt. Im Bereich des organisierten Kapitalmarktes findet sich ein gesetzlich normierter „Prospektzwang", also eine Pflicht zur Veröffentlichung eines Prospektes.[613] Hierbei wird gleichzeitig ein Katalog von „Mindestangaben" statuiert, die der Prospekt zwingend enthalten muss. Im Bereich des „Grauen Kapitalmarktes" gibt es keine Pflicht zur Veröffentlichung eines Prospektes, vielmehr knüpft die Prospekthaftung dort an unrichtige oder unvollständige Angaben eines überobligatorisch erstellten Prospekts an. Dieser strukturelle Unterschied steht der Begründung einer einheitlichen Prospekthaftungstheorie jedoch nicht entgegen, da er für die rechtliche Bewertung und Erfassung der Prospekthaftung nicht maßgeblich ist.

Der Zwang zur Erstellung eines Prospekts im Rahmen des organisierten Kapitalmarktes folgt genetisch aus den gesteigerten Publizitätspflichten in diesem Marktsegment.[614] Für die Grundlagen der einheitlichen Prospekthaftungstheorie ist indes entscheidend, ob der Prospektzwang eine funktionale Bedeutung für die Haftung hat. Es stellt sich bei genauer Betrachtung heraus, dass der Zwang zur Erstellung eines Prospekts im Bereich des organisierten Marktes zwar eine Zulassungsvoraussetzung für die Emission der Anlagen, nicht aber Anknüpfungspunkt für die Haftung ist. Dies zeigt sich bereits darin, dass die Inhaltsanforderungen an den Pflichtkatalog nicht mit den Voraussetzungen für die jeweilige Prospekthaftung korrespondieren. Grundsätzlich ist nämlich ein Prospekt, der dem in § 32 Abs. 1 Nr. 2 BörsG i.V.m. §§ 13 bis 32 BörsZulV enthaltenen gesetzlichen Inhaltskatalog entspricht, nur im Regelfall vollständig. Denn Ausnahmen sind nach den Umständen des Einzelfalles sowohl dahingehend möglich, dass der Prospekt vollständig ist, obwohl er nicht alle der in §§ 13 bis 32 BörsZulV genannten Angaben enthält.[615] Dies ergibt sich auch aus §§ 33 bis 42

---

[613] Vgl. §§ 3 AuslInvestmG, 19 KAGG, 30 Abs. 3 Nr. 2 BörsG

[614] Zum Verständnis von „Publizität" grundlegend *Hopt*, ZGR 9 (1980), 225, 234 ff.

[615] Nicht jede der vorgeschriebenen Angaben ist schon grundsätzlich „wesentlich" im Sinne des § 44 Abs. 1 BörsG, vgl. *Assmann*, in: Assmann/Schütze, Handbuch des Kapitalanlagerechts, 1. Erg. März 1999, § 7 Rdn. 26; so ausdrücklich auch die Begründung zum Entwurf des 3. Finanzmarktförderungsgesetzes, BT - Drucks. 13/8933 vom 6.11.1997, S. 76, entscheidend sei vielmehr, „ob sich im konkreten Fall bei einer ordnungsgemäßen Angabe die für die Beur-

und § 47 Nr. 1 BörsZulV, die in Sonderfällen die Anforderungen an einen vollständigen Prospekt reduzieren.[616] Daneben kann ein Prospekt trotz Fehlens einzelner in §§ 13 bis 32 BörsZulV genannten Bestandteile vollständig sein, etwa wenn die Zulassungsstelle von der Aufnahme einzelner Angaben in Ausübung ihrer Befugnisse, z.B. aus §§ 13 Abs. 3, 22 Abs. 1 oder 24 Abs. 3 BörsZulV befreit. Außerdem ist ein Prospekt trotz Fehlens einzelner gesetzlich vorgeschriebener Angaben dennoch vollständig, wenn die entsprechenden Umstände tatsächlich nicht vorliegen, z.B. wenn der Emittent nicht von Patenten abhängig ist.[617] Dies zeigt im Umkehrschluss, dass der Prospektzwang mit seinem gesetzlich vorgeschriebenen Mindestinhalt funktional - rechtlich nicht zum Anknüpfungspunkt der Prospekthaftung gemacht werden kann. Zudem könnten andernfalls, wegen der vorbezeichneten Befugnisse der entsprechenden Aufsichtsbehörde zur Befreiung von Inhaltsangaben, gesetzliche Haftungsgrundlagen durch behördliche Entscheidungen verändert werden.[618] Darüber hinaus ist der Inhaltskatalog der §§ 13 bis 32 BörsZulV auch deshalb nicht maßgebend für die Prospekthaftung, weil sich aus dem Wort „insbesondere" vor der Aufzählung in § 13 Abs. 2 BörsZulV ergibt, dass der Inhaltskatalog Regelanforderungen aufstellt und die Pflicht zu ergänzenden Angaben im Einzelfall nicht ausschließt. Entscheidend ist, dass der Prospekt über alle tatsächlichen und rechtlichen Verhältnisse, die für die Beurteilung der zuzulassenden Wertpapiere wesentlich sind, richtig und vollständig Auskunft gibt. Dafür kann es im Einzelfall notwendig sein, über den Inhaltskatalog der §§ 13 bis 32 BörsZulV hinausgehende Angaben in den Prospekt aufzunehmen.[619] Gleiches gilt auch für die entsprechenden Bestimmungen in den §§ 127, 42, 137 InvG (= §§ 3, 12 AuslInvestmG und §§ 19, 20 KAGG a.F.). Dort sind die §§ 42 und 137 InvG (entspricht sachlich den §§ 19 KAGG und 3 AuslInvestmG) in erster Linie Ordnungsvorschriften und nicht Grundlage und Anknüpfungspunkt der Prospekthaftung nach § 137

---

teilung der Wertpapiere relevanten maßgeblichen tatsächlichen oder rechtlichen Verhältnisse ändern würden".

[616] *Groß*, BörsG, §§ 45, 46 (a.F.) Rdn. 28

[617] Vgl. § 20 Abs. 1 Nr. 5 BörsZulVO

[618] Wäre der gesetzlich vorgeschriebene Inhalt des Prospekts maßgebend für die Prospekthaftung, könnte die Aufsichtsbehörde diese Haftungsgrundlagen im Rahmen ihrer Befugnisse variieren. Probleme würden dann auftreten, wenn die Behörde (irrigerweise) von Angaben befreit, die für die Beurteilung wesentlich sind. Dann stünde dem geschädigten Anleger wegen der durch die Aufsichtsbehörde verkürzten Haftungsgrundlage kein Anspruch gegen die Prospektverantwortlichen - welche sich insoweit an die gesetzlichen und behördlichen Vorgaben hielten - zu.

[619] Unstreitig, vgl. *Assmann*, Handbauch des Kapitalanlagerechts, 2. Aufl., § 7 Rdn. 77; *Brondics/Mark*, AG 1989, 339, 342; *Schwark*, BörsG, §§ 45, 46 (a.F.) Rdn. 18

InvG.[620] Dies bedeutet jedoch wiederum, dass der mit dem Prospektzwang verbundene, gesetzlich vorgeschriebene Mindestinhalt des Prospekts nicht Anknüpfungspunkt und Grundlage der Haftung ist, sondern die Beurteilung des Prospekts insgesamt durch Feststellung der Richtigkeit und Vollständigkeit jener Angaben, die für die Anlageentscheidung wesentlich sind, erfolgt. Der Mindestkatalog ist vor allem ein Instrumentarium zur Durchsetzung des Publizitätsgebotes. Im Rahmen der Prospekthaftung kommt ihm durchaus auch eine indizielle Bedeutung[621] für die Beurteilung der Haftungsfrage zu. Anknüpfungspunkt der Haftung ist er gleichwohl nicht. Dies zeigt, dass es bei der Erarbeitung der einzelnen Elemente und Grundlagen der einheitlichen Prospekthaftungstheorie nicht darauf ankommt, dass im Rahmen der spezialgesetzlichen Prospekthaftung ein Prospektzwang besteht und im Bereich der allgemein-zivilrechtlichen Prospekthaftung nicht. Denn der Anknüpfungspunkt und das rechtlich entscheidende Kriterium für die Beurteilung der Haftung bestimmen sich in beiden Bereichen nach dem gleichen Grundgedanken, der von einem Prospektzwang nicht abhängig ist: der vollständigen und richtigen Information des Anlegers über die wesentlichen tatsächlichen und rechtlichen Verhältnisse der Kapitalanlage.

b) Regelungsziele des organisierten und „Grauen Kapitalmarkts“

Auf dem Gebiet des organisierten Kapitalmarkts hat vor allem auch durch die Entwicklung wirtschaftswissenschaftlicher Erkenntnisse die Auffassung an Boden gewonnen, dass dem Kapitalmarktrecht die Aufgabe zukommt, die Voraussetzungen eines funktionsfähigen, effizienten Kapitalmarkts zu schaffen.[622] Drei wesentliche Teilaspekte der Funktionsfähigkeit des Kapitalmarkts sind hierbei herauszuheben:[623]

Im Vordergrund steht die allokative Funktionsfähigkeit - die Steuerungsleistung - des Kapitalmarkts. Anlagefähiges Kapital muss dorthin fließen, wo es am Dringendsten und Erfolgversprechendsten benötigt wird. Durch die Regulierung des Mediums „Information“ können Anlageentscheidungen einem abwäg-

---

[620] Vgl. *Baur*, Investmentgesetze, § 20 Rdn. 5 ff. KAGG und § 12 Rdn. 5 AuslInvestmG; insoweit ist durch den neuen § 127 InvG keine sachliche Änderung eingetreten.

[621] In der Regel wird ein Prospekt, der den gesetzlichen Anforderungen der §§ 13 bis 32 BörsZulV entspricht, auch i.S.d. § 44 BörsG vollständig sein, vgl. *Schwark*, BörsG, §§ 45, 46 (a.F.) Rdn. 18; *ders.*, ZGR 1983, 162, 165 f., 178

[622] Vgl. *Assmann*, Prospekthaftung, S. 24 ff.; *Kohl/Kübler/Walz/Wüstrich*, ZHR 138, 1, 16 ff.; *Kübler*, AG 1977, 85, 88 ff.; zu den Voraussetzungen eines funktionsfähigen Kapitalmarktes vgl. auch *Horst*, Kapitalanlegerschutz, S. 216 f.; *Schacht*, Die deutsche Kapitalmarktaufsicht im internationalen Vergleich, S. 37 ff.

[623] Vgl. *Kümpel*, Bank- und Kapitalmarktrecht, Rdn. 8.185 - 8.203

baren Risiko zugeführt werden. Dadurch ist gewährleistet, dass sich Anlagerisiko und Anlagerendite marktvermittelnd einpendeln.

Zu gewährleisten ist weiterhin die operationale Funktionsfähigkeit. Sowohl die Bereitstellung von Anlagemöglichkeiten als auch ihr Angebot verursachen Kosten, die die Rendite der Anlage mindern und deshalb zu minimieren sind. Soweit eine Kostenminimierung nur zu Lasten der Allokationseffizienz zu gehen vermag, ist sie demjenigen aufzuerlegen, der sie am besten zu vermeiden oder zu reduzieren vermag.

Ein dritter Aspekt ist schließlich die Erhaltung der institutionellen Effizienz des Kapitalmarkts im Sinne einer Festigung des Vertrauens der Anleger in die Stabilität des Marktes, d.h. vor allem in die Berechenbarkeit der Risikofaktoren, die den auf diesem Markt angebotenen Anlagen gemeinsam sind. Dieses Regelungsziel wird auf weiten Strecken durch die Verwirklichung der oben genannten Faktoren mit erzielt. Darüber hinaus müssen die allgemeinen Funktionsvoraussetzungen eines Marktes gesichert werde, wie etwa der freie Zugang von Anbietern und Anlegern zum Markt, um so dessen Breite und Tiefe zu sichern.

Ein Großteil dessen, was unter Anlegerschutz verstanden wird, ist Bestandteil des Schutzgutes „Funktionsschutz des Kapitalmarkts". Die Anleger sind als Investoren essentieller Bestandteil der Funktionsfähigkeit des Marktes und erfahren demgemäß einen entsprechenden Schutz. Im Bereich des „Grauen Kapitalmarktes" als Teil eines Gesamtkapitalmarktes ist ebenso der Ruf nach einer Steigerung der Funktionsfähigkeit des Kapitalmarktes laut geworden. An entsprechenden legislatorischen Maßnahmen fehlt es nach wie vor. Die Ausprägung der Regelungsziele von organisiertem Kapitalmarkt auf der einen und „Grauem Kapitalmarkt" auf der anderen Seite ist mithin auch aufgrund der institutionell ungleich vollzogenen Umsetzung durchaus als divergierend zu bezeichnen. Die entscheidende Frage vorliegend ist jedoch, welche Konsequenzen diese ungleiche Ausprägung konkreter Regelungsziele der Segmente organisierter und „Grauer Kapitalmarkt" hinsichtlich der Entwicklung der einheitlichen Prospekthaftungstheorie hat. Der wesentliche und bedeutsame funktionell - rechtliche Konsens als Grundlage der einheitlichen Prospekthaftung findet sich nicht in der Betrachtung einzelner Funktionselemente des organisierten Marktes oder des Nichtvorhandenseins solcher Elemente im Bereich des „Grauen Kapitalmarktes". Der funktionell - rechtliche Konsens der einheitlichen Prospekthaftung kann alleine auf der Basis des Schutzgutes „Anlegerschutz" erfolgen, welches nach genauer Betrachtung in beiden Marktsegmenten eine funktional exponierte Stellung einnimmt.

Die Entwicklung der allgemein-zivilrechtlichen Prospekthaftung durch die Rechtsprechung des BGH ist gänzlich von dem Grundprinzip des Anlegerschutzes eingenommen. Aus den einschlägigen, richtungsweisenden Urteilen[624] ist ersichtlich, dass die allgemein-zivilrechtliche Prospekthaftung vor allem einen unmittelbaren Zweck verfolgt: Den Anleger aufgrund seiner informationsdefizitären Stellung zu schützen. Auch im Bereich des organisierten Kapitalmarktes wird dem Anlegerschutz weitgehend eine ebenso bedeutsame Stellung zugeschrieben wie dem Funktionsschutz des Kapitalmarkts[625], wobei es für vorliegende Problematik über die vorstehende Feststellung hinaus erhellend ist, den Zusammenhang beider „Schutzgüter" bzw. Regelungsziele zu vergegenwärtigen. Hierbei ist es von Bedeutung, Ursache und Wirkung zwischen diesen Elementen zu differenzieren. Anlegerschutz ist keinesfalls Folge des Funktionsschutzes des Kapitalmarktes, sondern vielmehr neben anderen[626] Grundlage und Voraussetzung desselben. Der Funktionsschutz des Kapitalmarkts ist zugleich Regelungsziel und Schutzgut des organisierten Kapitalmarktes. Die strukturelle Ausgestaltung des organisierten Marktes zielt also in erster Linie darauf, den Funktionsschutz zu gewährleisten. Der Anlegerschutz ist Bestandteil des Funktionsschutzes des Kapitalmarktes in dem Sinne, dass seine Verwirklichung zur Erreichung und Verbesserung einzelner Elemente des Funktionsschutzes, wie z.B. der allokativen Funktionsfähigkeit beiträgt. Im Einzelnen betrachtet, generiert sich der Anlegerschutz u.a.[627] durch das gesetzliche Institut der Prospekthaftung des organisierten Kapitalmarktes. Die spezialgesetzliche Prospekthaftung verwirklicht mithin ebenfalls wie die allgemein-zivilrechtliche Prospekthaftung den Gedanken des Anlegerschutzes unmittelbar. Der Unterschied zwischen den beiden Marktsegmenten hinsichtlich der funktionalen Bestimmung des Anlegerschutzes ist, dass der Anlegerschutz im Bereich des organisierten Kapitalmarktes eine weiterführende Ursache für die Verwirklichung einer umfassenden Marktfunktionalität ist, während ihm im Bereich des „Grauen Kapitalmarktes" eine solch weiterführende Bedeutung nicht zukommt, er sich vielmehr in sich als Regelungsziel erschöpft. Dies hat durchaus seine Gründe, welche vor allem in der wesentlich differenzierteren und marktanalytisch durchdrungeneren Struktur des organisierten Kapitalmarktes liegen. Entscheidend für die Entwicklung der einheitlichen Prospekthaftungstheorie ist jedoch die funktionale Betrachtung des Anlegerschutzes aus dem Blickwinkel des Instituts der Prospekthaftung. Hierbei ist festzustellen, dass die aus einem fehlerhaften oder unvollständigen Prospekt erwachsende Haftung, gleich in welchem Marktseg-

---

[624] Siehe nur BGH NJW 1979, 718 ff.; 1980, 1840 ff.; 1981, 1449 ff.

[625] *Kümpel*, Bank- und Kapitalmarktrecht, Rdn. 8.204

[626] Zu nennen wären beispielsweise die institutionellen Vorkehrungen wie die Aufsichtsbehörden

[627] Verschiedene Publizitätspflichten dienen dem Anlegerschutz ebenso, wie z.B. die Pflicht des Emittenten zur Erstellung eines Zwischenberichtes (§ 40 BörsG) oder die Pflicht zur Veröffentlichung bestimmter Auskünfte (§ 41 Abs. 2 BörsG).

ment, zunächst dem Ziel des Anlegerschutzes dient. Man kann mit anderen Worten hierbei auch von der unmittelbaren Funktion der Prospekthaftung sprechen. Für die Entwicklung der einheitlichen Prospekthaftungstheorie ist eben dies von Bedeutung, dass durch beide Bereiche der Prospekthaftung zunächst und unmittelbar Anlegerschutz verwirklicht wird. Dies rechtfertigt eine einheitliche, funktionell - rechtlich korrespondierende Betrachtung und Entwicklung dieses Instituts.

Dass Anlegerschutz im Bereich des organisierten Kapitalmarktes darüber hinaus die Funktionsfähigkeit des Marktes als Schutzgut desselben stärkt und damit der spezialgesetzlichen Prospekthaftung gleichsam die Rolle eines mittelbaren Förderers der Marktfunktionalität zukommt, ist für die Gesamtstruktur des organisierten Marktes zwingend notwendig. Auf der Ebene einer funktionalen Betrachtung nimmt dies jedoch keine zu einer differenzierten Betrachtung der Prospekthaftung nötigende Funktion ein.[628]

c) Die Qualität des Anlegerschutzes

Der Anlegerschutz im Bereich des „Grauen Kapitalmarkts" sieht sich stets dem Postulat nach einer erhöhten Selbstverantwortung des Anlegers gegenüber. Da dort häufig „Risikokapitalanlagen" vorzufinden sind, welche eine gesteigerte Selbstgefährdung des Anlegers in wirtschaftlicher Hinsicht nach sich ziehen, wäre es eine zwingende Folge, dass der Anlegerschutz hinter diesem selbst gewählten Risiko zurückstehen muss. In der Tat findet sich im Bereich des „Grauen Kapitalmarkts", ganz im Gegensatz zu dem durch vielfältige wirtschaftsrechtliche Regulierungen bereits disziplinierten organisierten Kapitalmarkt, eine besondere Gefährdung des Anlegers. Diese ergibt sich vor allem daraus, dass das hohe Risiko der Beteiligung mit weitgehender bis völliger Marktintransparenz und dem regelmäßigen Ausschluss oder doch der faktischen Ineffizienz von Einwirkungs- und Kontrollrechten der Anleger verbunden ist[629]. Gegenstand der Prospekthaftung des „Grauen Kapitalmarktes" ist der Versuch der Bewältigung des Problems, dass der Anleger, z.B. angeworben durch die Verlockung kurzfristiger Steuervorteile, mangels zuverlässiger Information keine rationale, das Risiko einkalkulierende Investitionsentscheidung treffen kann, weil die nötigen Daten nicht oder nur unzureichend zur Verfügung stehen. In diesem Zusammenhang soll nicht unerwähnt bleiben, dass die Kapitalanlagen des „Grauen

[628] Es kommt vielmehr umgekehrt der Gedanke auf, den auf der Basis der allgemein - zivilrechtlichen Prospekthaftung ausgeprägten Anlegerschutz im Bereich des „Grauen Kapitalmarktes" für weitere Schritte zur Einbeziehung und Verwirklichung des Schutzgutes „Funktionalität des Kapitalmarktes" auch im Bereich des „Grauen Kapitalmarkts" fruchtbar zu machen, vgl. auch *Kohl/Kübler/Walz/Wüstrich*, ZHR 138, 1, 16

[629] *Kohl/Kübler/Walz/Wüstrich*, ZHR 138, 1,13

Kapitalmarkts“ durchaus über ein höheres Gefahrenpotential verfügen können als solche des organisierten Marktes. Der Anleger im Bereich des „Grauen Kapitalmarkts“ kann etwa nachträglich in aller Regel[630] weder Einfluss auf die Geschäftsführung nehmen noch feststellen, wie es geschäftlich um „seine“ Gesellschaft steht. Damit steht z. B. der Gesellschafter einer Abschreibungsgesellschaft wesentlich schlechter als der Aktionär da. Hinzu kommt, dass es sich bei Anlagen des „Grauen Kapitalmarkts“ nicht allzu selten auch um besonders risikoträchtige oder sogar in besonders hohem Maße spekulative Anlagen handelt, die zyklisch bedingt darüber hinaus vom Staat unter wirtschaftspolitischen Aspekten gefördert wurden und werden.[631]

Dies zeigt, dass sich im Bereich des „Grauen Kapitalmarkts“ auf der einen Seite der Anlegerschutz sowie auf der anderen Seite das Gefahrenpotential des Marktes und die wirtschaftliche Selbstgefährdung des Anlegers in einem Spannungsverhältnis gegenüberstehen. Dabei macht es fälschlicherweise den Anschein, dass sich das Genannte gegenseitig widerspricht. Anlegerschutz beinhaltet gewissermaßen als rechtspolitische Vorgabe, dass Anlageentscheidungen generell möglichst rational, in vernünftig aufgeklärter Verfolgung eigener Interessen getroffen werden können.[632] Dies bedeutet, dass der Anleger über solche Umstände richtig und vollständig aufgeklärt sein muss, die für die sachgerechte Beurteilung der Kapitalanlage wesentlich sind. Daraus folgt nun auch, dass dem Anleger sowohl im Rahmen der allgemein-zivilrechtlichen als auch der spezialgesetzlichen Prospekthaftung[633] keinesfalls das Risiko seiner Anlageentscheidung, welches vor allem durch das gesteigerte Gefahrenpotential des „Grauen Kapitalmarktes“ entsteht und aufrecht erhalten wird, abgenommen werden soll. Es geht vielmehr im Rahmen des Anlegerschutzes allein darum, dass der durch den Prospekt geworbene Anleger umfassend über die Anlage aufgeklärt wird, um damit sein Recht zur Selbstbestimmung über die Verwendung seines Vermögens sicherzustellen.[634] Der durch die kapitalmarktrechtlichen Prospekthaftungen gewährleistete Anlegerschutz ist also einheitlich vollwertiger und originärer Schutz der wirtschaftlichen Selbstbestimmung des Anlegers. Die unterschiedlichen Anlageformen der verschiedenen Märkte mögen durchaus ebenso unterschiedliche Risiken und Gefahren für das Vermögen des Anlegers mit sich bringen. Doch die essentielle Grundvoraussetzung eint den Anlegerschutz über die einzelnen Marktbereiche hinaus: Der Anleger muss frei und selbstverant-

---

630 etwa weil Treuhandkonstruktionen die Mitwirkung und Kontrolle der Anleger verhindern.

631 *Kohl/Kübler/Walz/Wüstrich*, ZHR 138, 1, 15

632 *Kohl/Kübler/Walz/Wüstrich*, ZHR 138, 1, 16

633 Vgl. für die börsenrechtliche Prospekthaftung *Kümpel*, Bank- und Kapitalmarktrecht, Rdn. 9.302

634 BGHZ 123, 106, 112 f.

wortlich entscheiden können, ob er diese Risiken eingehen möchte. Dies erreicht man nur mit einer der Anlageentscheidung vorgelagerten, umfassenden Aufklärung des potentiellen Anlegers.

d) Die Bedeutung eines „Sekundärmarktes"

Als mögliches Gegenargument für die Begründung der einheitlichen Prospekthaftungstheorie mag auch die Tatsache erscheinen, dass Kapitalanlagen auf dem „Grauen Kapitalmarkt" meist nur zum einmaligen Vertrieb außerhalb der Börse geeignet und bestimmt sind.[635] Dies bedeutet, dass ein „Sekundärmarkt" für Anlagen des „Grauen Kapitalmarktes" insoweit nicht zu bilden ist. Die als Wertpapiere verbrieften oder über den öffentlichen Markt „Börse" vertriebenen Kapitalanlagen des organisierten Kapitalmarktes werden hingegen von der gesteigerten Umlauffähigkeit eines „Sekundärmarktes" erfasst.[636] Dies führt teilweise zu der Annahme, dass die Vergleichbarkeit der Situationen von allgemein-zivilrechtlicher und spezialgesetzlicher Prospekthaftung diesbezüglich im Allgemeinen nicht gegeben ist und eine analoge Heranziehung des Börsengesetzes im Besonderen nicht erlaubt sein könne, zumindest zweifelhaft sei.[637]

Vorstehend ausgeführte Meinung verkennt jedoch zum einen schon, dass seit dem Urteil des II. Zivilsenats vom 05.07.1993[638] nicht mehr alleine die tradierten Kapitalanlagen des „Grauen Kapitalmarktes", wie z.B. die Kommanditbeteiligung an einer Publikums - KG, von den Grundsätzen der allgemein-zivilrechtlichen Prospekthaftung erfasst werden. Sie findet vielmehr auch auf solche Prospekte Anwendung, mit denen für den Erwerb von Aktien außerhalb der geregelten Aktienmärkte geworben wird.[639] Dies zeigt, dass die allgemein-zivilrechtliche Prospekthaftung auch grundsätzlich auf solche Kapitalanlagen anwendbar ist, welche über eine gesteigerte Umlauffähigkeit verfügen, wenn sie auch nicht über die Börse vertrieben werden, aber gleichwohl nicht allein zum „einmaligen Vertrieb geeignet und bestimmt sind."

Zum anderen ist der Verweis auf die Problematik eines „Sekundärmarktes" zur Begründung einer ungleichen Situation zwischen allgemein-zivilrechtlicher

---

[635] *Pleyer/Hegel*, ZIP 1986, 681, 684; *Lutter* in: FS Bärmann, S. 605, 628 f.; vgl. auch *Kübler*, ZHR 145 (1981), 204, 212

[636] Vgl. *Lutter* in: FS Bärmann, S. 605, 628 f.

[637] Vgl. *Pleyer/Hegel*, ZIP 1986, 681, 684; *v. Bar*, ZGR 1983, 476, 503; ähnlich auch *Assmann/Kübler*, Prospekthaftung im Kapitalmarktrecht, in: R. Walz, Sozialwissenschaften im Zivilrecht, 1983, S. 205, 212

[638] BGHZ 123, 106 ff.

[639] Vgl. BGHZ 123, 106, 109

und spezialgesetzlicher Prospekthaftung verfehlt, weil dies am Kern der zur Begründung entscheidend heranzuziehenden Wesensmerkmale vorbei zielt. Auch im Bereich des organisierten Kapitalmarktes kann eine Emission auf das allgemeine Anlegerpublikum oder auf einen begrenzten, individuell bestimmten Personenkreis[640] gerichtet sein. Dementsprechend unterscheidet man zwischen öffentlichen und privaten Platzierungen, wobei erstere auf einem „Sekundärmarkt" und zweite auf einem „Primärmarkt" erfolgen.[641] Entscheidend ist nun hierbei die Feststellung, dass es bei der privaten Platzierung auf dem Primärmarkt einer Prospektpublizität nach den Vorschriften des Börsengesetzes nicht bedarf und eine börsenrechtliche Prospekthaftung insoweit ausscheidet. Dies mag auf den ersten Blick für eine unterschiedliche Betrachtung der in erster Linie primärmarktbezogenen allgemein-zivilrechtlichen und der sekundärmarktbezogenen börsenrechtlichen Prospekthaftung sprechen. Die Begründung, warum eine börsenrechtliche Haftung nicht besteht, öffnet jedoch den Blick auf die eigentliche Problematik und rückt die Thematik des „Sekundärmarktes" entscheidend in den Hintergrund. Grund für die Ausscheidung einer börsenrechtlichen Prospekthaftung bei einer privaten Platzierung ist die grundlegende Annahme, dass der Käufer der emittierenden Wertpapiere sich regelmäßig die relevanten Informationen selbst beschaffen kann und zudem die allgemeinen vertragsrechtlichen Behelfe zum Schutz des Käufers ausreichen.[642] Dies führt im Umkehrschluss zu der Erkenntnis, dass eine Prospektpflichtigkeit mit daran anknüpfender Prospekthaftung auch für Platzierungen des Primärmarktes bestehen müsste, lägen die vorgenannten Annahmen zur Informationsbeschaffung und vertraglichen Sicherung der Käufer nicht vor. Dies impliziert nun, dass es bei der börsenrechtlichen Prospekthaftung nicht auf die Frage nach einer Emission auf dem „Sekundärmarkt" oder dem „Primärmarkt" ankommt, sondern beleuchtet den eigentlichen Kern der Differenzierung: das Informationsverhältnis zwischen Emittent und Anleger sowie deren rechtliche Beziehung zueinander.

Hiermit erschließt sich die nicht wesentliche Bedeutung eines Sekundärmarktes für die Vergleichbarkeit von allgemein-zivilrechtlicher und spezialgesetzlicher Prospekthaftung. Kerngedanke der Prospekthaftung ist die Haftung für den Vertrieb von Kapitalanlagen vermittels unrichtiger oder unvollständiger Prospekte. Dem liegt zugrunde, dass der Anleger in der Regel über keine eigenen Informationsmöglichkeiten hinsichtlich der Anlage verfügt und der Prospekt insofern seine einzige Informationsquelle darstellt. Diese Problematik findet sich sowohl im Rahmen der allgemein-zivilrechtlichen als auch der spezialgesetzlichen Prospekthaftung. Wenn es nun danach aber im Bereich des organi-

---

640 Als solcher können z.B. Kapitalsammelstellen, Versicherungen, Investmentfonds, aber auch Wirtschaftsunternehmen und private Großanleger in Betracht kommen.

641 *Kümpel*, Bank- und Kapitalmarktrecht, Rdn. 9.27

642 Vgl. *Kümpel*, Bank- und Kapitalmarktrecht, Rdn. 9.28

sierten Kapitalmarktes für die Prospekthaftung nicht auf die oberflächliche Differenzierung zwischen „Sekundär- und Primärmarkt“ ankommt[643], sondern auf das eigentlich dahinter stehende Informationsverhältnis zwischen Anleger und Emittenten, kann eine diesbezügliche Ungleichheit zwischen allgemein-zivilrechtlicher und spezialgesetzlicher Prospekthaftung nicht mehr begründet werden.

4. Folgerungen

Die Ausführungen der vorstehenden Abschnitte verdeutlichen nun die gebotene, einheitliche Betrachtung von allgemein-zivilrechtlicher und spezialgesetzlicher Prospekthaftung und sind damit gleichermaßen Kern der einheitlichen Prospekthaftungstheorie. Wesentliches Fundament der Theorie ist hierbei die Begründung der Prospekthaftung auf dem Institut der Vertrauenshaftung, als welches sowohl die allgemein-zivilrechtliche als auch die spezialgesetzliche Prospekthaftung zu begreifen ist. In einem deduktiven Verhältnis zur Dogmatik und Systematik steht die Begutachtung der real - sozialen Grundlagen der Prospekthaftung, welche die einheitliche Theorie mit stützen. Flankiert werden diese grundlegenden Elemente von den Erkenntnissen der funktionstheoretischen Analyse, welche gezeigt hat, dass die Prospekthaftung im Rahmen einer gesamtkapitalmarktrechtlichen Betrachtung die gleichen entscheidenden Parameter aufweist und insoweit auch strukturell als einheitliche Prospekthaftungstheorie für einen einheitlich zu entwickelnden Gesamtkapitalmarkt streitet. Die gegebenen Unterschiede zwischen den Prospekthaftungen, wie der Prospektzwang und das Bestehen eines „Sekundärmarktes“, sind dabei für die rechtliche Beurteilung der Prospekthaftung insgesamt nicht maßgebend. Die sich derart darstellenden, theoretischen Grundlagen begründen jedoch für sich genommen noch keine rechtliche Anspruchsgrundlage. Es wurde bereits dargestellt, dass es im Rahmen der Begründung der einheitlichen Prospekthaftungstheorie nicht um die Verfestigung einer „allgemeinen Vertrauenshaftung“ geht.[644] Vom Verständnis der Prospekthaftung als Vertrauenshaftung ausgehend, muss sich diese zumindest an gesetzliche Tatbestände anlehnen, um das erforderliche Maß an Kontur und Rechtssicherheit zu erlangen.[645] Diese Voraussetzung erfüllt die Prospekthaftung auf dem Segment des „Grauen Kapitalmarktes“ bislang nicht, so dass es nun erforderlich ist, die einheitlichen theoretischen Grundlagen um die Komponente einer einheitlichen Anspruchsgrundlage der Prospekthaftung zu erweitern.

---

[643] Und es somit auch nicht auf den Vertrieb über den Markt „Börse“ oder auf eine andere Art ankommt.

[644] Vgl. dieses Kapitel 5, II. 2.; grundlegend auch *Canaris*, ZHR 163 (1999), 206, 220

[645] Vgl. Münch/Komm/*Mertens*, 3. Aufl., § 823 Rdn. 466

III. DER EINHEITLICHE PROSPEKTHAFTUNGSANSATZ

Eine methodisch korrekte Anspruchsgrundlage für die Prospekthaftung des „Grauen Kapitalmarktes", welche gleichzeitig dem im Rahmen der einheitlichen Prospekthaftungstheorie zu fordernden „einheitlichen Haftungsansatz" entspricht, lässt sich im Wege der Analogie, und zwar einer Gesamt- oder Rechtsanalogie, zu den spezialgesetzlichen Regelungen der Prospekthaftung gewinnen. Dabei führt das induktive Element der Rechtsanalogie[646] zu mehr als nur der Begründung eines speziellen Haftungsansatzes für die allgemein-zivilrechtliche Prospekthaftung, nämlich zu einem die Prospekthaftung des Kapitalmarktes insgesamt bestimmenden „allgemeinen Rechtsgrundsatz", welcher die bestehenden Prospekthaftungen als „Einheit" verknüpft und nicht zuletzt die Theorie „offen" gestaltet, für die Aufnahme neuer, noch nicht bekannter Anlage- und Vertriebsformen.

1. DIE RECHTSANALOGIE GEMÄß §§ 45, 46 BÖRSG, 20 KAGG, 12 AUSLINVESTMG (A.F.) NACH *COING*

Helmut Coing hat ersichtlich als erster die Idee geäußert und vertreten, die allgemein-zivilrechtliche Prospekthaftung allein[647] im Wege einer Rechtsanalogie zu den §§ 45, 46 BörsG, 20 KAGG, 12 AuslInvestmG (a.F.) abzuleiten.[648] Indes ist zu beachten, dass der Ansatz *Coings* sich seinerzeit in das allgemeine Bemühen von Literatur und Rechtsprechung um eine methodisch und dogmatisch korrekte Herausarbeitung der allgemein-zivilrechtlichen Prospekthaftung einfügte und einen unmittelbaren Bezug zu einer einheitlichen Prospekthaftungstheorie nicht besaß.[649] Weiterhin hat es *Coing* vermieden, die Rechtsanalogie auf ein methodisch sicheres und umfassendes Fundament zu stellen. Möglicherweise deswegen konnte sich der Ansatz nie durchsetzen und sah sich reger Kritik gegenüber. Ein den Gedanken der Rechtsanalogie bestätigender Erfolg stellte sich bereits im Rahmen der Verjährungsfrage von Prospektansprüchen der Gesellschafter einer Anlagen - KG ein. Der BGH begründete in einer Entscheidung

---

[646] Vgl. hierzu im Einzelnen und ausführlich den Abschnitt III. 3. a) dieses Kapitels

[647] Eine Rechtsanalogie will in Teilen auch *Canaris* begründen, vgl. *ders.* in: Bankvertragsrecht, III/3, Rdn. 2277 f., 2289, 2294 , differenzierend mit dem Hinweis auf eine „Ergänzungsfunktion" der spezialgesetzlichen Vorschriften

[648] Vgl. den Ansatz in: WM 1980, 206, 211 f.

[649] Wenngleich auch *Coing* betont, dass sein Ansatz den Tendenzen entspricht, „ein allgemeines Kapitalmarktrecht zu entwickeln, das an den öffentlichen Vertrieb von Mitteln der Kapitalanlagen anknüpft", vgl. *Coing*, WM 1980, 206, 212

aus dem Jahr 1982[650] die kurze Verjährungsfrist gerade mit einer Rechtsanalogie zu den entsprechenden, spezialgesetzlichen Verjährungsvorschriften der §§ 20 V KAGG, 12 V AuslInvestmG, 47 BörsG (a.F.).

Coings Ansatz der Rechtsanalogie gründet zunächst auf der Erkenntnis, dass es sich auch bei der allgemein-zivilrechtlichen Prospekthaftung um ein Institut der Vertrauenshaftung handelt.[651] Daraus folgert er richtigerweise, dass der Schutz von begründetem Vertrauen an sich noch kein rechtliches Institut ist, sondern zunächst lediglich ein Rechtsprinzip darstellt. Seine erforderliche Ausgestaltung findet dieses z.B. in dem Institut der Prospekthaftung. *Coing* entnimmt der Prospekthaftung den grundsätzlichen Gehalt, dass jemand, der auf dem Kapitalmarkt öffentlich bestimmte Anlagemöglichkeiten anbietet und dafür mit einer Beschreibung des Wirtschaftsunternehmens, in dem das Kapital angelegt werden soll, wirbt, für Richtigkeit und Vollständigkeit seiner Angaben einstehen muss. Es handele sich - von der Seite der Adressaten her - um eine Regelung, die das Vertrauen des Anlegers in diese allgemeine Erklärung schützen soll. Damit finde man gerade jene Situation vor, um die es auch in den Fällen der allgemein-zivilrechtlichen Prospekthaftung geht.[652] Dass die spezialgesetzliche Prospekthaftung auch auf die Situation der allgemein-zivilrechtlichen Prospekthaftung passt, zeigt sich nach *Coing* in einer Reihe von Einzelproblemen. So werde von der börsengesetzlichen Regelung auch jene Gruppe von „Initiatoren, Gründern und Managern" erfasst, auf deren Haftung es dem BGH ankomme. Ebenso kenne die Prospekthaftung des § 20 KAGG (a.F.) eine Haftung der Vermittler, welche der BGH als „besondere Vertreter" und „Sachwalter" haftbar mache.[653] Schließlich kennten die Regeln der spezialgesetzlichen Prospekthaftung eine im Einzelnen verschieden abgestufte Begrenzung des Haftungsmaßstabes, wobei der Ausschluss der Haftung für leichte Fahrlässigkeit von Bedeutung sei. Diese Haftungsbegrenzung sei auch für die allgemein-zivilrechtliche Prospekthaftung zu fordern.[654]

---

[650] BGH NJW 1982, 1514

[651] *Coing*, WM 1980, 206, 211

[652] Coing, WM 1980, 206, 211 f.

[653] *Coing*, WM 1980, 206, 212

[654] *Coing*, WM 1980, 206, 212

2. DIE KRITIK AN DEM ANSATZ DER RECHTSANALOGIE NACH *COING*

Die von Seiten der Literatur gegenüber dem Haftungsansatz *Coings* geäußerte Kritik wurde bereits im Rahmen des Kapitels 4 ausführlich dargestellt.[655] Im Folgenden sollen daher lediglich die fundamentalen Kritikpunkte nochmals dargestellt werden. Ein Analogieschluss sei methodisch nicht korrekt, da der „Graue Kapitalmarkt" nicht dem mit der Börse vergleichbaren besonderen Markt entspreche. Der Vertrieb von Kommanditbeteiligungen sei nicht mit dem Vertrieb an der Börse vergleichbar: ein Beitritt zu einer Abschreibungsgesellschaft finde nur einmal statt, einen Markt für den Umsatz mit solchen Beteiligungen gebe es nicht.[656] Im Bereich des „Grauen Kapitalmarktes" fehle eine den spezialgesetzlichen Prospekthaftungsbestimmungen entsprechende Pflicht zur Veröffentlichung eines Prospekts; eine solche Pflicht sei jedoch Voraussetzung für eine Prospekthaftung.[657] Jedenfalls entfalle damit ein für eine Analogie tragfähiges, grundlegendes Wesensmerkmal.[658]

3. DER EINHEITLICHE PROSPEKTHAFTUNGSANSATZ AUF DER BASIS EINER RECHTSANALOGIE ZU DEN §§ 44 FF. BÖRSG, 127 INVG

a) Die Methodik der Rechtsanalogie

Die Erarbeitung eines methodisch korrekten Haftungsansatzes für die allgemein-zivilrechtliche Prospekthaftung, der gleichermaßen auch Haftungsansatz einer einheitlichen Prospekthaftungstheorie ist, erfolgt auf der Grundlage einer Rechtsanalogie zu den spezialgesetzlichen Vorschriften der §§ 44 ff. BörsG, 127 InvG. Rechtsanalogie oder auch Gesamtanalogie bedeutet, dass aus mehreren gesetzlichen Bestimmungen, die an verschiedene Tatbestände die gleiche Rechtsfolge anknüpfen, ein „allgemeiner Rechtsgrundsatz" entnommen wird, der auf einen im Gesetz nicht geregelten Tatbestand wertungsmäßig ebenso zutrifft, wie auf die geregelten Tatbestände.[659] Ein Analogieschluss setzt dabei zwei wesentliche Bedingungen voraus: eine Ähnlichkeit der Tatbestände hin-

---

[655] Vgl. Kapitel 3, IV. 2. c)

[656] *Lutter*, in: FS Bärmann, S. 605, 628, 629

[657] *V. Bar*, ZGR 1983, 476, 502

[658] *Hoffmann*, Vermögensschäden, S. 97

[659] Vgl. *Larenz*, Methodenlehre der Rechtswissenschaft, S. 383 f.; *Larenz/Wolf*, Allgemeiner Teil des Bürgerlichen Rechts, S. 114; Palandt/*Heinrichs*, Einl. vor § 1, Rdn. 40

sichtlich der für die gesetzliche Bewertung maßgeblichen Hinsicht,[660] sowie eine planwidrige Regelungslücke[661] hinsichtlich des rechtsähnlichen, aber ungeregelten Tatbestandes.

Dabei ist *Canaris*[662] zuzugeben, dass die Analogie als logisch - teleologisches Schlussverfahren nicht nur ein Mittel zur Ausfüllung von Gesetzeslücken darstellt, sondern auch bereits ihrer Feststellung dient. Denn wenn die Unvollständigkeit des positiven Rechts mit Hilfe des Gleichheitssatzes ermittelt wird und wenn für diesen Vergleich auf die Wertungen des Gesetzes, also die „ratio legis", zurückzugreifen ist, so bedeutet dies doch nichts anderes, als dass schon für die Frage der Lückenhaftigkeit die Rechtsähnlichkeit eines gesetzlich geregelten und eines nicht geregelten Falles maßgeblich ist, dass die Lücke also im Wege eines Analogieschlusses festgestellt wird.[663] Aus der sich somit ergebenden Einheit von Lückenfeststellung und Lückenausfüllung[664] muss zunächst das Vorliegen eines rechtsähnlichen Tatbestandes einer Prüfung unterzogen werden.

Das grundlegende Postulat der Rechtsähnlichkeit zweier Sachverhalte bedeutet, dass sie in einigen Hinsichten gleich sein müssen, in anderen aber nicht. Die Tatbestände dürfen also einander weder gleich noch absolut ungleich sein; sie müssen aber gerade in den für die rechtliche Bewertung maßgebenden Punkten übereinstimmen. Dies erfordert die Offenlegung der in der gesetzlichen Regel zum Ausdruck kommenden Wertung in maßgeblicher Hinsicht. Daran hat sich die positive Feststellung zu schließen, dass der zu beurteilende Sachverhalt dem gesetzlich geregelten in allen diesen Hinsichten gleicht sowie die negative Feststellung, dass die verbleibenden Unterschiede nicht von solcher Art sind, dass sie die gesetzliche Wertung hier ausschließen.[665]

Im besonderen Fall der Rechtsanalogie erschöpft sich dabei der Gedankengang nicht in der Ermittlung der „ratio legis" einer gesetzlichen Regel, wie bei der Gesetzes- oder Einzelanalogie; es ist darüber hinaus erforderlich, aus verschiedenen gesetzlichen Tatbeständen, die die gleiche Rechtsfolge haben, einen

---

[660] Vgl. *Larenz*, Methodenlehre der Rechtswissenschaft, S. 381 ff.

[661] Vgl. hierzu ausführlich *Larenz*, Methodenlehre der Rechtswissenschaft, S. 370 ff.; *Canaris*, Die Feststellung von Lücken im Gesetz, S. 55 ff.

[662] *Canaris*, Die Feststellung von Lücken im Gesetz, S. 71 f.

[663] Dass die Analogie ihre Rechtfertigung im Gleichheitssatz findet, wird überwiegend vorausgesetzt, vgl. stellvertretend *Coing*, Grundzüge der Rechtsphilosophie, S. 282 ff., *Larenz*, Methodenlehre der Rechtswissenschaft, S. 275 und 281, *Canaris*, Die Feststellung von Lücken im Gesetz, S. 72

[664] Vgl. hierzu *Canaris*, Die Feststellung von Lücken im Gesetz, S. 146 f.

[665] Larenz, Methodenlehre der Rechtswissenschaft, S. 382, 383

„allgemeinen Rechtsgrundsatz“ zu entnehmen, der auf den oder die nicht geregelten Tatbestände wertungsmäßig ebenso zutrifft. *Canaris* wehrt sich indes gegen die Kennzeichnung des als Rechtsanalogie bezeichneten Verfahrens der Analogie mit der Begründung, es handele sich hierbei nicht um einen Schluss vom Besonderen auf Besonderes, sondern vom Besonderen auf das Allgemeine, also nicht um Analogie, sondern um „Induktion“.[666] Dem wird entgegengehalten, auch im Falle der Einzelanalogie werde nicht unmittelbar von einem Besonderen auf ein anderes Besonderes geschlossen, sondern durch Vermittlung des den beiden Tatbeständen Gemeinsamen, das als das für die Wertung Ausschlaggebende erkannt wird.[667] Die Gewinnung eines allgemeinen Grundsatzes im Wege einer „Gesamt- oder Rechtsanalogie“ beruhe schließlich auf der Erkenntnis, dass die gemeinsame „ratio legis“ aller herangezogenen Einzelbestimmungen nicht nur in den geregelten Einzelfällen, sondern immer schon dann zutreffe, wenn bestimmte, in allgemeiner Weise angebbare Voraussetzungen vorlägen. Über die gemeinsame „ratio legis“ gelange man zu einem allgemeinen Rechtsgrundsatz, der sich durch seinen materiellen Gerechtigkeitsgehalt legitimiere und durch die im Gesetz mit ihm übereinstimmend geregelten Fälle seine positiv - rechtliche Bestätigung finde. Dabei sei stets zu prüfen, ob nicht andere Gesetzesbestimmungen der Annahme eines „allgemeinen Rechtsgrundsatzes“ entgegenstünden oder ob dessen Anwendungsbereich nicht durch ein „gegenläufiges“ Rechtsprinzip beschränkt werde. Die Notwendigkeit dieser Überlegungen verböte es nach *Larenz*, das Verfahren einfach als das einer „Induktion“ zu kennzeichnen.[668] Freilich wohnt beiden Ansichten ein überzeugender Aussagegehalt inne, wobei jedoch die eigentliche Erkenntnis und Verknüpfung von Rechtsanalogie und Induktion in einem anderen Punkt liegt: die von *Canaris* genannte induktive Vorgehensweise ist vielmehr Bestandteil der Rechtsanalogie, wenngleich sich jene nicht darin erschöpft. Das induktive Element der Rechtsanalogie ist die Ermittlung des den einzelnen Tatbeständen innewohnenden „allgemeinen Rechtsgrundsatzes“. Nun besagt die Rechtsanalogie jedoch noch ein Weiteres. Nämlich dass eben dieser Rechtsgrundsatz es rechtfertige, die Regelungen der einzelnen Tatbestände wertungsmäßig auf einen oder mehrere weitere Tatbestände, mithin auf das „Besondere“ zu übertragen. Die Induktion ist nach diesem Verständnis ein Zwischenschritt der Methode „Rechtsanalogie“. Vor dem Hintergrund der allgemeinen rechtstheoretischen Betrachtung kommt diesem induktiven Element durchaus eine weitere, wichtige Bedeutung zu. Die Ermittlung des allgemeinen Rechtsgrundsatzes anhand der gemeinsamen „ratio legis“ geschieht unter der wertungsmäßigen Betrachtung der den einzelnen Tatbeständen innewohnenden Problematik und deren Lösung durch das Gesetz. Damit korrespondiert die „ratio legis“ und der sich daraus ermittelnde „allgemeine Rechtsgrundsatz“ mit den

---

[666] *Canaris*, Die Feststellung von Lücken im Gesetz, S. 97 ff.

[667] *Larenz*, Methodenlehre der Rechtswissenschaft, S. 384

[668] So *Larenz*, Methodenlehre der Rechtswissenschaft, S. 384 f.

Problemlösungen, welche als „intendierte Anwendungen" juristischer Theorien gelten.[669] Dadurch wird deutlich, dass die Methode der Rechtsanalogie in ihrer Gesamtheit ein profundes und werthaltiges Mittel zur konstruktiven Verankerung vorliegender juristischer Prospekthaftungstheorie darstellt, da sie die „ratio legis" von Norm und Gesetz im Wege der methodischen Rechtsgewinnung auf eine legitime Haftungsgrundlage überträgt.

b) Die „ratio legis" der §§ 44 ff. BörsG, 127 InvG und der darin verwirklichte „allgemeine Rechtsgrundsatz"

Die §§ 44, 45 BörsG, 127 InvG regeln die Haftung der Prospektverantwortlichen für den Vertrieb von Aktien, ausländischen Investmentanteilen und Anteilen an Kapitalanlagegesellschaften vermittels unvollständiger oder unrichtiger Prospekte. Zugrunde liegender Gedanke der genannten Regelungen ist, dass der jeweils verwandte Prospekt die wesentliche Grundlage für die Anlageentscheidung des Anlegers ist. Der Anleger, der in der Regel über keine eigenen Informationsquellen hinsichtlich der ihm angebotenen Kapitalanlagen verfügt, muss sich darauf verlassen können, dass die im Prospekt enthaltenen wesentlichen Angaben sachlich richtig und vollständig sind. Trifft dies nicht zu, wird seine Entscheidungsgrundlage verändert. Es soll ihm deshalb die Möglichkeit offen stehen, sich unter Rückgewähr der jeweiligen Leistungen von dem Vertrag zu lösen.[670]

In die Haftung genommen werden die jeweils für den Prospekt Verantwortlichen. Dies können, wie im Rahmen der Haftung nach § 127 InvG die Gesellschaft selbst sein, welche die Verantwortung für einen einwandfreien Prospekt trägt[671], aber auch jene natürlichen Personen, von denen der Erlass des Prospekts ausgeht oder die für den Prospekt die Verantwortung übernommen haben.[672] Die Haftung zwischen Anlegern und Prospektverantwortlichen wird durch den Prospekt vermittelt. Die Grundlage der Haftung liegt mithin in einem unrichtigen

[669] Vgl. *Canaris*, JZ 1993, 377, 380

[670] Vgl. die amtliche Begründung zu § 12 AuslInvestmG, BT - Drucks. V/3494, S.23; entsprechend zu § 17 b KAGG (= 20 KAGG, beide a.F.), ebenda S. 28 f., in soweit sachlich unverändert durch das mit dem Investmentmodernisierungsgesetz eingeführte Investmentgesetz, vgl. die Regierungsbegründung in: BT - Drucks. 15/1553, S. 1 ff., insbesondere S. 115; zum BörsG vgl. BGH AG 1998, 520, 521 (Haftung der emissionsbegleitenden Bank, „Elsflether Werft AG"), auch BGH NJW 2003, 2384, 2385: *„Er (der Anleger) soll in seinem vor dem Erwerb gefassten Vertrauen auf einen richtigen Prospekt geschützt werden,...* "

[671] Vgl. *Baur*, Investmentgesetze, § 20 Rdn. 19 KAGG; entsprechend § 12 Rdn. 6 AuslInvestmG

[672] Vgl. § 44 BörsG

oder unvollständigen Prospekt. Die Prospekthaftung trägt dabei auch dem Umstand Rechnung, dass eine vertragliche Beziehung zwischen Prospektverantwortlichen und Anlegern über den - für die Haftung wesentlichen - Inhalt des Prospekts nicht zustande kommt und eine deliktische Haftung dogmatisch ebenfalls nicht begründbar ist.[673] Die Prospekthaftung der §§ 44 ff. BörsG, 127 InvG ist dabei umfassend als Vertrauenshaftung zu charakterisieren. Im Rahmen dieser Vertrauenshaftung werden grundlegende Interessenkollisionen erkannt und im Wege einer wertenden Betrachtung einer Lösung zugeführt. Wesentlicher Bestandteil dieser Betrachtung ist dabei die exponierte Funktion des Anlegerschutzes als das die Prospekthaftung maßgeblich bestimmende Rechtsprinzip. Diesem kommt eine tragende Bedeutung zu, wenn man vergegenwärtigt, dass der Anleger über ein gesteigertes Informationsdefizit und damit verbundenes Informationsbedürfnis verfügt. Schließlich geht es bei der Anlageentscheidung um eine wirtschaftlich bedeutsame Entscheidung, welche das wirtschaftliche Selbstbestimmungsrecht des Anlegers betrifft. In allen Fällen der spezialgesetzlichen Prospekthaftung findet sich ein Haftungsverhältnis zwischen Anleger und Prospektverantwortlichen, welches wesentlich und entscheidend auf der fehlerhaften Informationsübermittlung vermittels eines Prospekts gründet. Die Einordnung der Prospekthaftung als Vertrauenshaftung enthält hierbei die Erkenntnis, dass die Anlageentscheidung aufgrund des Prospekts auf dem Vertrauen des Anlegers in richtige und vollständige Prospektangaben beruht. Dieses Vertrauen wurde im Rahmen einer wertungsgemäßen Betrachtung als schutzwürdig erkannt und dient somit als grundlegender „Anker" für die Begründung einer Haftung der Prospektverantwortlichen.

Aus den genannten Eigenarten der Prospekthaftung ergibt sich die „ratio legis" der §§ 44 ff. BörsG, 127 InvG: es muss derjenige Anleger durch einen Haftungsanspruch geschützt werden, der aufgrund seiner informationsdefizitären Stellung auf die Vollständigkeit und Richtigkeit der im Prospekt gemachten Angaben vertraut, da der Prospekt für ihn die wesentliche Grundlage bei der Anlageentscheidung darstellt. Wird dieses Vertrauen enttäuscht, haften jene, die für die Unrichtigkeit oder Vollständigkeit der Angaben verantwortlich sind. Es lässt sich mithin aus den spezialgesetzlich geregelten Fällen der Prospekthaftung gemäß §§ 44 ff. BörsG, 127 InvG folgender „allgemeiner Rechtsgrundsatz" entnehmen: *„Jeder, der auf dem Kapitalmarkt öffentlich und verantwortlich bestimmte Anlagemöglichkeiten anbietet und dafür im Rahmen eines Prospekts mit einer Beschreibung des Wirtschaftsunternehmens, in dem das Kapital angelegt werden soll, wirbt, haftet denjenigen Anlegern, die auf die Richtigkeit und Vollständigkeit der in dem Prospekt gemachten Angaben vertraut haben, für die Enttäuschung dieses Vertrauens."*

---

[673] Vgl. insoweit die Ausführungen in Kapitel V, II

Versteht man diesen „allgemeinen Rechtsgrundsatz" als grundlegende Lösung des ihm innewohnenden Problems der Prospekthaftung, nämlich der interessegerechten Behandlung des Verhältnisses zwischen Anleger und Prospektverantwortlichen beim Vertrieb von Kapitalanlagen vermittels eines unrichtigen oder unvollständigen Prospekts, wird deutlich, dass sich gerade hierin auch die für die einheitliche Prospekthaftungstheorie erkannte „intendierte Anwendung" widerspiegelt.[674]

c) Die Rechtsähnlichkeit der §§ 44 ff. BörsG, 127 InvG zur Prospekthaftung des „Grauen Kapitalmarktes"

Für die Rechtsanalogie der allgemein-zivilrechtlichen Prospekthaftung zu den §§ 44 ff. BörsG, 127 InvG ist nun entscheidend, dass der oben dargestellte „allgemeine Rechtsgrundsatz" auf die von der allgemein-zivilrechtlichen Prospekthaftung umfassten Tatbestände wertungsgemäß ebenso zutrifft. Für die Bejahung der Rechtsähnlichkeit ebenso von Bedeutung ist dabei, dass verbleibende Unterschiede von spezialgesetzlicher und allgemein-zivilrechtlicher Prospekthaftung nicht von solcher Art sind, dass sie die Analogie ausschließen, dass mithin die Unterschiede für die rechtliche Bewertung nicht maßgebend sind.

Im Rahmen der allgemein-zivilrechtlichen Prospekthaftung findet sich ebenso wie bei der spezialgesetzlichen Prospekthaftung der öffentliche Vertrieb von Kapitalanlagen vermittels eines Prospektes, der über diese Kapitalanlage informiert. Der Prospekt stellt hierbei in der Regel die einzige, zumindest jedoch wesentliche Grundlage für den Anlageentschluss des Anlegers dar.[675] Erst durch den Prospekt wird der Anleger in die Lage versetzt, die Anlage objektiv richtig zu beurteilen und sein Risiko richtig einzuschätzen.[676] Da dem Anleger regelmäßig keine Kontrollmöglichkeiten hinsichtlich des Prospekts zustehen, muss sein Vertrauen in richtige und vollständige Angaben im Prospekt im Falle der Enttäuschung dieses Vertrauens geschützt werden. Im Bereich der allgemein-zivilrechtlichen Prospekthaftung wird durch den Prospekt ebenso Einfluss auf die Anlageentscheidung des Anlegers genommen wie bei der spezialgesetzlichen Prospekthaftung.[677] Über diese grundlegenden Aspekte hinaus stimmen allgemein-zivilrechtliche und spezialgesetzliche Prospekthaftung in allen für die rechtliche Beurteilung der beiden Haftungssegmente wesentlichen Hinsichten überein. Es sollen diese Übereinstimmungen vorliegend nicht mehr im Einzelnen dargestellt werden, da eine erschöpfende Analyse im Rahmen dieses Kapi-

[674] Vgl. daher auch dieses Kapitel 5 I. 1. und II. 2.

[675] Vgl. stellvertretend BGHZ 115, 213, 218 f.

[676] BGHZ 115, 213, 218 f.

[677] BGHZ 115, 213, 218 f.

tels unter II. bereits erfolgt ist. Unter II. dieses Kapitels wurde dargestellt, dass beide Segmente der Prospekthaftung in den für die rechtliche Bewertung maßgeblichen Hinsichten übereinstimmen. Dies umfasst die Übereinstimmung auf der real - sozialen Ebene, welche die Ermittlung der zugrunde liegenden Interessenkollisionen und deren grundlegende Bewertung zum Inhalt hat, genauso, wie die gleichlaufende vertrauenstheoretische Verankerung. Auch die funktional - rechtliche Betrachtung hat ergeben, dass beide Prospekthaftungen in den für die Prospekthaftung und deren rechtliche Bewertung wesentlichen Punkten übereinstimmen.

Dass die der allgemein-zivilrechtlichen und spezialgesetzlichen Prospekthaftung zugrunde liegenden Sachverhalte einander nicht gleich sind, zeigen die Unterschiede, wie das Fehlen eines Prospektzwanges oder auch Sekundärmarktes im Segment der allgemein-zivilrechtlichen im Gegensatz zur spezialgesetzlichen Prospekthaftung, sowie die differenziert gestalteten Regelungsziele. Es ist indes festzuhalten, dass diese Unterschiede für die rechtliche Bewertung der Prospekthaftung nicht maßgebend sind.[678]

Aus diesen, sich unter Bezugnahme auf Kapitel 6, II. ergebenden Erkenntnissen lässt sich nun folgern, dass der aus den §§ 44 ff. BörsG, 127 InvG unter Berücksichtigung der „ratio legis" entnommene Rechtsgrundsatz, dass „jeder, der auf dem Kapitalmarkt öffentlich und verantwortlich bestimmte Anlagemöglichkeiten anbietet und dafür im Rahmen eines Prospekts mit einer Beschreibung des Wirtschaftsunternehmens, in dem das Kapital angelegt werden soll, wirbt, denjenigen Anlegern haftet, die auf die Richtigkeit und Vollständigkeit der in dem Prospekt gemachten Angaben vertraut haben, wenn das Vertrauen enttäuscht wurde" auch für den Bereich der allgemein-zivilrechtlichen Prospekthaftung wertungsgemäß zutrifft. Die Rechtsähnlichkeit der §§ 44 ff. BörsG, 127 InvG zur Prospekthaftung des „Grauen Kapitalmarktes" als Voraussetzung und Bestandteil der Rechtsanalogie ist somit umfänglich gegeben.

d) Das Vorliegen einer planwidrigen Regelungslücke

aa) Die Regelungslücke im Bereich des „Grauen Kapitalmarktes"

Eine Lücke liegt dem Grundsatz nach vor, wenn im positiven Recht eine Regelung fehlt, obwohl diese in ihrer Gesamtheit eine solche fordert.[679] Um eine Lücke festzustellen, gilt es zu beweisen, dass eine Regelung nicht nur vom Rechtssuchenden oder -anwendenden subjektiv als unbefriedigend empfunden wird, sondern vom Standpunkt der Gesamtrechtsordnung aus objektiv eine planwidri-

---

678 Vgl. dieses Kapitel 5, II. 3. a) bb), II. 3. b) und II. 3. d)

679 *Canaris*, Die Feststellung von Lücken im Gesetz, S. 55

ge Unvollständigkeit darstellt; denn deren Wille und nicht das Rechtsgefühl des Einzelnen ist das maßgebliche Kriterium zur Abgrenzung von rechtspolitischem Fehler und Lücke. Im Rahmen dieser Feststellung muss auf bestimmte Normen und die in ihnen verkörperten Wertungen zurückgegriffen werden. Erst dadurch lässt sich klären, ob der empfundene Mangel eine Lücke oder lediglich ein rechtspolitischer Fehler ist.[680] Unter Berücksichtigung der Funktion des Analogieschlusses als Mittel der Lückenfeststellung entscheidet letztlich und entscheidend der Ähnlichkeitsschluss über die Abgrenzung zwischen Fehler und Lücke[681]: regelt ein Gesetz einen Sachverhalt A in bestimmter Weise, enthält es aber keine Regeln für den im Sinne der getroffenen Entscheidung gleich liegenden Fall B, liegt eine Lücke im Gesetz vor.[682]

Von einer derartigen „Gesetzeslücke" wird die „Rechtslücke"[683] unterschieden. Hierunter versteht man den Fall, dass nicht ein einzelnes Gesetz in sich, d.h. gemessen an seinem Regelungsplan, unvollständig ist, wohl aber die Rechtsordnung im Ganzen, indem sie einen ganzen Bereich, der einer Regelung bedarf, gesetzlich ungeregelt lässt oder ein Rechtsinstitut nicht enthält, das sie mit Rücksicht auf ein unabweisbares Verkehrsbedürfnis oder ein vom allgemeinen Rechtsbewusstsein bejahtes Rechtsprinzip enthalten sollte. Als Fälle von Rechtslücken kommen vor allem auch solche in Betracht, in denen die Entwicklung der Technik, der wirtschaftlichen und sozialen Verhältnisse die Regelung eines Bereichs erforderlich machen, der früher ungeregelt bleiben konnte, weil er unbedeutend war und keine besonderen Rechtsprobleme aufwarf.[684]

Bevor diese grundlegend methodischen Ausführungen nun anhand des vorliegenden Problems der Prospekthaftung konkretisiert werden, soll noch eines in Bezug auf die von der Rechtsprechung entwickelte allgemein-zivilrechtliche Prospekthaftung klargestellt werden. Richterliche Rechtsfortbildung bedarf der methodisch geleiteten Begründung, soll sich ihr Ergebnis als „Recht" im Sinne der geltenden Rechtsordnung rechtfertigen lassen.[685] Zwar hat die Rechtsprechung im Rahmen der allgemein-zivilrechtlichen Prospekthaftung eine mittler-

---

[680] *Canaris*, Die Feststellung von Lücken im Gesetz, S. 73

[681] *Canaris*, die Feststellung von Lücken im Gesetz, S. 75; so auch *Larenz*, Methodenlehre der Rechtswissenschaft, S. 374 f.

[682] *Larenz*, Methodenlehre der Rechtswissenschaft, S. 375

[683] Vgl. *Engisch*, Einführung, S.138 ff.; *Canaris*, Die Feststellung von Lücken im Gesetz, S. 35 ff.; kritisch hingegen *Larenz*, a.a.O., S. 375 ff., der „Rechtslücken" nur anerkennen möchte, wenn sie zugleich „Gesetzeslücken" darstellen.

[684] Vgl. *Larenz*, Methodenlehre der Rechtswissenschaft, S. 376

[685] *Larenz*, Methodenlehre der Rechtswissenschaft, S. 369

weile verfestigte, ständige Rechtsprechung entwickelt[686], die Begründung hierfür erschöpfte sich jedoch in methodisch unzureichender Weise in der Feststellung, dass es bei der Prospekthaftung um „eine Weiterführung eines Grundgedankens einer Vertrauenshaftung" gehe, wie sie für die Grundfälle eines Verschuldens bei Vertragsverhandlungen entwickelt worden ist, in einem bestimmten, vom Gesetzgeber als regelungsbedürftig nicht vorhergesehenen, aber ausfüllungsbedürftigen Bereich".[687] Es ist nun aber an dieser Stelle nicht die Aufgabe des Rechtswissenschaftlers zu hinterfragen, ob die Rechtsprechung des BGH zur allgemein-zivilrechtlichen Prospekthaftung sich trotz der methodischen Inkonsistenz zu „Recht" verwirklicht hat und somit dem Vorliegen einer Lücke grundsätzlich entgegensteht. Der Blickwinkel des Rechtswissenschaftlers ist nämlich gerade der, dass die vorliegende Problematik kritisch untersucht und methodisch sauber einer Lösung zugeführt wird. Das bedeutet, dass die Rechtsprechung des BGH gerade auch Gegenstand der vorliegenden Untersuchung ist und ihr im Ergebnis ein methodisches Fundament gegeben werden soll. Wenn also im Vorliegenden der Fall einer „Rechtslücke" geprüft wird, steht die Rechtsprechung zur allgemein-zivilrechtlichen Prospekthaftung dem nicht entgegen, ist ihre methodische Grundlegung doch gerade Gegenstand der Prüfung des Rechtswissenschaftlers.

Der Bereich der allgemein-zivilrechtlichen Prospekthaftung umfasst die Haftung für den Vertrieb von Kapitalanlagen des „Grauen Kapitalmarktes" vermittels eines unrichtigen oder unvollständigen Prospekts. Ein umfassender wirtschaftlicher und sozialer Lebensbereich, der „Graue Kapitalmarkt", im Rahmen dessen Kapitalanlagen entstehen und vertrieben werden, entbehrt dabei einer gesetzlichen Regelung. Es fehlt vorliegend nicht an Regelungen innerhalb der einzelnen Spezialgesetze wie dem BörsG oder InvG. Vielmehr hat sich im Rahmen der Entwicklung des „Grauen Kapitalmarkts" durch die Änderung sozialer und wirtschaftlicher Verhältnisse ein ganz neues Feld erschlossen, welches zuvor nicht nur wenig Bedeutung hatte, sondern durch die Einführung neuer Vertriebs- und Anlagemodelle, insbesondere den Steuersparmodellen, überhaupt erst entstanden ist.[688] Dabei hat die Rechtsprechung erkannt, dass das Problem des Vertriebs von Kapitalanlagen auf dem Grauen Kapitalmarkt vermittels unrichtiger oder unvollständiger Prospekte ebenso einer Haftungsanordnung bedarf, wie dies bereits für die Kapitalanlagen des organisierten Kapitalmarktes gesetzlich legitimiert und praktiziert wurde. Im Rahmen der vergleichenden Untersuchung von allgemein-zivilrechtlicher und spezialgesetzlicher Prospekthaftung unter II. und III. dieses Kapitels wurde herausgearbeitet, dass nach der „ra-

---

686 Seit BGH NJW 1978, 1625 f. = BGHZ 71, 284 ff. bis heute

687 So die Methodik des II. Senats in BGH NJW 1981, 1449, 1450; vgl. hierzu auch Kapitel 3, III. 3. b) cc)

688 Vgl. die Darstellung der historischen Entwicklung in Kapitel 2, II.

tio legis“ der spezialgesetzlichen Regelungen und der bestehenden Gemeinsamkeiten in rechtlich maßgebender Hinsicht eine die Gleichbehandlung rechtfertigende Ähnlichkeit zu bejahen ist. Vom Standpunkt der Gesamtrechtsordnung aus findet sich für den Bereich der allgemein-zivilrechtlichen Prospekthaftung daher eine Lücke, und zwar nach den obigen Ausführungen eine „Rechtslücke“.

bb) Die Planwidrigkeit der „Rechtslücke“

Gegen den Begriff der „Rechtslücke“, die nicht zugleich eine Gesetzeslücke ist, wendet *Larenz* ein, dass auf sie der Gedanke einer „planwidrigen Unvollständigkeit“ nicht passe.[689] Denn von einem Plan, einer bestimmten Regelungsabsicht, lasse sich nur bei einem Gesetz sprechen, nicht im Hinblick auf die Rechtsordnung im Ganzen. Die „Rechtslücke“ sei dann eine Unvollständigkeit des gesetzten Rechts, gemessen an dem „Gesamtplan“ der Kodifikation; ein solcher „Gesamtplan“ existiere jedoch nicht. Da das „innere“ System“, als das sich die anzustrebende Einheit der Gesamtrechtsordnung darstelle, kein „geschlossenes“, sondern ein „offenes“ System sei, das niemals abgeschlossen, sondern immer in der Entwicklung begriffen sei[690], passe die Vorstellung einer „Rechtslücke“ im Sinne einer planwidrigen Unvollständigkeit der gesamten Rechtsordnung nicht.

Diese Argumente können indes nicht überzeugen. Eine „Rechtslücke“ ist zum einen schon keine Unvollständigkeit des Rechts, die an einem „Gesamtplan“ der Kodifikation gemessen wird. Vielmehr handelt es sich dabei um eine Unvollständigkeit, die sich an den Wertungen und Prinzipien eines bestimmten und abgegrenzten Bereichs des Rechtssystems misst. Ein solches ergibt sich deutlich aus der Bestimmung der Regelungslücke hinsichtlich der allgemein-zivilrechtlichen Prospekthaftung gegenüber den spezialgesetzlichen Regelungen. Dort wurde anhand der „ratio legis“, also des Gesetzesplans, ein „allgemeiner Rechtsgrundsatz“ ermittelt, welcher auf die nicht geregelten Fälle der allgemein-zivilrechtlichen Prospekthaftung zutrifft und damit auch eine Regelungslücke begründet. Die Feststellung einer „Rechtslücke“ bezieht sich mithin gerade nicht zwingend auf die „Gesamtrechtskodifikation“, sondern auf einen davon abgegrenzten Rechtsbereich, der seinerseits hinsichtlich seiner „inneren“ Strukturierung einem bestimmten Plan von Wertungen und Prinzipien folgt. Der Gedanke des „inneren“ Systems als „offenes“ System führt nun entgegen *Larenz*[691] gerade zu der Erkenntnis, dass sich naturgemäß neue, zu regelnde Bereiche der Rechtsordnung erschließen, welche bereits existenten Regelungen durchaus wertungsgemäß entsprechen können, jedoch im Rahmen der Rechtssetzung be-

---

689 *Larenz*, Methodenlehre der Rechtswissenschaft, S. 376 f.

690 Vgl. hierzu *Canaris*, Systemdenken und Systembegriff in der Jurisprudenz, S. 61 ff.; *Bydlinski*, System und Prinzipien des Privatrechts, S. 20 ff.

691 *Larenz*, Methodenlehre der Rechtswissenschaft, S. 377

stimmter Bereiche noch nicht gegenwärtig und absehbar waren. Gemessen an dem Plan wertungsgemäß ähnlicher Vorschriften stellt sich eine derart im Rahmen eines entwicklungsfähigen und -bereiten Systems entstehende „Rechtslücke“, wenn sie als solche erkannt wurde, dann auch grundsätzlich als „planwidrig“ dar. Wenn man sich also die im Rahmen der Rechtsanalogie herbeigezogenen Kriterien der „ratio legis“ bestimmter Normen und den darin verkörperten „Plan“ sowie deren Übertragbarkeit auf wertungsgemäß ähnliche Sachverhalte vergegenwärtigt, wird deutlich, dass das „offene“ System der Rechtsordnung die Entstehung von „planwidrigen Unvollständigkeiten“, als welche sich „Rechtslücken“, die im Wandel technischer, wirtschaftlicher oder sozialer Verhältnisse entstanden sind, grundsätzlich darstellen, letztlich sogar genuin zur Folge hat.

Übertragen auf den Bereich der allgemein-zivilrechtlichen Prospekthaftung, welche im Zuge des Entstehens neuer Anlage- und Vertriebsformen, also des „Grauen Kapitalmarktes“, entwickelt wurde, bedeutet dies, dass durch die Feststellung einer „Rechtslücke“ in diesem Bereich auch das Vorliegen einer „planwidrigen Regelungslücke“ indiziert wird. Der den spezialgesetzlichen Regelungen innewohnende Plan des Gesetzgebers, welcher nach Wertungsmaßstäben auf die Prospekthaftung des „Grauen Kapitalmarktes“ gleichwertig übertragbar ist, konnte diese aufgrund ihrer späteren Entstehung nicht regelnd mit einbeziehen. Eine andere Beurteilung ließe lediglich ein dem erkannten Plan der zur Erschließung der „Rechtslücke“ führenden Normen der spezialgesetzlichen Prospekthaftung zuwiderlaufender Wille des Gesetzgebers zu. Dem Gesetzgeber als Primat der Normsetzung ist das Recht zuzuschreiben, einzelne Bereiche bewusst von einer Regelung auszusparen, auch wenn dies wertungsgemäß nicht ins System passt. Die darauf gründende Auseinandersetzung wäre eine rechtspolitische, die Planwidrigkeit einer Regelungslücke ließe sich aufgrund eines entgegenstehenden Willens des Gesetzgebers dabei nicht mehr vertreten. Ein solch entgegenstehender Wille des Gesetzgebers ist und war jedoch nicht gegeben. Zwar reagierte die Bundesregierung am 02.01.1978 auf die fragwürdigen Werbepraktiken und zahlreichen Zusammenbrüche von Anlagegesellschaften durch den Entwurf eines Vermögensanlagegesetzes[692], der jedoch einige dogmatisch konstruktive Mängel aufwies und im Übrigen parlamentarisch nicht weiterentwickelt wurde.[693]

Eine „planwidrige“ Rechtslücke kann somit hinsichtlich des Regelungsbereiches der allgemein-zivilrechtlichen Prospekthaftung positiv festgestellt werden.

---

[692] Entwurf eines Gesetzes über den Vertrieb von Anteilen an Vermögensanlagen, BT - Drucks. 8/1405, S. 1, 4 ff.

[693] Vgl. *Assmann* in: Assmann/Schütze, Handbuch des Kapitalanlagerechts, § 7 Rdn. 10; der BGH hat dann mit Beginn der Rechsprechung zur allgemein - zivilrechtlichen Prospekthaftung in seinem Urteil vom 24.04.1978 (BGHZ 71, 284 ff. = BGH NJW 1978, 1625 f.) dem Gesetzgeber die Verantwortung „abgenommen“.

Die Voraussetzungen eines methodisch korrekten Haftungsansatzes der allgemein-zivilrechtlichen Prospekthaftung im Wege der Rechtsanalogie zu den §§ 44 ff. BörsG, 127 InvG liegen somit umfänglich vor. Daneben führt die Rechtsanalogie als Bestandteil der einheitlichen, kapitalmarktrechtlichen Prospekthaftungstheorie zu einem einheitlichen Haftungsansatz der Prospekthaftung.

IV. Folgerungen und Erkenntnisse

Die Entwicklung der einheitlichen, kapitalmarktrechtlichen Prospekthaftungstheorie vollzieht sich unter der Zielsetzung der Behebung von Missständen der gegenwärtigen Zweigleisigkeit der Prospekthaftung. Während die Prospekthaftung bislang eine weitgehend sonderprivatrechtliche Stellung einnimmt, findet durch die einheitliche Prospekthaftungstheorie auf der Basis der Vertrauenshaftung eine Harmonisierung der Prospekthaftung im Rahmen allgemein-zivilrechtlicher Regeln statt. Dadurch gelingt es, das Problem der systematischen und dogmatischen Erfassung der Prospekthaftung in einen allgemeinen und grundlegenden Zusammenhang der Rechtsdogmatik einzufügen. Durch die einheitliche Prospekthaftungstheorie erfolgt eine Stärkung der Struktur des Haftungsrechts, welche sich kapitalmarktübergreifend entfaltet. Die dogmatische, institutionelle und damit auch strukturelle Verknüpfung mit dem Haftungsrecht des organisierten Kapitalmarkts erzeugt eine Stärkung des „Grauen Kapitalmarkts“, die der Verwirklichung eines gesamtkapitalmarktrechtlichen, transparenten Haftungsrechts dient. Weiterhin ist auch die Forderung nach einem einheitlichen Anlegerschutz als Grundlage eines homogenen Gesamtkapitalmarkts Zeichen der Notwendigkeit einer einheitlichen Haftungstheorie. Durch die methodische Zusammenführung der allgemein-zivilrechtlichen Prospekthaftung mit der spezialgesetzlichen Prospekthaftung soll schließlich das Vertrauen in den „Grauen Kapitalmarkt“ gefördert werden. Die einheitliche Prospekthaftungstheorie, basierend auf dem gesetzlich strukturierten Haftungsrecht, nimmt dem „Grauen Kapitalmarkt“ einen Teil seiner Undurchsichtigkeit und Unsicherheit. Letztlich ist die einheitliche Prospekthaftungstheorie, wie sich im folgenden Kapitel zeigen wird, unverzichtbare Voraussetzung für das Konzept einer lückenlosen und einheitlichen kapitalmarktrechtlichen Prospekthaftung.

Grundaussage der einheitlichen, kapitalmarktrechtlichen Prospekthaftungstheorie ist zunächst, dass der allgemein-zivilrechtlichen und spezialgesetzlichen Prospekthaftung das gleiche rechtliche Problem zugrunde liegt. Grundlegend dogmatisch ist dies die Regelung der Haftung für die Verursachung primärer Vermögensschäden außerhalb des vertraglich geregelten Bereiches. Vorliegend konkretisiert durch die Prospekthaftung ist dies die Regelung der Haftung für den Vertrieb von Kapitalanlagen vermittels unrichtiger oder unvollständiger Prospekte. Darüber hinaus ist Erkenntnis und Bestandteil der einheitlichen Prospekthaftungstheorie, dass sich beide Bereiche der Prospekthaftung in den für die rechtliche Bewertung maßgebenden Hinsichten einander gleichen. Dies umfasst zum einen den Gleichlauf von zugrunde liegenden Interessenkonflikten- und deren Bewertung auf der real - sozialen Ebene. Zum anderen umfasst sie auch die dogmatische und systematische Fundierung der Prospekthaftung im Institut der Vertrauenshaftung, aus welchem sich die Feststellung der grundlegend für den Prospekt, und somit auch für die Haftung, verantwortlichen Personen ergibt. Letztlich ist auch der Ähnlichkeitsschluss einer funktional - rechtlichen Betrachtung, welche vor allem die Rolle des Prospekts und die Bedeutung des Prinzips des Anlegerschutzes beleuchtet, Element der einheitlichen Prospekthaftungstheorie.

Über die Erkenntnisse der theoretischen Grundlagen hinaus enthält die einheitliche Prospekthaftungstheorie jedoch auch einen einheitlichen, methodisch legitimen Haftungsansatz. Dieser gründet unter Zuhilfenahme der theoretischen Grundlagen auf der Feststellung, dass die Haftung im Bereich des „Grauen Kapitalmarktes" im Wege eines Analogieschlusses begründet werden kann. Diese Analogie ist als Rechtsanalogie zu begreifen, wodurch auf der Grundlage des aus den spezialgesetzlichen Prospekthaftungsnormen ermittelten „allgemeinen Rechtssatzes" eine einheitlich nutzbare „ratio" zur Lösung der gemeinsamen Problematik herangezogen werden kann.

Die auf diese Inhalte und Erkenntnisse gegründete einheitlich kapitalmarktrechtliche Prospekthaftungstheorie ist offen für neue Vertriebs- und Anlageformen. Kriterien der Vertriebsform und Anlageform sind zu Recht nicht Bestandteil der Theorie geworden, da sie nach der der Prospekthaftung innewohnenden „ratio" keine bestimmende Bedeutung für die rechtliche Bewertung haben. Neue Phänomene des Kapitalmarktes können daher künftig mit Hilfe der einheitlichen Prospekthaftungstheorie als methodischem „Handwerkszeug" erfasst und rechtlich bewertet werden, wobei man sich damit von einer paradigmatischen Problemlösung weitgehend entfernt. Wegen der „Einheitlichkeit" der Theorie geschieht dies auch unabhängig davon, in welchem Segment des Kapitalmarktes diese Phänomene auftreten. Damit ist die einheitliche, kapitalmarktrechtliche Prospekthaftungstheorie Bestandteil eines Gedankens, der nach der Schaffung eines allgemeinen Kapitalmarktrechts strebt, welches an den öffentlichen Vertrieb von Kapitalanlagen anknüpft.

Kapitel 6: Konzept einer lückenlosen und einheitlichen Haftung auf der Grundlage der einheitlichen Prospekthaftungstheorie

I. Konzept einer lückenlosen Prospekthaftung

Inhalt und Zweck der hier vorgestellten einheitlichen Prospekthaftungstheorie ist es, neben der Aufklärung dogmatischer und systematischer Zusammenhänge der Prospekthaftung einen lückenlosen Vermögensschutz desjenigen Kapitalanlegers zu gewährleisten, der durch einen Prospekt geworben wurde. Auf der Basis der einheitlichen Prospekthaftungstheorie und der zugrunde liegenden vertrauenstheoretischen Dogmatik soll mithin ein Konzept entstehen, welches dem durch einen Prospekt in seinem Vertrauen enttäuschten Kapitalanleger die Möglichkeit eines Haftungsanspruches zur Hand gibt, unabhängig von der Vertriebsform der Kapitalanlage, des Marksegmentes, in welchem die Kapitalanlage vertrieben wird, der Art der Prospektdarstellung und der Art der darin gesetzten Prospekterklärungen. Ein lückenloses System der Prospekthaftung verzichtet also auf die Abhängigkeit von den genannten äußerlichen Gestaltungs- und Vertriebsmöglichkeiten, indem es seinen Ansatz in der vertrauenstheoretischen Lösung des zugrunde liegenden Problems des Vertriebs von Kapitalanlagen vermittels unrichtiger oder unvollständiger Prospekte behält.

1. Das vertrauenstheoretische Konzept der partiellen Verantwortung für den Prospekt

a) Erkenntnisstand der Prospektverantwortlichkeit im Rahmen allgemein-zivilrechtlicher und spezialgesetzlicher Prospekthaftung

aa) Prospektverantwortlichkeit im Rahmen der allgemein-zivilrechtlichen Prospekthaftung

In seiner Entscheidung vom 22.05.1980[694] hat der II. Zivilsenat des BGH grundlegend entschieden, dass aus der Bedeutung des Emissionsprospekts als Grundlage für den wirtschaftlich bedeutsamen und mit Risiken verbundenen Beteiligungsentschluss gefolgert werden müsse, dass auch „alle jene Personen für eine sachlich richtige und vollständige Information einzustehen haben, die durch ihr nach außen in Erscheinung tretendes Mitwirken an der Prospektgestaltung einen

[694] Vgl. BGH NJW 1980, 1840 = BGHZ 77, 172

besonderen - zusätzlichen - Vertrauenstatbestand schaffen. Dazu gehören insbesondere solche Personen und Unternehmen, die mit Rücksicht auf ihre allgemein anerkannte und herausgehobene berufliche und wirtschaftliche Stellung oder ihre Eigenschaft als berufsmäßige Sachkenner eine Garantenstellung einnehmen. In erster Linie kommen hierfür Rechtsanwälte und Wirtschaftsprüfer in Betracht[695], die mit ihrer Zustimmung im Prospekt als Sachverständige angeführt werden und in dieser Eigenschaft Erklärungen abgeben. Von ihnen wird berufliche Sachkunde und persönliche Zuverlässigkeit mit der Folge erwartet, dass der Kapitalanleger ihren Aussagen im Prospekt häufig eine maßgebliche und ausschlaggebende Bedeutung beimisst."[696] Der Umfang der Haftung dieses Personenkreises, welcher sich durch seine qualifizierte Mitwirkung an der Prospekterstellung bzw. -prüfung auszeichnet, hängt von der Art und dem Umfang ihrer Mitwirkung am Prospekt und der Art ihrer Erklärung ab.[697] Wirtschaftsprüfer haften für im Prospekt enthaltene Jahresabschlüsse oder Prüfungsberichte, Steuerberater für die Richtigkeit eines dargestellten steuerlichen Konzepts. Der berufsmäßige Sachkenner haftet also für die Richtigkeit der Prospektangaben, soweit sie sich auf ihn beziehen und ihm demgemäß zuzurechnen sind.[698] Wie weit die konkrete Erklärung des einzelnen Garanten reicht, ist eine Frage der Auslegung aus der Sicht eines durchschnittlichen Anlegers.[699] Die Haftung jener Personengruppen wird auch nicht dadurch ausgeschlossen, dass sie in Bezug auf die von ihnen verfasste oder geprüfte Prospekterklärung nicht namentlich genannt werden, sondern vielmehr nur unter Hinweis auf ihre berufliche Qualifikation erwähnt sind.[700] Für den Anleger ist folglich der Name des „Garanten", der ihm als Vertrauensträger erscheint[701], regelmäßig weniger wichtig als seine berufli-

[695] Als weitere potentielle Haftende kommen hierbei z.B. Steuerberater, Anlagevermittler, Gutachter und Kreditinstitute in Betracht, vgl. *Lenenbach*, Kapitalmarkt- und Börsenrecht, Rdn. 9.30 auf S. 473

[696] BGH NJW 1980, 1840, 1841

[697] Vgl. *Lenenbach*, Kapitalmarkt- und Börsenrecht; *Hopt*, in: FS Stimpel, 1985, S. 265, 291 f., der anhand des Beispiels der emissionsbegleitenden Bank hinsichtlich der Vertrauensbegründung auf die „jeweils übernommene Funktion" abstellt.

[698] *Assmann* in: Assmann/Schütze, Handbuch des Kapitalanlagerechts, § 7 Rdn. 118; BGH WM 1984, 19, 20

[699] *Assmann* in: Assmann/Schütze, Handbuch des Kapitalanlagerechts, § 7 Rdn. 118

[700] Vgl. BGHZ 111, 314, 320, der Prospekt enthielt dort den Vermerk: „Prospekt und Bauherrenvertrag sind durch einen Wirtschaftsprüfer geprüft. Bericht und Testat können aus standesrechtlichen Gründen in diesem Prospekt nicht abgedruckt werden. Auf Anforderung von Interessenten wird der Prüfungsbericht selbstverständlich zur Verfügung gestellt."

[701] BGHZ 111, 314, 320

che Qualifikation.[702] *Assmann* tritt darüber hinaus dafür ein, dass „gleichsam als Experten in eigener Sache und für die Richtigkeit und Vollständigkeit ihrer Aussagen auch all jene gelten sollten, die mit einer eigenen (und ihnen hinsichtlich der Wiedergabe zuzurechnenden) Wissenserklärung im Prospekt angeführt sind."[703]

Die Prospektverantwortlichkeit im Rahmen der allgemein-zivilrechtlichen Prospekthaftung folgt also dem Prinzip der partiellen Verantwortlichkeit für den Prospektinhalt. Die Verantwortlichkeit hängt mit anderen Worten davon ab, wie weit die in dem Prospekt verfassten Erklärungen und Prüfungen reichen. Fällt somit eine Unrichtigkeit oder Unvollständigkeit des Prospekts in den partiellen Verantwortungsbereich des „Garanten" und beruht hierauf (mit-)ursächlich die Entscheidung des Anlegers zum Erwerb der Kapitalanlage, unterliegt der „Garant" umfänglich der gesamtschuldnerischen Prospekthaftung.

bb) Prospektverantwortlichkeit im Rahmen der spezialgesetzlichen Prospekthaftung

(1) Das Konzept der Gesamtverantwortung

Die Prospekthaftung nach dem Börsengesetz trifft diejenigen, die für den Prospekt die Verantwortung übernommen haben oder von denen dessen Erlass ausgeht[704]. Dabei ist jedenfalls nach überwiegender Auffassung Verantwortung als Verantwortlichkeit für den gesamten Prospekt[705], Prospektverantwortung mithin als Gesamtverantwortung zu verstehen. Die bloße Lieferung von unrichtigem Material für die Aufstellung des Prospekts führt dagegen allein noch nicht zur Haftung, solange kein eigenes geschäftliches Interesse an der Emission besteht[706]. Als Prospektverantwortliche werden daher vor allem der Emittent und

---

[702] Dies zeigt einmal mehr mit Nachdruck, dass ein vertrauenstheoretisches Konzept nicht allein auf Vertrauen in Personen, sondern auch auf Vertrauen in „Funktionale Autoritäten" aufgebaut sein kann, vgl. Kapitel 3, III. 3. b) bb); grundlegend zu diesem Phänomen *Luhmann*, Vertrauen, S. 67

[703] *Assmann*, in: Assmann/Schütze, Handbuch des Kapitalanlagerechts, § 7 Rdn. 122; in diesem Sinne auch *ders.* in: Prospekthaftung, S. 349

[704] § 44 Abs. 1 Nr. 1 und 2

[705] *Assmann*, in: Assmann/Schütze, Handbuch des Kapitalanlagerechts, § 7 Rdn. 205; *Hauptmann*, in: Vortmann, Prospekthaftung und Anlageberatung, § 3 Rdn. 54 f.; *Lenenbach*, Kapitalmarkt- und Börsenrecht, Rdn. 8.95, S. 433 f.; *Sittmann*, NGZ 1998, 490, 493; differenzierend: *Groß*, BörsG, §§ 45, 46 Rdn. 20 f., welcher den Abschlussprüfer durchaus als Verantwortlichen im Sinne des § 44 Abs. 1 sieht.

[706] Vgl. die Begründung zum Regierungsentwurf des Dritten Finanzmarktförderungsgesetzes zu § 45 (a.F.) BörsG, BT-Drucks. 13/8933, S. 78; *Lenenbach*, Kapitalmarkt- und Börsenrecht,

die begleitenden Emissionsbanken, nicht jedoch der Wirtschaftsprüfer des Emittenten oder sonstige bei der Gestaltung des Prospekts im „Hintergrund" tätige Fachleute, wie z.B. Rechtsanwälte oder Steuerberater, angesehen. Dem Konzept der Gesamtverantwortung für den Prospektinhalt folgend, findet selbst für die Prüfungsvermerke hinsichtlich der geprüften Jahresabschlüsse durch den Wirtschaftsprüfer im Rahmen des § 30 BörsZulV unter Nennung von Namen und Adresse des Wirtschaftsprüfers keine Haftung des Wirtschaftsprüfers statt[707], obgleich die Finanzwerke des Prospekts, wie z.B. die Jahresabschlüsse der letzten drei Geschäftsjahre des Emittenten, einen Großteil des Prospekts ausmachen. Eine Haftung der Wirtschaftsprüfer, Rechtsanwälte und sonstiger berufsmäßiger Sachkenner könne jedoch im Sinne einer partiellen Verantwortung nach den Grundsätzen der allgemein-zivilrechtlichen Prospekthaftung für von ihnen verursachte Prospektmängel bestehen.[708] In Betracht kommt dabei eine Haftung als Berufsgarant, wenn sie aufgrund ihrer beruflichen Stellung nach außen erkennbar Vertrauen in Anspruch nehmen, was der Fall ist, wenn sie eine Erklärung abgegeben haben, mit der sie die Verantwortung für die von ihnen beigesteuerten Prospektangaben übernehmen.[709]

Eine ausschließliche Gesamtverantwortung findet sich auch im Rahmen der investmentrechtlichen Prospekthaftung.[710] Dort findet sich eine Haftung derjenigen Personen und Unternehmen für den gesamten Prospekt, welche dem Anleger gegenüber als Verantwortliche in Erscheinung treten, wie z.B. der Kapitalanlagegesellschaft oder demjenigen, der die Anteilsscheine in eigenem Namen gewerbsmäßig verkauft. Der Gedanke einer partiellen Verantwortung für einzelne Angaben oder Bereiche des Prospekts ist der investmentrechtlichen Prospekthaftung nicht bekannt.[711] Die spezialgesetzliche Prospekthaftung geht somit innerhalb des organisierten Marktes von dem Grundsatz einer Gesamtverantwortung für den Prospektinhalt aus.

Rdn. 8.95, S. 433 f.; *Assmann*, in: Assmann/Schütze, Handbuch des Kapitalanlagerechts, § 7 Rdn. 205

707 Vgl. *Assmann*, in: Assmann/Schütze, Handbuch des Kapitalanlagerechts, § 7 Rdn. 203, 205

708 *Lenenbach*, Kapitalmarkt- und Börsenrecht, Rdn. 8.95, S. 433 f.

709 BGH NJW 1995, 1025, 1026

710 § 127 Abs. 1 InvG

711 Vgl. insoweit umfassend auch Baur, Investmentgesetze, KAGG, § 20 Rdn. 19 f., AuslInvestmG, § 12 Rdn. 6, gegenüber denen das zum 01.01.2004 in Kraft getretene Investmentgesetz keine für vorliegende Thematik bedeutsame, sachliche Änderung erfahren hat, vgl. die Regierungsbegründung zu § 127 InvG, BT - Drucks. 15/1553, S. 115

(2) *Der Gedanke der grundsätzlichen partiellen Verantwortung für den Prospekt auch im Rahmen der spezialgesetzlichen Prospekthaftung*

Der Vergleich mit den Regeln der allgemein-zivilrechtlichen Prospekthaftung zur partiellen Verantwortlichkeit von Wirtschaftsprüfern und sonstigen Fachleuten für den Prospekt sowie die Lückenhaftigkeit der spezialgesetzlichen Prospekthaftung in Bezug auf die Haftung von fachkundigen Mitwirkenden an dem Prospekt hat dazu geführt, dass verschiedene Ansätze entwickelt wurden, um jenen nach der allgemein-zivilrechtlichen Prospekthaftung haftenden Personenkreis auch im Rahmen der spezialgesetzlichen Prospekthaftung haftbar zu machen. Zu diesem Zwecke wurden verschiedene Ansätze begründet, um auch im Rahmen der spezialgesetzlichen Prospekthaftung[712] zu einer partiellen Verantwortlichkeit für den Prospekt zu gelangen.

i. *Ausweitung des Begriffes „Verantwortung" in § 44 Abs. 1 Nr. 1 BörsG*

Eine Begründung für eine partielle Verantwortlichkeit von fachkundigen Personen, die an der Gestaltung des Prospekts mitgewirkt haben, setzt an der Formulierung des § 44 Abs. 1 Nr. 1 BörsG an, wonach derjenige Schuldner eines Prospekthaftungsanspruch sein kann, der für den Prospekt die Verantwortung übernommen hat. Diese Verantwortlichkeit soll sich auf jene ausdehnen, von denen nur Teile des Prospekts stammen, wobei sich deren Verantwortlichkeit dann aber auch auf diese Teile beschränken müsse.[713] Dies sei z.B. in Bezug auf den Wirtschaftsprüfer gerechtfertigt, da die wortwörtliche[714] Wiedergabe der Bestätigungsvermerke im Prospekt beim Anlegerpublikum Vertrauen in die Richtigkeit und Vollständigkeit der Zahlen sowie darauf, dass der jeweilige Jahresabschluss „ein den tatsächlichen Verhältnisses entsprechendes Bild der Vermögens-, Finanz-, und Ertragslage des Unternehmens oder Konzerns vermittelt"[715], schaffe.[716] Zudem sehe die Börsenzulassungsprospekt - Richtlinie[717], anhand derer die Bestimmung des § 14 BörsZulV europarechtskonform auszulegen sei,

---

[712] I.e. im Rahmen der für eine Haftung der „Fachleute" bedeutsamen börsengesetzlichen Prospekthaftung des § 44 Abs. 1 BörsG

[713] *Bosch*, ZHR 163 (1999), 274, 284

[714] § 30 Abs. 1 Satz 2 BörsZulV

[715] Vgl. § 322 Abs. 1 Satz 3 HGB

[716] Vgl. *Groß*, BörsG, §§ 45, 46 (a.F.) Rdn. 21

[717] Richtlinie vom 17.03.1980 zur Koordinierung der Bedingungen für die Erstellung, die Kontrolle und die Verbreitung des Prospekts, der für die Zulassung von Wertpapieren zur amtlichen Notierung an einer Wertpapierbörse zu veröffentlichen ist, RL 80/390/EWG, ABl. EG Nr. L 100 vom 17.04.1980, S. 1

vor, dass die Erklärung nach § 14 BörsZulV zur Übernahme der Prospektverantwortlichkeit auf bestimmte Abschnitte des Prospekts beschränkt werden könne.[718]

Vorstehendem Ansatz wird von der herrschenden Auffassung entgegengehalten, dass die Börsenprospekthaftung als gesamtschuldnerische umfassende Haftung derjenigen, die Verantwortung für den gesamten Prospekt übernähmen, ausgestaltet sei.[719] Auch eine richtlinienkonforme Auslegung zwinge nicht dazu, Experten wie Wirtschaftsprüfer einer partiellen Prospekthaftung zu unterwerfen.[720] Letztlich gebe der Wirtschaftsprüfer auch typischerweise keine Erklärung nach § 14 BörsZulV ab.[721] Der auf der Ausweitung des Begriffes der „Verantwortung" aufbauende Ansatz zielt, wie im Folgenden noch zu zeigen sein wird[722], in die richtige Richtung, lässt jedoch einen grundlegenden dogmatischen Ansatz vermissen.

ii. Ergänzende Anwendung der allgemein-zivilrechtlichen Prospekthaftung

Eine weitere Auffassung will die im Rahmen der allgemein-zivilrechtlichen Prospekthaftung geltende partielle Verantwortlichkeit neben der börsengesetzlichen Prospekthaftung zum Ansatz bringen, so dass ein Wirtschaftsprüfer z.B. für ein falsches Testat in einem Börsenprospekt, nach den für Berufsgaranten geltenden Regeln der allgemein-zivilrechtlichen Prospekthaftung haften müsse. Die Spezialität der Börsenprospekthaftung stehe dem nicht entgegen, da Berufsgaranten gerade nicht der am Konzept der Gesamtverantwortung ausgerichteten Prospekthaftung unterlägen.[723]

Diesem Ansatz wird entgegengehalten, dass er nicht mit der Absicht des Gesetzgebers nach einer abschließenden börsenrechtlichen Prospekthaftung übereinkomme.[724] Dieses ergebe sich aus § 47 Abs. 2 BörsG, aber auch aus der Gesetzesbegründung, die im Anwendungsbereich der Haftung für fehlerhafte Börsenzulassungsprospekte sonstige Ansprüche ausschließe und die Vorschriften

---

[718] *Groß*, BörsG, §§ 45, 46 (a.F.) Rdn. 21

[719] Vgl. nur *Assmann*, in: Assmann/Schütze, Handbuch des Kapitalanlagerechts, § 7 Rdn. 203, *Hauptmann* in: Vortmann, Prospekthaftung und Anlageberatung, § 3 Rdn. 54 f.

[720] *Ellenberger*, Prospekthaftung im Wertpapierhandel, Kapitel III. 2. d) aa), S. 28

[721] *Assmann*, in: Assmann/Schütze, Handbuch des Kapitalanlagerechts, § 7 Rdn. 203, 205

[722] Vgl. dieses Kapitel 6, I. 1. b)

[723] *Ellenberger*, Prospekthaftung im Wertpapierhandel, Kapitel III. 2. d) bb) (2), S. 29 f.; im Ansatz auch *Groß*, BörsG, §§ 45, 46 (a.F.) Rdn. 21

[724] *Meyer*, WM 2003, 1301, 1309

der §§ 44 ff. BörsG als abschließend ansehe.[725] Im Rahmen der mit vorliegender Ausarbeitung verfolgten „gesamtkapitalmarktrechtlichen“ Betrachtung kann jenem Ansatz nicht gefolgt werden, da ihm das grundlegende Verständnis für das Verhältnis zwischen und die Synergie von allgemein-zivilrechtlicher und spezialgesetzlicher Prospekthaftung fehlen. Wie in Kapitel 6 erörtert wurde, kann der allgemein-zivilrechtlichen Prospekthaftung nicht die Rolle eines „Lückenbüßers“ für Probleme im Bereich der spezialgesetzlichen Prospekthaftung zukommen, da die Grundsätze und gesetzlich verankerte vertrauensrechtliche Dogmatik der spezialgesetzlichen Prospekthaftung die allgemein-zivilrechtliche Prospekthaftung in der Praxis überhaupt erst bestandsfähig machen. Es müssen vielmehr die den Prospekthaftungen gleichermaßen zugrunde liegenden dogmatischen Erkenntnisse zur Lösung des vorliegenden Problems herangezogen werden. Der Rückgriff auf die allgemein-zivilrechtliche Prospekthaftung löst noch nicht die Frage nach der dogmatischen Legitimation der Haftung der „Experten“ im Bereich der spezialgesetzlichen Prospekthaftung.

iii. Vertrag mit Schutzwirkung für Dritte

Zur Begründung der Haftung von „Experten“ für fachliche Erklärungen hat der BGH die Grundsätze des Vertrages mit Schutzwirkung für Dritte zur Anwendung gebracht und fortentwickelt.[726] Demnach werden in den Schutzbereich eines Vertrages über die Erstellung eines Gutachtens alle diejenigen mit einbezogen, denen das Gutachten nach seinem erkennbaren Zweck für Entscheidungen über Vermögensdispositionen vorgelegt werden soll.[727] Darauf aufbauend soll auch einem Vertragsverhältnis zwischen Prospektverantwortlichem und „Experten“ eine Schutzwirkung zugunsten potentieller Anleger beizumessen sein.[728] Dies bedeutet, dass der mit einem Gutachten beauftragte „Experte“ wie der Wirtschaftsprüfer aufgrund der Veröffentlichung des Gutachtens in einem Prospekt allen Anlegern gegenüber vertraglich verpflichtet wäre.

Hiergegen wird vorgebracht, dass eine solche Ausdehnung des Tatbestandes des Vertrages mit Schutzwirkung Dritter sich von den für dieses Rechtsinstitut entwickelten Grundsätzen der „Gläubigernähe“ und „Leistungsnähe“ so weit entferne, dass ein abgrenzbarer und konkretisierbarer Anwendungsbereich des Vertrages mit Schutzwirkung zugunsten Dritter nicht mehr gewährleistet werden

---

[725] Vgl. BT-Drucks. 13/8933, S. 81; differenzierend: *Groß*, BörsG, § 48 (a.F.) Rdn. 3, 4; *ders.*, AG 1999, 1999, 209; *Assmann*, in: Assmann/Schütze, Handbuch des Kapitalanlagerechts, § 7 Rdn. 94; OLG Frankfurt a.M., WM 1997, 361, 363 („Sachsenmilch“)

[726] Vgl. BGH WM 1995, 204, 205; WM 1998, 440, 441; WM 1998, 1032, 1033

[727] BGH WM 1998, 440, 441

[728] Vgl. für einen Prüfvertrag zwischen einer Kapitalgesellschaft und einem Abschlussprüfer: BGH WM 1998, 1032, 1033; in diesem Sinne *Mülbert*, JZ 2002, 826, 833

könne.[729] Dabei sind die Kriterien „Gläubigernähe" und „Leistungsnähe" vor dem Hintergrund grundsätzlicher Vertragsdogmatik durchaus wesentlich. Ein die Vertragsdogmatik tragendes Element ist das „Willensprinzip", welches besagt, dass Verträge ihrem Inhalt nach auf (zumindest) zwei übereinstimmenden Willenserklärungen beruhen. Im Rahmen des Vertrages mit Schutzwirkung zugunsten Dritter wird das Willensprinzip bereits im Wege der ergänzenden Vertragsauslegung gedehnt[730], und durch die Elemente „Gläubigernähe" und „Leistungsnähe", welche sich „wenigstens" an einem nachvollziehbaren „hypothetischen" Parteiwillen orientieren, nicht völlig unterhöhlt. Das dem Vertragsrecht immanente „Willensprinzip" findet jedoch auch bei Zugeständnis einer „ergänzenden Vertragsauslegung" in bestimmten Einzelfällen seine Grenzen, jenseits deren es seine dogmatische Konsistenz verliert. Die Haftung von „Experten" im Rahmen der Prospekthaftung besteht potentiell gegenüber allen Anlegern, die sich auf die abgegebenen Erklärungen, bzw. ein gefertigtes Gutachten, verlassen haben, es mithin zur Grundlage ihrer Anlageentscheidung gemacht haben. Die Anwendung des Vertrages mit Schutzwirkung zugunsten Dritter würde unter Beachtung des „Willensprinzips" unterstellen, dass der „Experte" den Kreis der potentiellen Anleger in den Schutzbereich des Vertrages mit dem Prospektverantwortlichen über die Erstellung des Gutachtens mit einbeziehen wollte. Unter Berücksichtigung der großen und unbestimmten Zahl potentieller Anleger sowie des damit verbundenen Risikos kann dem „Experten" bei Abschluss des Vertrages mit dem Prospektverantwortlichen ein solch weitgehender vertraglicher Bindungswille nicht einmal hypothetisch unterstellt werden. Ein solch dogmatischer Ansatz auf der Basis des Vertrags mit Schutzwirkung Dritter bricht mit dem grundlegenden „Willensprinzip" und weicht die Konturen vertraglicher Dogmatik völlig auf.[731]

Dies bedeutet nun nicht, dass dem Vertrag mit Schutzwirkung Dritter im Rahmen der Haftung von „Experten" für im Prospekt veröffentlichte Erklärungen oder Gutachten zwingend keinerlei Bedeutung mehr zukommt. Bei einer entsprechenden Vereinbarung zwischen den Parteien des Prüfauftrages kann sich der Schutzbereich des abgeschlossenen Vertrages durchaus auch auf den Kreis potentieller Anleger beziehen.[732] Um die Konsistenz und dogmatische Schärfe des vertraglichen „Willensprinzips" zu gewährleisten, sollte dies jedoch

---

[729] Vgl. *Canaris*, ZHR 163 (1999), 206, 215

[730] Vgl. Fikentscher, Schuldrecht, § 37 VII. 1., S. 185, welcher diesen dogmatischen Ansatz ablehnt und richtigerweise auf eine dogmatische Begründung unabhängig von dem Parteiwillen plädiert; vgl. insoweit auch BGH NJW 84, 355, 356, der auf eine im Einzelfall gebotene Auslegung abstellt.

[731] So im Ergebnis auch *Meyer*, WM 2003, 1301, 1310; ebenfalls dieser Auffassung ist *Canaris*, ZHR 163 (1999), 206, 215 f.

[732] Ähnlich auch *Canaris*, ZHR 163 (1999), 206, 218

nur bei einer entsprechenden ausdrücklichen Vereinbarung der Fall sein.[733] Diese Auffassung beschreitet im Ansatz auch der BGH, der davon ausgeht, dass die Einbeziehung einer unbekannten Vielzahl von Gläubigern in den Schutzbereich des Prüfauftrages der die Haftung beschränkenden gesetzgeberischen Intention des § 323 HGB zuwiderläuft. Dass der Abschlussprüfer demnach bereit sei, ein so weitgehendes Haftungsrisiko zu übernehmen, könne regelmäßig nicht angenommen werden.[734] Andererseits liege eine schlüssige Erklärung des Prüfers zur Einbeziehung potentieller Anleger in den Schutzbereich des Prüfvertrages bereits dann vor, „wenn die Vertragsteile bei Auftragserteilung, gegebenenfalls auch zu einem späteren Zeitpunkt, übereinstimmend davon ausgehen, dass die Prüfung auch im Interesse eines bestimmten Dritten durchgeführt wird und das Ergebnis diesem Dritten als Entscheidungsgrundlage dienen soll."[735] In Bezug auf die Prospekthaftung ist unter Beachtung dessen festzuhalten, dass der Kreis der potentiellen Anleger gerade nicht ein „bestimmter Dritter" ist und dass ein Wille zur Einbeziehung aller potentieller Anleger in den Prüfvertrag zwischen „Experten" und „Prospektverantwortlichen" in der Regel gerade nicht, und dabei schon gar nicht einfach „konkludent", anzunehmen ist. Solange mithin keine explizite Kundgabe eines solchen Willens zu beobachten ist, kann eine vertragliche Haftung der „Experten" durch fehlerhafte Gutachten oder Erklärungen in dem Prospekt gegenüber den geschädigten Anlegern ohne Aufweichung und Umgehung der vertragsrechtlichen Dogmatik nicht begründet werden.[736]

---

[733] Vgl. auch *Meyer*, WM 2003, 1301, 1310

[734] BGH WM 1998, 1032, 1033

[735] BGH WM 1998, 1032, 1033

[736] Mit dem Fall, dass unter den genannten Voraussetzungen eine Einbeziehung potentieller Anleger in den Prüfvertrag erfolgt, geht dann jedoch ein weiteres Problem einher: Im Rahmen vertraglicher Beziehungen ist grundsätzlich auch die Möglichkeit einer Haftungsfreizeichnung gegeben, im Bereich des Vertrages mit Schutzwirkung insbesondere auch eine Begrenzung der Rechte des Geschädigten unter Ableitung aus §§ 334 und 242 BGB (z.B. muss sich der Geschädigte grundsätzlich ein Mitverschulden des Vertragspartners seines Schädigers gem. § 252 BGB entgegenhalten lassen), vgl. dazu BGH WM 1998, 440, 442. Unter Berücksichtigung des Gedankens des spezialgesetzlichen § 47 Abs. 1 BörsG und eines wirksamen Anlegerschutzes sollten solche Haftungsbeschränkungen jedoch lediglich im Innenverhältnis zwischen „Experten" und Auftraggeber wirksam sein, womit dem „Experten" im Falle seiner Haftung gegenüber Anlegern zumindest ein entsprechender Regressanspruch gegen seinen Auftraggeber zustünde. Vgl. zu dieser Problematik instruktiv *Canaris*, ZHR 163 (1999), 206, 216 ff.

b) Ansatz einer gesamtkapitalmarktrechtlichen partiellen Prospektverantwortlichkeit

aa) Der Grundgedanke der systematischen Einheit

Die Bestimmung der Verantwortlichkeiten für den Inhalt des Prospekts muss im Rahmen einer übergreifenden Betrachtung der verschiedenen Personenkreise und Segmente der Prospekthaftung eine systematische Einheit erkennen lassen. Der Grundsatz der partiellen Verantwortlichkeit für den Prospekt erfordert mithin, dass sich die verschiedenen, der Haftung unterworfenen Personengruppen anhand einer klaren Systematik feststellen lassen. Das methodische Handwerkszeug für eine einheitliche Systematik findet sich dabei in der der Prospekthaftung insgesamt zugrunde liegenden dogmatischen Natur, der Vertrauenshaftung. *Köndgen* hat die Rechtsprechung des BGH zur allgemein-zivilrechtlichen Prospekthaftung[737] insoweit angegriffen, als er eine systematische Einheit vermisst, welche allein durch den Problemzusammenhang nicht hergestellt werde.[738] So zweifelt er an, dass der Rechtsanwalt, der die steuerliche Unbedenklichkeit der Abschreibungsmodells geprüft habe, derselben Vertrauenshaftung unterworfen sein solle, wie die Gründer der Gesellschaft, die den Prospekt herausgegeben haben. Ebenso stellt er in Frage, dass die Prospekthaftung eines Beirats - also eines Gesellschaftsorgans - auf gleicher Stufe mit jener des Wirtschaftsprüfers stehe, der dem im Prospekt enthaltenen Status die Unbedenklichkeit bescheinigt habe.[739]

Es wurde in den vorstehenden Kapiteln umfassend erörtert, dass die Prospekthaftung insgesamt und segmentübergreifend als Vertrauenshaftung zu qualifizieren ist. Ein essentielles Element der Vertrauenshaftung ist der Grundsatz der Haftung nach der Verantwortlichkeit. Diese bemisst sich im Rahmen der Vertrauenshaftung nach dem gesetzten objektiven Vertrauenstatbestand, über welchen sich die Reichweite einer Haftung ermitteln und auch begrenzen lässt.[740] Über diesen dogmatischen Grundsatz der Vertrauenshaftung lässt sich unter der Postulierung einer partiellen Verantwortlichkeit auch eine systematische Einheit erschließen. Die Begründung der Haftung, ebenso wie die Bestimmung ihrer Reichweite, wird anhand der zuzuordnenden Verantwortlichkeiten und somit an dem jeweils gesetzten Vertrauenstatbestand bemessen. Dies wiederum zeigt,

---

[737] Vgl. BGHZ 71, 284 - „Gründer und Initiatoren", BGHZ 72, 382 - „Beiratsmitglieder, die Verantwortung innerhalb der Gesellschaft übernehmen" und BGHZ 77, 172 - „Rechtsanwälte und Wirtschaftsprüfer, die eine Garantenstellung einnehmen"

[738] Vgl. *Köndgen*, AG 1983, 85, 87

[739] *Köndgen*, AG 1983, 85, 87

[740] Vgl. *Canaris*, Vertrauenshaftung, S. 491 ff.

dass ein Konzept der „Gesamtverantwortlichkeit“ für den Prospekt genuin dazu gezwungen ist, innerhalb des Prospekts abgrenzbare Vertrauensgrundlagen, wie z.B. ein Testat des Wirtschaftsprüfers, und somit einzelne Verantwortlichkeiten, außer Acht zu lassen. Mit diesen Gedanken ist eine systematische Einheit nicht herbeizuführen. Der Grundgedanke der partiellen Verantwortung soll indes nicht bedeuten, dass eine „Gesamtverantwortlichkeit“ für den Prospekt nicht mehr möglich erscheint. Vielmehr beinhaltet der Gedanke der partiellen Verantwortlichkeit ausdrücklich die Möglichkeit, dass für den Fall der Setzung eines auf den gesamten Prospekt bezogenen Vertrauenstatbestandes auch eine Gesamtverantwortung für den Prospekt besteht, wie dies bei Personen, die auf die Erstellung des Prospekts insgesamt entscheidenden Einfluss ausüben, der Fall ist.

bb) Das dogmatische Konzept der partiellen Verantwortlichkeit und seine Verankerung in § 44 Abs. 1 Nr. 1 BörsG

Das Konzept der partiellen Verantwortlichkeit erschließt sich aus der Dogmatik der Prospekthaftung unmittelbar. Die Prospekthaftung legitimiert und generiert sich als Institut der Vertrauenshaftung, welches im Bereich der spezialgesetzlichen Prospekthaftung gesetzlich verankert ist. Der bisherigen Maßgabe folgend, dass sich ein Institut der Vertrauenshaftung zumindest an gesetzliche Tatbestände anlehnen muss, um nicht der Gefahr von Unbestimmtheit und Missbrauch ausgesetzt zu sein, darf auch das Konzept der partiellen Verantwortlichkeit nicht allein aus den dogmatischen Grundlagen der Vertrauenshaftung gewonnen werden, sondern muss seinen Niederschlag zumindest in Anlehnung an gesetzliche Vorschriften finden. Als gesetzliche Vorschrift, welche zum konstruktiven Ausgangspunkt des Konzepts der partiellen Verantwortlichkeit verankert werden kann, bietet sich § 44 Abs. 1 Nr. 1 BörsG an. Dort heißt es, dass diejenigen haften, „die für den Prospekt die Verantwortung“ übernommen haben. Die Frage, die sich bei der Beurteilung des Begriffs „Verantwortung“ stellt, ist, ob diese Verantwortung ausschließlich auf den ganzen Prospekt bezogen sein kann oder ob sich daraus auch eine partielle Verantwortung ergibt. Aus dem Begriff der „Verantwortung“ selbst lässt sich diese Erkenntnis nicht gewinnen. Im Vertragsrecht ist es z.B. denkbar, dass eine „Verantwortung“ auch für Dinge besteht, die der Verantwortende nicht selbst verursacht oder geschaffen hat. Zu denken ist hierbei an Bürgschaften oder Schuldbeitritte, die eine Einstandpflicht, mithin eine „Verantwortung“ per Willenserklärung, auch für „fremde“ Verbindlichkeiten ermöglichen. Nach der vertraglichen Dogmatik können somit per Willenserklärung auch „partielle Verantwortlichkeiten“ z.B. durch einen Teilschuldbeitritt entstehen. In der deliktsrechtlichen Dogmatik gibt es vom Grundsatz der „Verantwortlichkeit“ für eigene unerlaubte Handlungen Ausnahmen, wie z.B. die Haftung für den Verrichtungsgehilfen gemäß § 831 BGB. Im Deliktsrecht kann eine partielle Verantwortlichkeit grundsätzlich nur anhand von Mitverschulden begründet werden, also auf der Ebene des subjektiv vorwerfbaren Verhaltens. Die Frage nach dem Gehalt des Begriffs „Verantwortung“ muss sich folglich an der zugrunde liegenden Dogmatik ausrichten, um eine klare und abgrenzbare Aussage hierüber zu gewinnen. Im Bereich der Prospekthaftung und nach vorliegender Methodik dem § 44 Abs.1 Nr. 1 BörsG findet eine Ausfüllung und Inhaltsbestimmung des Begriffs „Verantwortung“ daher vor dem Hintergrund der vertrauenstheoretischen Dogmatik statt. Im Rahmen der vertrauenstheoretischen Dogmatik ist zur Gewährung von Vertrauensschutz zunächst eine objektive Vertrauensgrundlage erforderlich.[741] Durch die objektive Vertrauensgrundlage lassen sich die Reichweite und der Inhalt des Vertrauensschutzes objektiv bemessen. Für die Prospekthaftung ist der Emissionsprospekt die objektive Vertrauensgrundlage, anhand derer sich der Vertrauensschutz des Anlegers objektiv feststellen lässt. Der Prospekt soll nach Anspruch und Zielsetzung das anlagesuchende Publikum über die Beteiligung sachlich informieren.[742] Von dem Prospekt als Ganzem sind auch durchaus einzelne Aussagen abgrenzbar, die innerhalb des Prospekts eine „eigene“ Vertrauensgrundlage schaffen. So kommt z.B. dem Gutachten einer Person, die über eine besondere vom Staat anerkannte Sachkunde verfügt[743], welches gegenüber Dritten verwandt wird, der Zweck zu, „dem Dritten gegenüber Vertrauen zu erwecken und Beweiskraft zu besitzen“.[744] Wenn sich in Prospekten somit Erklärungen, Prüfungen oder Gutachten Dritter befinden, sind diese insoweit auch geeignet und bestimmt, um Vertrauen zu erwecken, folglich im Bereich der Vertrauenshaftung auch sanktionierbar. Ist die Erklärung eines Dritten in dem Prospekt oder ist eine Erklärung überhaupt innerhalb des Prospekts abgrenzbar und einer bestimmten Person oder Personengruppe nach außen erkennbar zuzuordnen, so ergibt sich aus dem vertrauenstheoretischen Grundsatz, dass sich Inhalt und Reichweite der Vertrauenshaftung objektiv nach der gesetzten Vertrauensgrundlage bemessen, dass eine Haftung auch nur für den Inhalt der abgrenzbaren Erklärung, sei es ein Gutachten oder ein auf bestimmte Teile bezogener Prüfungsvermerk, erfolgen kann. Für *Canaris* stellt diese Erkenntnis eine „dogmatische Selbstverständlichkeit“ der Vertrauenshaftung dar.[745] Der Begriff der „Verantwortung“ in § 44 Abs. 1 Nr. 1 BörsG kann vor dem Hintergrund der vertrauenstheoretischen Dogmatik demnach nur so zu verstehen sein, dass auch eine „partielle“ Verantwortlichkeit für Teile des Prospekts bestehen kann. Diese schlägt nach der grundlegenden Dogmatik und ihrer spezialgesetzlichen Verankerung im Sinne einer gesamtkapitalmarktrechtlichen Betrachtung auf die Prospekthaftung insgesamt durch.

---

[741] Vgl. *Canaris*, Vertauenshaftung, S. 491 ff.

[742] *Wiedemann/Schmitz*, ZGR 1980, 129, 132; ihnen folgend auch BGH NJW 1980, 1840, 1841

[743] Wie z.B. öffentlich bestellte Sachverständige, Wirtschaftsprüfer, Steuerberater oder Rechtsanwälte.

[744] Vgl. BGH WM 1995, 204, 207; BGH WM 1998, 440, 441; BGH WM 1998, 1032, 1033

[745] *Canaris*, ZHR 163 (1999), 206, 227

Diese Erkenntnis beantwortet letztlich auch die Frage *Köndgens*, ob die verschiedenen Haftungsgruppen tatsächlich derselben „Vertrauenshaftung" unterlegen sein sollen.[746] Selbstverständlich sollen sie das. Schließlich ist die Dogmatik der Vertrauenshaftung anhand von gesetzten Vertrauenstatbeständen und zuzuordnenden Verantwortlichkeiten in der Lage, die Frage nach dem Inhalt und der Reichweite der Haftung differenziert zu beantworten. So wird der Wirtschaftprüfer etwa für falsche Prüfungsvermerke haften können, nicht jedoch für das Verschweigen z.B. von fehlenden öffentlich - rechtlichen Genehmigungen für das Anlageprojekt. Aus der vertrauenstheoretischen Dogmatik und der sich daraus ergebenden Möglichkeit der „partiellen" Verantwortlichkeit für den Prospekt erschließt sich mithin auch die zu erwartende systematische Einheit der verschiedenen Verantwortungsgruppen.

cc) Bestätigung des Konzepts der partiellen Verantwortlichkeit im Rahmen einer Folgenanalyse

Zu einer Bestätigung des Konzepts der partiellen Verantwortlichkeit kommt man im Rahmen einer folgenanalytischen Betrachtung. Die Prospektverantwortlichen können sich grundsätzlich von der Haftung nach § 44 Abs. 1 BörsG entlasten, wenn sie in der Lage sind, den Entlastungsnachweis gemäß § 45 Abs. 1 BörsG zu führen. Dabei können sich z.B. die Emissionsbanken auf von einem Wirtschaftsprüfer geprüfte und mit einem uneingeschränkten Bestätigungsvermerk versehene Finanzangaben grundsätzlich verlassen.[747] Ihnen wird insoweit lediglich eine Plausibilitätsprüfung auferlegt.[748] Darüber hinausgehende Nachforschungspflichten bestehen nur, soweit konkrete Anhaltspunkte für die Unrichtigkeit der Angaben vorliegen.[749] Ob diese Grundsätze für den Emittenten genauso gelten, ist fraglich. Im schlechtesten Falle kommt es hierauf jedoch nicht mehr entscheidend an. Im Insolvenzfalle wären Ansprüche gegen den Emittenten faktisch nicht mehr durchsetzbar. Die Emissionsbank wird hingegen im Regelfall den Entlastungsbeweis nach § 45 Abs. 1 BörsG mit der Begründung führen können, dass sie sich auf den uneingeschränkten Prüfungsvermerk des Abschlussprüfers verlassen hat. Aufgrund falscher, geprüfter Finanzangaben im Prospekt erlittene Schäden können daher gegen die Emissionsbank nicht geltend gemacht und im schlechtesten Falle auch gegen den Emittenten faktisch nicht durchgesetzt werden. Es steht zu befürchten, dass geschädigte Anleger in

---

[746] Vgl. *Köndgen*, AG 1983, 85, 87

[747] *Groß*, BörsG, §§ 45, 46 (a.F.) Rdn. 49; *Schwark*, BörsG, §§ 45, 46 (a.F.) Rdn. 21; im Grundsatz bereits BGH WM 1982, 862, 864; LG Frankfurt a.M., ZIP 2003, 400, 405 f.

[748] *Groß*, BörsG, §§ 45, 46 (a.F.) Rdn. 49; *Schwark*, BörsG, §§ 45, 46 (a.F.) Rdn. 21

[749] *Groß*, BörsG, §§ 45, 46 (a.F.) Rdn. 49; *Schwark*, BörsG, §§ 45, 46 (a.F.) Rdn. 21; BGH WM 1982, 862, 864

solchen Fällen gänzlich ohne einen werthaltigen Anspruch bleiben, wenn man nicht das Konzept der partiellen Verantwortung durchgreifen lässt. Vor dem Hintergrund und Prinzip eines wirksamen Anlegerschutzes kann dies nicht hingenommen werden.[750]

Im Übrigen verböte sich in diesen Fällen auch die Inanspruchnahme durch einen Rückgriff auf die allgemein-zivilrechtliche Prospekthaftung. Zum einen ist die börsenrechtliche Prospekthaftung insoweit abschließend geregelt.[751] Zum anderen wäre es vor dem Hintergrund der vertrauenstheoretischen Dogmatik und ihrer konstruktiven Umsetzung in der einheitlichen Prospekthaftungstheorie eine fatale dogmatische und methodische Inkonsistenz, würde man die börsenrechtliche Haftung des Wirtschaftsprüfers für Angaben im Börsenzulassungsprospekt ablehnen, nur um sie über die allgemein-zivilrechtliche Prospekthaftung wieder begründen zu können.

2. Die Konkurrenz zwischen allgemein-zivilrechtlicher Prospekthaftung und spezialgesetzlicher Prospekthaftung auf der Grundlage der einheitlichen Haftungstheorie

a) Stand der Diskussion

Die Konkurrenzproblematik zwischen allgemein-zivilrechtlicher Prospekthaftung und spezialgesetzlicher Prospekthaftung ist in der Literatur umstritten und wurde auch vom BGH noch nicht abschließend geregelt.[752] Es werden zur Beantwortung der Konkurrenzfrage drei wesentliche Ansätze vertreten, die im Rahmen des Kapitels 5 bereits dargestellt wurden[753] und nachfolgend noch einmal kurz skizziert werden sollen.

Eine Auffassung tritt für die konkurrierende Anwendbarkeit der Prospekthaftungen ein, da es im Hinblick auf die zu Grunde liegenden Wertungen und die Systematik nicht sein könne, dass der organisierte Kapitalmarkt haftungsmäßig hinter dem Niveau des Grauen Kapitalmarkts zurückbleibe.[754]

---

[750] Konstruktiv zum Ganzen auch *Meyer*, WM 2003, 1301, 1307

[751] § 47 Abs. 2 BörsG; vgl. auch die Gesetzesbegründung hierzu in: BT - Drucks. 13/8933, S. 81

[752] BGH ZIP 1986, 14, 19 („Beton und Monierbau")

[753] Vgl. Kapitel 4, I. 2. b)

[754] Vgl. *Grundmann* in: Schimansky/Bunte/Lwowski, Band III, § 112 Rdn. 49

Die gegenteilige Auffassung schließt die Anwendung der allgemein-zivilrechtlichen Prospekthaftung wegen der Spezialität der spezialgesetzlichen Prospekthaftung in deren Anwendungsbereich aus.[755]

Eine vermittelnde Ansicht schließt die allgemein-zivilrechtliche Prospekthaftung zwar im direkten Anwendungsbereich der spezialgesetzlichen Prospekthaftung aus, will sie jedoch dort eingreifen lassen, wo Publizitäts- und Publikationsformen nicht im Zusammenhang mit einer Emission und einem gesetzlich geforderten Prospekt veröffentlicht werden.[756] Dies gelte folglich für Publikationen, die neben den gesetzlich geforderten Prospekten, Unternehmensberichten oder sonstigen Pflichterklärungen zur Anlagewerbung verwandt werden.[757]

b) Gesamtkapitalmarktrechtliche Prospekthaftung

Die einheitliche Prospekthaftungstheorie hat wesentlich zum Inhalt, dass eine Prospekthaftung unabhängig von der Vertriebsform und dem gewählten Marktsegment lückenlos, mithin kapitalmarktübergreifend, auf der Basis der Vertrauenshaftung stattfinden kann. Im Rahmen der einheitlichen Prospekthaftungstheorie wurde ein einheitliches Haftungskonzept entwickelt, welches die Haftungsstandards innerhalb des Gesamtkapitalmarkts nivelliert[758] und die Ausgestaltung der allgemein-zivilrechtlichen Prospekthaftung durch die spezialgesetzliche Prospekthaftung im Wege der Rechtsanalogie methodisch zugrunde legt. Argumente wie das Bestehen von unterschiedlichen haftungsrechtlichen Qualitätsstandards können vor diesem Hintergrund nicht mehr gehört werden. Vielmehr bedingt die einheitliche Prospekthaftungstheorie, dass der öffentliche Vertrieb von Anlagen vermittels unrichtigen oder unvollständigen Prospekten umfassend durch die Prospekthaftung sanktioniert werden kann. Dies bedeutet zum einen, dass das Spezialitätsprinzip der spezialgesetzlichen Prospekthaftung im Sinne von z.B. § 47 Abs. 2 BörsG durchaus zu beachten ist und damit eine Haftung für in den Regelungsbereich der gesetzlichen Prospekthaftung fallende Prospekte, Unternehmensberichte, schriftliche Darstellungen oder Verkaufsprospekte nach dem InvG nicht in Anspruchskonkurrenz zur abgeleiteten allgemein-zivilrechtlichen Prospekthaftung stehen kann. Zum anderen fordert die einheitli-

---

[755] Vgl. hinsichtlich Börsenprospekthaftung OLG Frankfurt, WM 1997, 361, 363; LG Frankfurt, WM 1996, 525, 526; *Kümpel*, Bank- und Kapitalmarktrecht, Rdn. 9.349; *Kort*, AG 1999, 9, 19; *Groß*, AG 1999, 199, 209; *Kersting*, WM 1997, 1969, 1975; Kritisch: von *Westphalen*, BB 1994, 85, 88

[756] *Assmann*, AG 1996, 508, 512; *ders.* in: Assmann/Schütze, Handbuch des Kapitalanlagerechts, § 7, Rdn. 94 ff.

[757] *Assmann*, WuB I G 8. - 2.96

[758] Vgl. hierzu die noch erfolgende Ausarbeitung in diesem Kapitel 6, II. 1.

che Prospekthaftung aber auch, dass der öffentliche Vertrieb von Kapitalanlagen vermittels eines Prospekts grundsätzlich einer Prospekthaftung unterliegen muss, da eine Sanktionsmöglichkeit für die Herausgabe unrichtiger oder unvollständiger Prospekte zu bestehen hat. Im Sinne der obigen „vermittelnden Ansicht" ergibt sich hieraus, dass die in Anlehnung an die spezialgesetzliche Prospekthaftung methodisch verankerte allgemein-zivilrechtliche Prospekthaftung dort zur Anwendung gelangt, wo neben den gesetzlichen Pflichtprospekten, die als spezialgesetzliche „Prospekte" anzusehen sind[759], oder auch jenseits einer gesetzlichen Verpflichtung überobligatorische Publikations- und Publizitätsformen zum Zwecke des öffentlichen Vertriebs von Kapitalanlagen gewählt werden. Dies ist unabhängig davon, ob es im Rahmen der Gewinnung von Kapitalanlegern eines Anlagenmodells des „Grauen Kapitalmarkts" oder des organisierten Kapitalmarkts geschieht, sofern in zweitem Falle nicht eine spezialgesetzliche Pflichtveröffentlichung betroffen ist. Da die einheitliche Prospekthaftungstheorie auf dem gleichen dogmatischen Fundament gründet und die Bereiche der Prospekthaftung durch den Schluss der Rechtsanalogie qualitativ zusammengeführt worden sind, kommt es letzten Endes auf die jeweilig anzuwendende Prospekthaftung nicht entscheidend an. Von vordringlicher Bedeutung bleibt die umfassende und lückenlose Sanktionierungsmöglichkeit für den Vertrieb unrichtiger oder unvollständiger Prospekte oder solcher Darstellungen, die einem Prospekt gleichkommen.[760]

3. Die „weite" Auslegung des Prospektbegriffs im Rahmen einer gesamtkapitalmarktübergreifenden Betrachtung

a) Der Prospekt im Bereich des organisierten Kapitalmarktes

aa) Der Prospekt nach dem Börsen- und Verkaufsprospektgesetz

Der Prospektbegriff im Rahmen der börsenrechtlichen Prospekthaftung ist im Gegensatz zum Prospekt der allgemein-zivilrechtlichen Prospekthaftung durch bestimmte Reglementierungen in Form und Verwendungszweck festgeschrieben. Die für die börsenrechtliche Prospekthaftung maßgeblichen §§ 44, 45 BörsG begründen eine Haftung nur für solche Schriftstücke, die als Börsenzulassungsprospekte i.S.v. §§ 30 Abs. 3 Nr. 2, 32 Abs. 1 BörsG i.V.m. §§ 13 ff. BörsZulVO anzusehen sind und auf Grund derer die Wertpapiere zum Börsenhandel zugelassen wurden.

---

[759] Vgl. hierzu nachfolgenden Abschnitt 3. a) dieses Kapitels, in welchem erörtert wird, welche „Prospekte" als solche einer spezialgesetzlichen Prospekthaftung anzusehen sind.

[760] Vgl. zur „weiten" Auslegung des Prospektbegriffs den nachstehenden Abschnitt 3. dieses Kapitels.

Dem für die Zulassung zum amtlichen Markt erforderlichen Börsenzulassungsprospekt entspricht auf dem „geregelten" (halbamtlichen) Markt der „Unternehmensbericht", dessen Inhalt zum Zwecke der Erleichterung des Marktzugangs allerdings hinter den an den amtlichen Markt gestellten Anforderungen zurückbleibt und hinsichtlich seiner über die Erfordernisse des § 51 Abs. 1 Nr. 2 BörsG hinausgehenden Details in den Börsenordnungen der einzelnen Börsen konkretisiert wird.[761] § 55 BörsG bestimmt, dass für die Richtigkeit und Vollständigkeit der im Bericht enthaltenen Angaben nach Maßgabe der §§ 44 - 48 BörsG gehaftet wird.

Gleichgestellt mit den Prospekten nach § 44 Abs. 1 BörsG sind gemäß § 44 Abs. 4 BörsG schriftliche Darstellungen, aufgrund deren Veröffentlichung der Emittent von der Veröffentlichung eines Prospekts befreit wurde, d.h. Darstellungen, die den Prospekt als solchen ersetzen[762] und aufgrund derer dann die Zulassung erfolgt.[763] Dies bedeutet im Umkehrschluss, dass z.B. Bezugsangebote[764], Zeichnungsaufforderungen, Werbemaßnahmen[765], sog. „Research - Reports" oder auch Zwischenberichte nach § 40 BörsG nicht als börsengesetzliche Prospekte angesehen werden können[766]. Diese können jedoch, wie im Folgenden noch zu zeigen ist, durchaus Anknüpfungspunkt der allgemein-zivilrechtlichen Prospekthaftung sein[767], so dass - vor dem Hintergrund einer vertriebsunabhängigen Haftung - Haftungslücken im Rahmen des Vertriebs von Kapitalanlagen, gleich welcher Qualität, nicht entstehen.

Auch die sog. „Informationsmemoranden" können bei bestimmter Verwendung als „Prospekte" i.S.d. § 44 Abs. 1 BörsG angesehen werden. Hierbei geht es um solche „Informationsmemoranden", die noch nicht zum Börsenhandel zugelassene Aktien betreffen, deren Zulassung aber auch prospektfrei erfolgen könnte. Beschließen z.B. bei einer Kapitalerhöhung von weniger als 10 % des bereits börsennotierten Kapitals, bei der grundsätzlich eine Prospektbefreiung nach § 45 Nr. 3 b) BörsZulVO möglich wäre, Emittent und Emissionsbegleiter,

---

[761] So bestimmt es § 50 BörsG.

[762] So z.B. die schriftliche Darstellung nach § 45 Nr. 1 BörsZulVO, vgl. hierzu *Pötsch*, WM 1998, 949, 951; auch sog. „Informationsmemoranden" können in bestimmten Fällen eine solche prospektbefreiende Darstellung sein, vgl. dazu instruktiv *Groß*, AG 1999, 199, 200

[763] *Groß*, AG 1999, 199

[764] *Groß*, AG 1999, 199

[765] OLG Frankfurt, ZIP 1997, 1105 f.

[766] Vgl. hierzu insgesamt *Assmann*, in: Assmann/Schütze, Handbuch des Kapitalanlagerechts, § 7 Rdn. 49 ff.

[767] Vgl. auch *Schwark*, NJW 1987, 2045; *Schäfer*, ZIP 1987, 953, 958

dass sie trotz dieser Befreiungsmöglichkeit einen Börsenzulassungsprospekt erstellen wollen, auf Grund dessen die Aktien tatsächlich zugelassen werden, so handelt es sich hierbei um einen Börsenzulassungsprospekt i.S.d. § 44 Abs. 1 BörsG. Es kommt für den börsengesetzlichen Prospektcharakter nicht darauf an, dass eine Prospektpflicht besteht, sondern darauf, ob die zu platzierenden Aktien aufgrund der Darstellung zum Börsenhandel zugelassen wurden.[768]

Die Verkaufsprospekte nach dem VerkProspG sind grundlegend den Bestimmungen des Börsen- und Börsenzulassungsrechts angepasst. Im Rahmen des Angebots von Wertpapieren, für die eine Zulassung zur amtlichen Notierung oder zum geregelten Markt beantragt ist, bestimmt § 5 VerkProspG die Anwendbarkeit der entsprechenden börsenrechtlichen Regelungen nach § 30 BörsG und §§ 13 ff. BörsZulVO. Für solche Wertpapiere, für die eine Zulassung nicht beantragt ist, bestimmt sich der Prospektinhalt nach § 7 Abs. 1 und § 7 Abs. 2 VerkProspG i.V.m. §§ 3 ff. VerkProspVO, wodurch ein den §§ 13 ff. BörsZulVO ähnlicher, jedoch inhaltlich reduzierter Anforderungskatalog an den Prospekt gestellt wird.

bb) Der Prospekt im Investmentrecht

Die investmentrechtliche Prospekthaftung des § 127 InvG[769] knüpft an einen obligatorischen, mit gewissen Mindeststandards[770] zu versehenden Verkaufsprospekt an, der vor dem Erwerb von Anteilen ausgehändigt werden muss. Die Prospekthaftung bezieht sich nach § 127 Abs. 1 InvG auch auf den sog. „vereinfachten" Verkaufsprospekt. Der Verkaufsprospekt unterliegt weder der behördlichen Kontrolle noch einer entsprechenden Genehmigung und ist hinsichtlich seiner formellen Gestaltung weitgehend den Verantwortlichen überlassen. Als Prospekt ist diesbezüglich jedes Dokument anzusehen, das dem Anleger in der Erfüllung der jeweiligen Prospektpflicht ausgehändigt wird.[771]

b) Der Prospekt im Rahmen der allgemein-zivilrechtlichen Prospekthaftung

Im Rahmen der allgemein-zivilrechtlichen Prospekthaftung gibt es keine gesetzlichen Bestimmungen, die Inhalt und Form des Prospekts bestimmen. Da der „Prospekt" Grundlage und Anknüpfungspunkt der Prospekthaftung darstellt, ist aufzuklären, welche Darstellungen, die im Rahmen der allgemein-zivilrechtli-

---

[768] Vgl. *Groß*, AG 1999, 199, 200

[769] Entspricht §§ 20 KAGG und 12 AuslInvestmG (a.F.)

[770] §§ 121 Abs. 1, 42, 137 InvG

[771] Vgl. *Assmann*, Prospekthaftung, S. 314

chen Prospekthaftung beim Vertrieb von Kapitalanlagen verwandt werden, als „Prospekt“ angesehen werden können und damit eine Haftungsmöglichkeit eröffnen.

Die Reichweite und Auslegung des Prospektbegriffs erschließt sich aus der funktionalen Bedeutung des „Prospekts“ im Rahmen des Vertriebs von Kapitalanlagen und der zugrunde liegenden vertrauenstheoretischen Dogmatik. Funktional betrachtet soll der Prospekt „nach Anspruch und Zielsetzung das anlagesuchende Publikum über die Beteiligung sachlich informieren“.[772] Der Prospekt bildet dabei im Regelfall die Grundlage für den wirtschaftlich bedeutsamen und mit Risiken verbundenen Beteiligungsentschluss des Anlegers, der darüber hinaus im Allgemeinen keine weiteren Unterrichtungsmöglichkeiten hat.[773] Dem Prospekt kommt im Rahmen des Vertriebs von Kapitalanlagen die Rolle eines Mediums der Informationsübermittlung zu, welche mit einer „Beeinflussung“ des Anlageentschlusses zwingend verknüpft ist.[774] Damit korrespondiert auf der Ebene der vertrauenstheoretischen Dogmatik, dass der Prospekt die „objektive Vertrauensgrundlage“ darstellt, welche geeignet ist, bei dem Anleger in bestimmter Richtung Vertrauen zu erzeugen.[775] Der Prospekt präsentiert sich dabei als „schriftliche Erklärung“[776], die über die Kapitalanlage informiert und für sie wirbt. Unter der Berücksichtigung der funktionalen Bedeutung des „Prospekts“ und seiner Rolle innerhalb der zugrunde liegenden vertrauenstheoretischen Dogmatik wird nun deutlich, dass es nicht um die Form des „Prospekts“, sondern vielmehr um die darin eingestellten Informationen und die damit bezweckte Absicht im Bereich des Vertriebs von Kapitalanlagen geht. Dies heißt, dass ein „Prospekt“ nur, aber auch bereits dann vorliegt, wenn zum Zwecke der Gewinnung von Kapitalanlegern „schriftliche Angaben die Beurteilung von Kapitalanlagen ermöglichen sollen“.[777] Ausreichend ist mithin das Vorliegen einer „marktbezogenen schriftlichen Erklärung“[778], da bei diesem Verständnis gerade der wichtige, sich aus der funktionalen Bedeutung des Prospekts ergebende Bezug der Informationsübermittlung zum Zwecke der „Überredung zum Anlageentschluss“ gegeben ist. Dabei dürfen an das objektiv zu bestimmende „Zweck-

---

[772] *Wiedemann/Schmitz*, ZGR 1980, 129, 132; BGH NJW 1980, 1840, 1841

[773] Vgl. BGH NJW 1980, 1840, 1841; BGH NJW 1981, 1450, 1451; BGHZ 111, 314, 317

[774] Vgl. BGHZ 111, 314, 318

[775] Vgl. *Canaris*, Vertrauenshaftung, S. 491 ff.

[776] *Canaris*, Vertrauenshaftung, S. 491 ff.

[777] *Schwark*, BörsG, §§ 45, 46 (a.F.) Rdn. 9; *ders.*, BB 1979, 897

[778] So *Assmann*, in: Assmann/Schütze, Handbuch des Kapitalanlagerechts, § 7 Rdn. 57

erfordernis“ der „Überredung“[779] zum Anlageentschluss oder „Werbung“[780] für die Kapitalanlage keine allzu hohen Anforderungen gestellt werden. Es reicht bereits aus, dass eine über die Kapitalanlage informierende schriftliche Erklärung so platziert wird, dass sie potentielle Anleger erreicht oder erreichen kann. Im Einzelnen kann es dabei, je nach Art und Umfang der schriftlichen Erklärung, zu Modifikationen im Bereich der „Prospektvollständigkeit“ kommen. Dies wird vor allem an dem Kriterium der „Irreführung“ zu prüfen sein.[781]

Dieses Verständnis eines weiten Prospektbegriffs im Rahmen der allgemein-zivilrechtlichen Prospekthaftung bedeutet, dass z.B. die nicht unter den spezialgesetzlichen „Prospekt“ fallenden Bezugsangebote[782], Zeichnungsaufforderungen, Werbemaßnahmen[783], sog. „Research - Reports“ oder auch Zwischenberichte nach § 40 BörsG als Prospekte im Sinne der allgemein-zivilrechtlichen Prospekthaftung angesehen werden können[784], wenn sie den genannten Anforderungen an einen „Prospekt“ im Sinne der allgemein-zivilrechtlichen Prospekthaftung entsprechen. Eine Kollision mit der Spezialität der börsenrechtlichen Prospekthaftung besteht insoweit nicht, als ein Eingriff in die spezialgesetzliche „Prospekthaftung“ mangels Vorliegen eines „speziellen Prospekts“ nicht vorliegt.[785]

II. Konzept einer einheitlichen Prospekthaftung

Inhalt und Ziel einer einheitlichen Prospekthaftungstheorie ist es, neben der Gewährleistung eines lückenlosen Anlegerschutzes, einen einheitlichen Anlegerschutz zu erzeugen, welcher sich aus dem Konzept einer einheitlichen Prospekthaftung herleitet. „Einheitliche Prospekthaftung“ bedeutet, dass ein Konzept der Prospekthaftung besteht, welches den Anleger unabhängig von dem Seg-

---

[779] Vgl. *Köndgen*, AG 1983, 85, 88; von „Beeinflussung des Anlageentschlusses“ spricht der BGH in: BGHZ 111, 314, 318

[780] Von einem „Werbeprospekt“ geht bereits der BGH aus in: NJW 1978, 1625; 1979, 717; 1980, 1840, 1841

[781] Vgl. hierzu instruktiv *Assmann* in: Assmann/Schütze, Handbuch des Kapitalanlagerechts, § 7 Rdn. 59

[782] Vgl. *Groß*, AG 1999, 199

[783] OLG Frankfurt, ZIP 1997, 1105 f.

[784] Vgl. hierzu insgesamt *Assmann*, in: Assmann/Schütze, Handbuch des Kapitalanlagerechts, § 7 Rdn. 49 ff.; *Schwark*, NJW 1987, 2045; *Schäfer*, ZIP 1987, 953, 958

[785] Vgl. auch dieses Kapitel 6 I. 2. b)

ment des Kapitalmarktes, auf dem er sich bewegt, gleichermaßen schützt, mithin die gleichen rechtlichen Parameter bereitstellt. Bezogen auf die Vereinheitlichung von allgemein-zivilrechtlicher und spezialgesetzlicher Prospekthaftung auf der Grundlage der vertrauenstheoretischen Prospekthaftungstheorie ist dies vor allem hinsichtlich der Fragen nach dem Verschuldensmaßstab, der Haftungsfreizeichnung und dem Inhalt des Ersatzanspruches von Bedeutung. Eine konsequente Weiterführung des bereits vorgestellten methodischen Ansatzes der Rechtsanalogie führt dabei zwangsläufig zu einer einheitlichen Prospekthaftung im Sinne eines einheitlichen Anlegerschutzes.

1. DER VERSCHULDENSMAẞSTAB

a) Situationsanalyse

aa) Bereich der spezialgesetzlichen Prospekthaftung

Im Bereich der spezialgesetzlichen Prospekthaftung wird auf die Haftung für den Vertrieb von Kapitalanlagen vermittels unrichtiger oder unvollständiger Prospekte ein abgestufter Verschuldensmaßstab angewandt. Dies bedeutet, dass eine Haftung für einfache Fahrlässigkeit ausgeschlossen ist und eine subjektive Verantwortlichkeit nur für grobe Sorgfaltsverstöße und Vorsatz bejaht werden kann.[786] An der groben Fahrlässigkeit als Verschuldensmaßstab wurde bereits verschiedentlich Kritik geübt.[787] Als sachliches Argument wird hierbei angeführt, dass sich durch eine Verschärfung des Haftungsmaßstabes auch auf einfache Fahrlässigkeit die Attraktivität des deutschen Kapitalmarktes erhöhen würde.[788] Ob eine Haftungsverschärfung tatsächlich die Attraktivität des deutschen Kapitalmarkts erhöht hätte, wird jedoch energisch bezweifelt.[789] „Attraktivität des Kapitalmarktes“ bedeute auch Attraktivität für den Emittenten und die Emissionsbegleiter, bei denen ein erhöhtes Haftungsrisiko eher abschreckend

---

[786] Vgl. §§ 45 Abs. 1 BörsG, § 127 Abs. 3 InvG; im Rahmen der investmentrechtlichen Prospekthaftung besteht gar gemäß § 127 Abs. 4 InvG eine Haftung nur für positive Kenntnis, also Vorsatz, für denjenigen, der „gewerbsmäßig den Verkauf der Anteile vermittelt oder die Anteile in fremdem Namen verkauft hat“; vgl. insoweit sachlich entsprechend auch umfassend Baur, Investmentgesetze, KAGG, § 20 Rdn. 29 f. (a.F.)

[787] Vgl. *Grundmann/Selbherr*, WM 1996, 985, 986 ff.; *Köndgen*, AG 1983, 85, 128, 130

[788] Vgl. *Grundmann/Selbherr*, WM 1996, 985, 993

[789] *Groß*, BörsG, §§ 45, 46 (a.F.) Rdn. 43; *ders.*, AG 1999, 199, 205; *Kümpel*, Bank- und Kapitalmarktrecht, Rdn. 9.307

wirke.[790] Zum anderen sei es zumindest zweifelhaft, ob die Attraktivität des Kapitalmarktes für einen Investor von möglichen Haftungsansprüchen abhänge.[791] Zudem gefährde eine Verschärfung des Haftungsmaßstabes die mit der Modernisierung der Prospekthaftung verfolgte Förderung der Bereitstellung von Risikokapital.[792]

Unbeschadet dieser Diskussion ist der abgestufte Haftungsmaßstab im Rahmen der spezialgesetzlichen Prospekthaftung auch in der aktuellen Gestalt der durch das 4. Finanzmarktförderungsgesetz[793] geänderten Gesetze erhalten geblieben und stellt somit zu beachtendes, geltendes Recht dar. Die tragende Begründung hierfür wurde bereits durch das insoweit inhaltlich gleiche 3. Finanzmarktförderungsgesetz gegeben. Demnach gleiche die Milderung des Haftungsmaßstabes den Umstand aus, dass im Bereich der Prospekthaftung auf das Erfordernis eines rechtsgeschäftlichen Kontakts verzichtet werde.[794] Letztlich entschärft sich die Diskussion um den Haftungsmaßstab in tatsächlicher Hinsicht auch zum Teil dadurch, dass §§ 45 Abs. 1 BörsG, 127 Abs. 3 InvG eine Umkehr der Beweislast für das Verschulden der Prospektverantwortlichen anordnet.[795]

bb) Bereich der allgemein-zivilrechtlichen Prospekthaftung

Im Bereich der allgemein-zivilrechtlichen Prospekthaftung hat sich eine Übernahme des abgestuften Haftungsmaßstabes bislang nicht durchgesetzt.

In der durch die Rechtsprechung des BGH entwickelten und geprägten allgemein-zivilrechtlichen Prospekthaftung greift dieser auf den Verschuldensmaß-

---

[790] So die Regierungsbegründung des Dritten Finanzmarktförderungsgesetzes, BT - Drucks. 13/8933, S. 54, 80

[791] *Groß*, BörsG, §§ 45, 46 (a.F.) Rdn. 43; *ders.*, AG 1999, 199, 205

[792] Vgl. die Regierungsbegründung des Dritten Finanzmarktförderungsgesetzes, BT - Drucks. 13/8933, S. 54, 80; kritisch zum Ganzen *Grundmann/ Selbherr*, WM 1996, 985, 986 ff.

[793] Gesetz zur weiteren Fortentwicklung des Finanzplatzes Deutschland (Viertes Finanzmarktförderungsgesetz) vom 21.06.2002, BGBl. I Nr. 39, S. 2010 ff., dort insbesondere § 45 Abs. 1, S. 2024

[794] Vgl. die Regierungsbegründung des Dritten Finanzmarktförderungsgesetzes, BT - Drucks. 13/8933, S. 54, 80; § 127 Abs. 3 ist insoweit hinsichtlich des abgestuften Haftungsmaßstabes unverändert geblieben.

[795] Vgl. BT - Drucks. 13/8933, S. 54, 80 mit der Begründung: „Entsprechend den Grundsätzen über die Beweislast nach Gefahrenbereichen ist die Beweislastumkehr angezeigt, da die zu beurteilenden Umstände ausschließlich in der Sphäre der Anspruchsverpflichteten liegen, mithin die Beweisführung für das Vorliegen eines Verschuldens durch den Anspruchsteller in der Praxis unmöglich ist.“

stab des § 276 BGB zurück[796], d. h. Haftung für Vorsatz und auch leichte Fahrlässigkeit. Der BGH stellt nur darauf ab, ob dem Prospekthaftpflichtigen bei Anwendung der im Verkehr erforderlichen Sorgfalt erkennbar war, dass bestimmte falsche oder unvollständig wiedergegebene Tatsachen für den Beteiligungsentschluss von wesentlicher Bedeutung waren.[797]

Als Begründung für die Legitimität der die leichte Fahrlässigkeit mit einbeziehenden Haftung wird ausgeführt, dass es für die Beurteilung des Haftungsmaßstabes nur von Bedeutung sei, dass der Prospekt das Risiko des Anlegers transparent und kalkulierbar machen solle. Die für den Prospektinhalt Verantwortlichen kennten die Bedeutung des Prospekts und seiner Aussagen und handelten insofern nur sorgfältig, wenn sie sich um Offenlegung sämtlicher, für den Anleger bedeutenden Umstände bemühten. Ein Verzicht auf eine Haftung wegen leichter Fahrlässigkeit hätte einen Freiraum zur Folge, der das Risiko des Anlegers unangemessen erhöhen würde.[798] Der über die Schwierigkeiten von Angaben über ein Anlageobjekt wissende Anleger wolle sich darauf verlassen können, dass die seine Entscheidung beeinflussenden Prospektangaben sorgfältig ausgewählt seien, welches nur über den Maßstab des § 276 BGB zu erreichen sei.[799] *Coing*[800], der für eine Analogie zu der spezialgesetzlichen Prospekthaftung eintritt[801], hält den dort vorgesehenen Ausschluss der Haftung für leichte Fahrlässigkeit auch im Bereich der allgemein-zivilrechtlichen Prospekthaftung für angemessen. Damit werde dem Umstand Rechnung getragen, dass einerseits zu fordern sei, Risiken des geplanten Unternehmens nicht zu verschweigen, und dass andererseits der Unternehmer oft in Situationen hineinhandeln müsse, die nicht mit letzter Sicherheit beurteilt werden könnten[802]. Auch *Canaris*[803] tritt unter dem Gesichtspunkt methodischer Konsequenz vor dem Hintergrund eines Ansatzes der Analogie für den abgestuften Haftungsmaßstab ein.

---

[796] So BGHZ 71, 284, 291; 72, 382, 388

[797] BGHZ 71, 284, 291; 72, 382, 388; 79, 337, 345

[798] *Pleyer/Hegel*, ZIP 1985, 1370, 1374; vgl. auch *Köndgen*, AG 1983, 120, 128

[799] *Pleyer/Hegel*, ZIP 1985, 1370, 1374; im Ergebnis auch *Assmann*, Prospekthaftung, S. 366; *ders.* in: Assmann/Schütze, Handbuch des Kapitalanlagerechts, § 7 Rdn. 146 ff.

[800] In: WM 1980, 206, 212

[801] Gemäß den §§ 45, 46 BörsG (a.F.), 20 KAGG (a.F.), 12 AuslInvestmG (a.F.); dies entspricht sachlich unverändert §§ 44, 45 BörsG, 127 InvG

[802] *Coing*, WM 1980, 206, 212, mit dem Verweis auf die insoweit instruktiven Ausführungen des BGH's in BGHZ 70, 356, 362

[803] In: *Canaris*, Bankvertragsrecht III/3, Rn. 2294

b) Konzept des einheitlichen abgestuften Verschuldensmaßstabes

Ausgangspunkt einer methodischen Herangehensweise bilden nach der zugrunde gelegten einheitlichen Prospekthaftungstheorie im Wege der Rechtsanalogie zu den spezialgesetzlichen Vorschriften die entsprechenden Regelungen der §§ 45 Abs. 1 BörsG und 127 Abs. 3 InvG. Es ist *Canaris*[804] beizupflichten, dass für die methodisch durch die Rechtsanalogie begründete allgemein-zivilrechtliche Prospekthaftung ein abgestufter Verschuldensmaßstab, der sich an den spezialgesetzlichen Regelungen der §§ 45 Abs. 1 BörsG und 127 Abs. 3 InvG orientiert, nur folgerichtig ist. Ein wesentliches Element der einheitlichen Prospekthaftungstheorie ist die Erkenntnis, dass es sich sowohl bei der allgemein-zivilrechtlichen Prospekthaftung als auch bei der spezialgesetzlichen Prospekthaftung um Institute der Vertrauenshaftung handelt, die in den für ihre Beurteilung wesentlichen Aspekten übereinstimmen.[805] Im Rahmen der spezialgesetzlichen Prospekthaftung wird der abgestufte Verschuldensmaßstab damit begründet, dass er den Umstand ausgleicht, „dass im Bereich der Prospekthaftung auf das Erfordernis eines rechtsgeschäftlichen Kontakts verzichtet wird".[806] Der Kontakt zwischen potentiellem Anleger und Prospektverantwortlichen findet vielmehr in einem „rechtsgeschäftsähnlichen" Bereich statt, der dogmatisch als vertrauenstheoretische Grundlage einzuordnen ist. Im Rahmen der allgemein-zivilrechtlichen Prospekthaftung gilt indes nichts anderes. Auch hier existiert ein „Verzicht" auf den rechtsgeschäftlichen Kontakt, potentielle Anleger und Prospektverantwortliche stehen sich in einem vertrauenstheoretischen Verhältnis gegenüber, in welchem die Prospekthaftung letztlich insgesamt wurzelt. Der solchermaßen bestehende dogmatische Gleichlauf sowie die von einem Gedanken der systematischen Einheit getragene methodische Begründung der allgemein-zivilrechtlichen Prospekthaftung im Wege der Rechtsanalogie gebietet, dass das Konzept des abgestuften Verschuldensmaßstabes auch für die allgemein-zivilrechtliche Prospekthaftung zu gelten hat.

Sachliche Zweifel, die angemeldet worden sind, können sich nicht überzeugend gegen die vorgestellte dogmatische und methodische Konsequenz des vorliegenden Haftungsansatzes durchsetzen. Soweit vorgetragen wird, dass durch die Einräumung des abgestuften Verschuldensmaßstabes ein Haftungsfreiraum des Anlegers entsteht[807], muss dies in seiner tatsächlichen Wirkung und Konsequenz schon erheblich relativiert werden. Zum einen geht mit der Übernahme

[804] *Canaris*, Bankvertragsrecht III/3, Rn. 2294

[805] Vgl. insoweit auch umfassend vorstehendes Kapitel 5

[806] Vgl. die Regierungsbegründung des Dritten Finanzmarktförderungsgesetzes, BT - Drucks. 13/8933, S. 54, 80

[807] So *Pleyer/Hegel*, ZIP 1985, 1370, 1374

des abgestuften Haftungsmaßstabes auch die bereits vorgestellte Beweislastumkehr hinsichtlich des Verschuldens einher. Das bedeutet, dass die Prospektverantwortlichen nachweisen müssen, dass sie lediglich der Vorwurf der „leichten" Fahrlässigkeit trifft. Daher muss festgestellt werden, wann seitens der Prospektverantwortlichen ein im Sinne der groben Fahrlässigkeit „besonders grober" Sorgfaltsverstoß und wann nur ein „einfacher" Sorgfaltsverstoß vorliegt. Da es sich bei den Verschuldensmaßstäben um subjektive Elemente des Haftungstatbestandes handelt, wird man die persönlichen Fähigkeiten und Möglichkeiten der Prospektverantwortlichen bei der Beurteilung des „Grades" der Fahrlässigkeit mit heranziehen müssen. Die Prospektverantwortlichen, als „Insider" und Kenner der Kapitalanlage, stehen dabei grundsätzlich hohen subjektiven Anforderungen gegenüber, welche die Begründung einer nur „leichten" Fahrlässigkeit erheblich erschweren wird. Zum anderen erfordert das Prinzip der Funktionsfähigkeit des Kapitalmarktes[808], dass auch die Interessen der Emittenten und Prospektverantwortlichen in einen angemessenen Ausgleich zu ihrer bereits lückenlosen und umfassenden Haftung gebracht werden, um sie nicht durch eine zu scharfe Haftung nachhaltig vom Kapitalmarkt fernzuhalten.[809] Letztlich spielen diese Gedanken mehr noch eine Rolle im Rahmen von wirtschafts- und rechtspolitischen Überlegungen; methodisch stringent ist nach vorliegender Prospekthaftungstheorie allein die Übernahme des abgestuften Verschuldensmaßstabes auch für den Bereich der allgemein-zivilrechtlichen Prospekthaftung und damit kapitalmarktübergreifend.

2. Die Haftungsfreizeichnung für falsche oder unvollständige Prospektangaben

a) Das grundlegende Problem der Freizeichnung im Rahmen der Prospekthaftung

aa) Die Möglichkeit der Freizeichnung von der Vertrauenshaftung

Vor dem Hintergrund der vorgestellten einheitlichen Prospekthaftungstheorie auf der dogmatischen Grundlage der Vertrauenshaftung stellt sich die Frage der „Freizeichnung" von der Haftung für unrichtige oder unvollständige Prospektangaben nicht allein für den Bereich der Prospekthaftung, sondern grundlegend bereits für das Institut der Vertrauenshaftung.

---

[808] Vgl. Kapitel 5, II. 3. b)

[809] Diese Befürchtung wird bereits im Regierungsentwurf zum 3. FFG geäußert, BT - Drucks. 13/8933, S. 54, 80

Der BGH hat zu dieser Frage entschieden, dass eine durch „konkrete Umstände begründete Vertrauenshaftung“ nicht durch „formularmäßige Klauseln“ in einem Prospekt zurückgenommen werden kann.[810] Ob die „ausdrückliche und deutliche, gleichzeitig mit der Vertrauensschaffung ausgesprochene Verwahrungserklärung…, die in gleichem Maße gewichtig ist“, das gleiche Urteil rechtfertigt, wird in zitierter Entscheidung[811], in der es um die Haftung eines Anlagenvermittlers geht, offen gelassen.

Im Schrifttum wird die Ansicht vertreten, die Vertrauenshaftung sei grundsätzlich freizeichnungsfähig und könne in diesem Sinne einseitig ausgeschlossen werden, weil durch eine Freizeichnung der entsprechende Vertrauenstatbestand von vornherein zerstört werde.[812]

Eine teilweise abweichende Auffassung[813] geht davon aus, dass ein bereits entstandenes Vertrauensverhältnis nachträglich nicht durch eine einseitige Erklärung beseitigt werden könne. Allerdings sei es möglich, dass bereits die Kontaktaufnahme nur zu den eingeschränkten Bedingungen erfolge, was auch das Vertrauensverhältnis von vornherein einschränke. Möglich sei allerdings lediglich ein Ausschluss für leichte Fahrlässigkeit, da bei darüber hinausgehenden Ausschlüssen von einem Vertrauenstatbestand gar nicht die Rede sein könne.[814]

Das Problem der Freizeichnung ist vor dem Hintergrund vertrauenstheoretischer Dogmatik generell so zu beantworten, dass eine Freizeichnung grundsätz-

---

[810] BGH WM 1984, 1075, 1077

[811] BGH WM 1984, 1075, 1077

[812] *Canaris*, Bankvertragsrecht III/3, Rdn. 31; ihm folgend für den Fall einer „dem Selbstbindungsakt an symbolischer Prägnanz ebenbürtigen, gleichzeitigen Freizeichnung“ *Köndgen*, Selbstbindung ohne Vertrag, S. 181 ff., insb. S. 182, 183; *Gottwald*, JuS 1982, 877, 878, der allerdings im Rahmen seiner Überlegungen zur c.i.c. von einer „vertraglichen“ Haftungsfreizeichnung ausgeht

[813] *Eisenhardt*, Kapitalanlegerschutz und Schadensersatz nach geltendem Recht, 1978, S. 39, unter Berufung auf *Gerhardt*, JZ 1970, 535, 536 ff., insb. S. 538

[814] *Eisenhardt*, Kapitalanlegerschutz und Schadensersatz nach geltendem Recht, S. 41; Die Auffassung *Eisenhardts* ist insofern zu undifferenziert, als sie verkennt, dass die Frage der Freizeichnung gerade auch die Frage betrifft, ob ein Vertrauensverhältnis wirksam erzeugt wird bzw. entstehen kann; es geht mithin nicht darum, ob und unter welchen Voraussetzungen ein Vertrauensverhältnis nachträglich wieder beseitigt wird, sondern ob es überhaupt zur Entstehung gelangt. Richtig ist, dass ein Vertrauensverhältnis von vornherein eingeschränkt entstehen kann, weil sich dies nach dem jeweiligen Umfang einer Freizeichnung bestimmen würde. Letztlich führt mithin auch der Ansatz *Eisenhardts* tendenziell zu einem grundsätzlich möglichen Ausschluss einer Vertrauenshaftung durch Freizeichnung, wenn er für den Fall einer über die leichte Fahrlässigkeit hinausgehenden Freizeichnung einen Vertrauenstatbestand schon gar nicht annehmen will.

lich zulässig und möglich ist. Objektiver Bestandteil der Vertrauenshaftung ist das Vorliegen eines Vertrauenstatbestandes. Dieser bestimmt Inhalt und Reichweite des gewährten und in Anspruch genommenen Vertrauens. Daher ist die Ausgestaltung der objektiven Vertrauensgrundlage zunächst und ursprünglich maßgebend für die Frage, ob überhaupt „Vertrauensschutz“ gewährt wird. Das Entstehen eines Vertrauenstatbestandes wird insoweit von vornherein verhindert, als die vertrauenserweckenden Angaben hinsichtlich ihrer Wahrhaftigkeit durch ausdrückliche Hinweise beschränkt werden. Dem „Vertrauenden“ wird dadurch signalisiert, dass er sich auf die Aussagen nicht oder nur in begrenztem Rahmen verlassen darf.[815]

bb) Die grundlegenden Besonderheiten der Prospekthaftung

Die Prospekthaftung birgt indes aufgrund der Funktion des Prospekts und des Informationsgefälles zwischen potentiellem Anleger und Prospektverantwortlichen, durch welches im Rahmen des Prozesses der Anlageentscheidung das wirtschaftliche Selbstbestimmungsrecht des Anlegers besonders gefährdet ist, einige Besonderheiten gegenüber dem grundlegenden vertrauenstheoretischen Verständnis der Freizeichnungsproblematik. Dem Prospekt kommt bei dem Prozess der Anlageentscheidung neben seiner Funktion als Werbeinstrument auch die Rolle eines Mediums zur Informationsübermittlung zu.[816] Durch den Prospekt soll der Anleger sachlich richtig und vollständig über die Kapitalanlage aufgeklärt werden.[817] Mit dieser funktionalen Bedeutung des Prospekts im Rahmen der vertrauenstheoretischen Prospekthaftung ist die Möglichkeit einer Haftungsfreizeichnung nicht vereinbar. Der Prospekt als objektive Grundlage der Prospekthaftung verlöre seine Bedeutung, wenn Informationen über die Kapitalanlage nicht mehr die objektive Zielrichtung einer richtigen und vollständigen Aufklärung hätten. Mit der Begründung des Prospekts als Medium zur Aufklärung und Information des Anlegers geht mithin eine unter funktionalen Aspekten gesteuerte normativ - rechtliche Erfassung des Prospekts im Rahmen der Prospekthaftung einher. Jede einzelne, durch den Prospekt vermittelte Information hat grundsätzlich das Ziel und den Zweck, den potentiellen Anleger über die Kapitalanlage aufzuklären. Dies bedeutet, dass eine „Haftungsfreizeichnung“ auf der Stufe der jeweiligen (Einzel-)Information aufzunehmen ist. Es können z.B. auf einzelne Risiken hingewiesen werden, Aussagen relativiert oder nivelliert werden, um dadurch den Haftungsumfang - immer jedoch vor dem Grundsatz einer vollständigen und richtigen Aufklärung - mitzubestimmen.[818]

---

[815] So im Ergebnis auch *Pleyer/Hegel*, ZIP 1985, 1370, 1376

[816] Vgl. Kapitel 5, II. 3. a)

[817] *Wiedemann/Schmitz*, ZGR 1980, 129, 132; BGH NJW 1980, 1840, 1841

[818] Vgl. *Eyles* in: Vortmann (Hrsg.), Prospekthaftung und Anlageberatung, S. 130, Rdn. 99

Eine grundsätzliche Haftungsfreizeichnung, auch auf einzelne Teile begrenzt, findet dadurch nicht statt. Eine solche kann letztlich der normativen Erfassung des Prospekts als Aufklärungsmedium, das in der Regel die einzige Informationsquelle des Anlegers für seinen wirtschaftlich bedeutsamen Anlageentschluss darstellt, nicht gerecht werden. Schließlich würde es hinsichtlich der Prospekthaftung eine dogmatische Widersinnigkeit darstellen, wenn man die Aussagen der für den Prospekt verantwortlichen „funktionalen Autoritäten“ und „Garanten“ als Haftungsgrundlage nähme, nur um sie zugleich durch die Möglichkeit einer Haftungsfreizeichnung wieder zu entwerten. Damit entzöge man einer Haftung überhaupt die Grundlage, da es unklar bliebe, warum konkrete Angaben gemacht würden, wenn doch die Haftung dafür sowieso ausgeschlossen werde.[819]

b) Die Freizeichnung im Rahmen der spezialgesetzlichen Prospekthaftung

aa) Börsen- und Verkaufsprospekthaftung

Im Rahmen der Börsen- und Verkaufsprospekthaftung ist eine Haftungsfreizeichnung gemäß §§ 47 Abs. 1 BörsG und 13 Abs. 1 VerkProspG i.V.m. 47 Abs. 1 BörsG nach dem eindeutigen Willen des Gesetzgebers ausgeschlossen. Dabei bezieht sich der Ausschluss einer Freizeichnung auf „Vereinbarungen“, durch welche der Prospekthaftungsanspruch im Voraus ermäßigt oder erlassen ist. Die Nennung des Begriffs „Vereinbarung“ zeigt, dass das Verbot der Freizeichnung nicht allein einseitige Freizeichnungsklauseln betrifft, sondern dass auch zweiseitige „Vereinbarungen“ ausgeschlossen sind, soweit sie im Voraus erfolgen. Nachträgliche Vereinbarungen, die die Prospekthaftung ermäßigen oder erlassen, sind mithin möglich; im Umkehrschluss dazu sind folglich sämtliche Freizeichnungsklauseln im Rahmen der Prospekterstellung und des Prospektvertriebs unwirksam.

bb) Investmentrechtliche Prospekthaftung

Die investmentrechtliche Prospekthaftung des § 127 InvG enthält keine ausdrückliche Regelung über die Zulässigkeit einer Haftungsfreizeichnung in investmentrechtlichen Verkaufsprospekten. Indes lässt sich die Beantwortung der Frage einer Haftungsfreizeichnung aus dem Sinn und Zweck des § 127 InvG und der zugrunde liegenden Dogmatik beantworten. § 127 InvG statuiert eine Haftung für solche unrichtigen und unvollständigen Angaben eines Verkaufsprospekts, die für die Beurteilung der Anteilsscheine wesentlich sind. Bereits die

---

[819] So auch hinsichtlich der Begründung teilweise, im Ergebnis insgesamt *Pleyer/Hegel*, ZIP 1985, S. 1376

Konzeption des Entwurfs der §§ 12 AuslInvestmG und 20 KAGG[820] legte zugrunde, dass der Verkaufsprospekt eine wesentliche Grundlage für den Kaufentschluss des Anlegers darstellt. Der Käufer, der in der Regel keine eigenen Informationsquellen über die Kapitalanlage besitzt, muss sich darauf verlassen können, dass die im Verkaufsprospekt enthaltenen wesentlichen Angaben sachlich richtig und vollständig sind. Ist dem nicht so, wird seine Entscheidungsgrundlage verändert, was den Prospekthaftungsanspruch des Anlegers begründet.[821] Mit diesem Sinn und Zweck des investmentrechtlichen Prospekthaftungsanspruchs ist die Möglichkeit einer Freizeichnung von der Haftung nicht vereinbar. Gewährte man den Prospektverantwortlichen die Möglichkeit der Haftungsfreizeichnung, könnte sich der Anleger gerade nicht auf die Angaben in dem Prospekt verlassen. Dem Anleger würde keine in ihren Aussagen konsequente Entscheidungsgrundlage präsentiert, aufgrund derer er die wirtschaftlich bedeutsame Entscheidung des Anlageentschlusses treffen könnte. Der gesetzliche Prospekthaftungsanspruch des § 127 InvG wäre im Ergebnis eine leere Hülle, ein Prospekthaftungsanspruch bestünde zwar de iure, gewährte jedoch de facto keinen Rechtsschutz. Dies widerspricht offenkundig der wichtigen Bedeutung des Prospekthaftungsanspruches im Rahmen der kapitalmarktrechtlichen Haftungsdogmatik.[822]

Dabei mag man darüber diskutieren, wie der Ausschluss der Haftungsfreizeichnung im Bereich investmentrechtlicher Prospekthaftung methodisch zu begründen ist. Zu denken wäre erstens an eine Lösung über § 242 BGB oder zweitens, bereits grundlegender, an eine teleologische Auslegung des § 127 InvG vor dem Hintergrund obiger Ausführungen, sowie drittens auch an das Schlussverfahren einer Einzelanalogie zu § 47 Abs. 1 BörsG. Für die vorliegend zu treffende Begründung eines einheitlichen Ausschlusses der Haftungsfreizeichnung für die Prospekthaftung, insbesondere im Hinblick auf dessen Begründung im Rahmen der allgemein-zivilrechtlichen Prospekthaftung[823], genügt indes die Erkenntnis, dass neben der Börsen- und Verkaufsprospekthaftung auch im Bereich der investmentrechtlichen Prospekthaftung eine Haftungsfreizeichnung nicht stattfinden kann.

---

[820] Diese entsprechen sachlich und inhaltlich dem heutigen § 127 InvG, durch welchen keine Änderung erfolgte.

[821] Vgl. die amtliche Begründung der §§ 2 AuslInvestmG und 20 KAGG, BT - Drucks. V/3494, S. 23 und 28, 29

[822] In diesem Sinne auch *Köndgen*, AG 1983, 120, 130

[823] Im Sinne methodischer Konsequenz wird die Begründung über den Ansatz der Rechtsanalogie zu den §§ 44 ff. BörsG, 127 InvG erfolgen. Dabei ist nun aber entscheidend, dass die zugrunde liegende „ratio legis" der genannten §§ eine Haftungsfreizeichnungsoption ausschließt und nicht, inwieweit dies im Rahmen des § 127 InvG konstruktiv verwirklicht wird.

c) Die Haftungsfreizeichnung im Rahmen der allgemein-zivilrechtlichen Prospekthaftung

aa) Ausschluss der Haftungsfreizeichnung - Erkenntnisstand

Nach der überwiegenden Auffassung der Lehrmeinungen in der Literatur ist die Möglichkeit einer Haftungsfreizeichnung im Rahmen der allgemein-zivilrechtlichen Prospekthaftung ausgeschlossen, indem eine Art freizeichnungsfeste gesetzliche Garantenstellung der Prospektverantwortlichen hinsichtlich der Prospektangaben angenommen wird.[824] Zur Begründung dieses Ergebnisses werden teilweise nur in Einzelheiten verschiedene Ansätze formuliert.

Köndgen differenziert nach den jeweiligen Rollen im Vertriebssystem und stellt dabei sog. „unverzichtbare Sozialpflichten" auf. Dabei greift er auf die §§ 11 Nr. 11 und 9 Abs. 2 AGBG (a.F.)[825] sowie auch auf den verallgemeinerungsfähigen Gedanken des § 47 Abs. 1 BörsG zurück.[826]

V. Westphalen stützt seinen Begründungsansatz auf § 9 Abs. 2 Nr. 1 und 2 AGBG (a.F.)[827], wonach er die Grenzen der Haftungsfreizeichnungsklauseln bestimmen möchte. Demnach seien Haftungsfreizeichnungsklauseln dort nicht zu gewähren, wo der BGH einen Prospekthaftungsanspruch festgeschrieben habe. Der Anspruch des Anlegers gründe auf einem Vertrauenstatbestand, welcher wiederum auf der Garantenstellung der Prospektverantwortlichen beruhe. Die Vollständigkeit und Richtigkeit der Prospektangaben seien die nicht freizeichnungsfähigen „Kardinalpflichten" bei der Prospekterstellung, wobei sich dies auf die für die Beurteilung der Anlage wesentlichen Informationen beschränke.[828]

Pleyer/Hegel wollen wegen § 23 Abs. 1 AGBG (a.F.) eine Inhaltskontrolle hinsichtlich der Prospektangaben nicht nach dem AGBG, sondern anhand des § 242 BGB durchführen, wobei die in diesem Rahmen anzustellenden Überlegungen auf denselben Rechtsgedanken und Grundentscheidungen beruhten, die

---

[824] Vgl. *Assmann* in: Assmann/Schütze, Handbuch des Kapitalanlagerechts, § 7 Rdn. 169; *Pleyer/Hegel*, ZIP1985, 1370, 1376; in der Sache gleichlaufend *Köndgen*, AG 1983, 120, 130 ff.; mit differentem Begründungsansatz *v. Westphalen*, DB 1983, 2745, 2749 f.

[825] § 9 Abs. AGBG (a.F.) entspricht dem heutigen § 307 Abs. 2 BGB; § 11 Nr. 11 wurde durch das Gesetz zur Modernisierung des Schuldrechts vom 26.11.2001, BGBl. I 3138 nicht übernommen, eine entsprechende Regelung findet sich jedoch in den insoweit neu geordneten §§ 443, 444 BGB

[826] *Köndgen*, AG 1983, 120, 130, 131

[827] Entspricht § 307 Abs. 2 Nr. 1 und 2 BGB

[828] *V. Westphalen*, DB 1983, 2745, 2749 f.

durch das AGB - Gesetz bestätigt seien. Hierbei seien auch der § 9 Abs. 2 Nr. 1 und 2 AGBG (a.F.) von Bedeutung, und in dessen Rahmen insbesondere die bereits angesprochenen „Kardinalpflichten".[829]

bb) Ausschluss der Haftungsfreizeichnung durch die Rechtsanalogie zu §§ 44 ff. BörsG, 127 InvG

Der einheitlichen Prospekthaftungstheorie liegt zugrunde, dass den Normen der spezialgesetzlichen Prospekthaftung eine verallgemeinerungsfähige „ratio legis" immanent ist, welche auf den Bereich der allgemein-zivilrechtlichen Prospekthaftung nach Sinn und Zweck übertragbar ist. Unter anderem hierauf basiert die methodische und konstruktive Erschließung der allgemein-zivilrechtlichen Prospekthaftung im Wege einer Rechtsanalogie zu den §§ 44 ff. BörsG, 127 InvG.[830] Im Sinne der konsequenten Weiterführung der methodischen Begründung der allgemein-zivilrechtlichen Prospekthaftung im Wege der Rechtsanalogie ergibt sich auch das Verbot der Haftungsfreizeichnung für die freiwilligen Prospekte des „Grauen Kapitalmarktes" aus der Rechtsanalogie zu den §§ 44 ff. BörsG, 127 InvG. Obwohl es sich im Bereich des „Grauen Kapitalmarktes" durchweg um überobligatorisch aufgestellte Prospekte handelt, greifen die entscheidenden Grundgedanken hinsichtlich Funktion und Bedeutung des Prospekts im Rahmen der Prospekthaftung auch in diesem Zusammenhang durch. Als Instrument der Werbung von Kapitalanlegern kommt dem Prospekt im Rahmen des Prozesses der Anlageentscheidung die wesentliche Funktion zu, das Anlagepublikum sachlich richtig und vollständig über die Kapitalanlage zu informieren.[831] Die Möglichkeit einer Haftungsfreizeichnung würde jede Anordnung einer Prospekthaftung unweigerlich zu einer Makulatur machen.[832] Die Bedeutung des Prospekts als Grundlage jeder Prospekthaftung existierte als solche nicht mehr, die Gewährleistung eines effektiven Anlegerschutzes würde damit grundlegend unterlaufen, wodurch ein funktionsfähiger Kapitalmarkt im Ergebnis nicht mehr aufrecht zu erhalten wäre. Auf der Basis der im Rahmen der Entwicklung der einheitlichen Prospekthaftungstheorie gewonnen Erkenntnisse macht es dabei keinen Unterschied, ob es sich um freiwillige Prospekte

---

[829] *Pleyer/Hegel*, ZIP 1985, 1370, 1376

[830] Vgl. hierzu umfassend Kapitel 5

[831] *Wiedemann/Schmitz*, ZGR 1980, 129, 132; BGH NJW 1980, 1840, 1841

[832] Nach diesem Verständnis ersichtlich auch *Köndgen*, AG 1983, 120, 130, der von der „Verallgemeinerungsfähigkeit" der ratio des Freizeichnungsverbotes ausgeht, wobei sich die Reichweite dieser „Verallgemeinerungsfähigkeit" durch die Anordnung von Prospektpflicht (diesen Bezug setzt *Köndgen* hinsichtlich der „Prospektpflicht" zu Unrecht, vgl. Kapitel 6, II. 3. a) bb))und Prospekthaftung konkretisiere; m.E. legt dieser Gedankengang in seinem Grundansatz bereits einen Analogieschluss nahe, welchen Köndgen jedoch nicht bereit ist, zu Ende zu denken.

oder Pflichtprospekte handelt, da sich beide davon betroffene Segmente des Kapitalmarktes in den für ihre rechtliche Bewertung maßgeblichen Hinsichten entsprechen.[833] Methodisch korrekt im Sinne der vorliegenden einheitlichen Prospekthaftungstheorie ist somit die Begründung des Verbots der Haftungsfreizeichnung im Wege der Rechtsanalogie zu §§ 44 ff. BörsG, 127 InvG.[834] Der Ansatz der Rechtsanalogie stellt folglich im Rahmen der einheitlichen Prospekthaftungstheorie ein legitimes und geeignetes Mittel dar, ein gesamtkapitalmarktübergreifendes Verbot der Haftungsfreizeichnung für die Gewähr der Richtigkeit und Vollständigkeit von Prospektangaben zu begründen. Auch dies ist als Element eines einheitlichen Anlegerschutzes Bestandteil der einheitlichen Prospekthaftungstheorie.

3. Umfang und Art des Prospekthaftungsanspruchs

a) Spezialgesetzliche Prospekthaftung

Der Inhaber eines Börsenprospekthaftungsanspruchs kann gemäß § 44 Abs. 1 BörsG den Erwerbspreis, der in seiner Höhe auf den ersten Ausgabepreis beschränkt ist, zuzüglich der mit dem Kauf verbundenen üblichen Kosten, wie z.B. Provisionen oder Maklercourtagen[835], Zug um Zug gegen Rückgabe der Wertpapiere geltend machen.

Der Inhaber eines investmentrechtlichen Prospekthaftungsanspruchs kann gemäß § 127 Abs. 1 InvG die Übernahme der Investmentanteile gegen Erstattung des von ihm gezahlten Betrages verlangen. Der Erwerber kann dabei den vollen Betrag, einschließlich der für Vertriebsgesellschaften und Vertreter abgezweigten Beträge oder sonstiger Nebenkosten, geltend machen.[836]

Der spezialgesetzliche Prospekthaftungsanspruch ist indes kein „klassischer" Schadensersatzanspruch, sondern als modifizierter[837] Rückgewährsanspruch[838]

---

[833] Vgl. hierzu umfassend Kapitel 5

[834] Hinsichtlich der dadurch hergestellten methodischen Kontinuität bejahend auch *Canaris*, Bankvertragsrecht III/3, Rdn. 2294

[835] Vgl. *Sittmann*, NZG 1998, 490, 494; *Lenenbach*, Kapitalmarkt- und Börsenrecht, Rdn. 8.106; vgl. auch die amtliche Begründung zum 3. FFG, BT - Drucks. 13/8933, S. 54, 78

[836] Vgl. die amtliche Begründung zu §§ 12 AuslInvestmG, 20 KAGG (in der damaligen Fassung des § 17 a), BT - Drucks. V/3494, S. 23 und 28, 29

[837] Insofern „modifiziert", als nicht nur wie bei einem klassischen Rückgewährsanspruch die „empfangenen Leistungen" zurück zu gewähren sind, sondern darüber hinaus auch ein Ersatz

ausgestaltet. Für die Geltendmachung eines spezialgesetzlichen Prospekthaftungsanspruchs nach den §§ 44 Abs. 1 BörsG und 127 Abs. 1 InvG ist das Vorliegen eines Schadens „de iure“ nicht zwingend erforderlich, auch wenn man in der Regel erwarten darf, dass ein solcher Prospekthaftungsanspruch „de facto“ nur bei Vorliegen eines Schadens beansprucht wird. Die Anspruchsvoraussetzungen der §§ 44 Abs. 1 BörsG und 127 Abs. 1 InvG sehen nicht vor, dass ein Schaden vorliegt, dass also auch eine Rückerstattung verlangt werden kann, wenn das Wertapier oder der Investmentanteil wertmäßig über dem Erwerbspreis liegen. Dies ergibt sich zum einen bereits aus dem ausdrücklichen Wortlaut der §§ 44 Abs. 1 BörsG und 127 Abs. 1 InvG, wonach die präzise aufgeführten Prospekthaftungsvoraussetzungen das Vorliegen eines Schadens nicht enthalten. Zum anderen bringt die amtliche Begründung zu §§ 12 AuslInvestmG und 20 KAGG[839] dies sehr klar zum Ausdruck, indem es dort heißt, dass „der Erwerber von dem Rücktrittsrecht nur dann Gebrauch machen wird, wenn der Wert der Anteile unter den ursprünglichen Kaufpreis abgesunken ist.“[840] Es wird mithin im Umkehrschluss deutlich, dass ein Rücktrittsrecht durchaus auch besteht, wenn der Anteilswert über dem ursprünglichen Kaufpreis liegt. Nur werde die Geltendmachung des Rücktrittsrechts in diesen Fällen nicht erwartet. Das Bestehen eines Rückgewähranspruchs nach den §§ 44 Abs. 1 BörsG und 127 Abs. 1 InvG, auch ohne Vorliegen eines Schadens, erfährt vor dem Hintergrund der der spezialgesetzlichen Prospekthaftung zugrunde liegenden „ratio“ eine berechtigte Sinnhaftigkeit. Die Börsenzulassungs- bzw. Verkaufsprospekte stellen in der Regel für den Anleger die wesentliche Grundlage für den Anlageentschluss dar.[841] Der potentielle Anleger muss sich auf die Richtigkeit und Vollständigkeit der Prospektangaben verlassen können. Ansonsten wird seine Entscheidungsgrundlage verändert.[842] Dem steht die Erkenntnis zur Seite, dass jeder Anlageentschluss eine wirtschaftlich bedeutsame Entscheidung des Anlegers darstellt.

---

der mit dem Erwerb verbundenen Kosten wie Maklercourtagen, Provisionen oder sonstige Nebenkosten stattfindet; vgl. auch § 346 BGB

[838] Indes enthält § 44 Abs. 2 BörsG für den Fall, „dass der Erwerber nicht mehr Inhaber der Wertpapiere ist“, einen „modifizierten“ Schadensersatzanspruch, der für diesen Fall eine Konkretisierung und Begrenzung des ersatzfähigen Schadens beinhaltet. In dieser Konstellation ist eine „Rückgewähr“ der Leistungen nicht mehr möglich, wenn die Wertpapiere nach dem Durchsickern negativer Nachrichten einen Kursverlust erleiden, vgl. auch die amtliche Begründung zum 3. FFG, BT - Drucks. 13/8933, S. 54, 79

[839] Sachlich entsprechend dem heutigen § 127 InvG

[840] BT - Drucks. V/3494, S. 23 und 28, 29

[841] Sehr deutlich die Begründungen zu §§ 12 AuslInvestmG und 20 KAGG (in der damaligen Fassung des § 17 a), BT - Drucks. V/3494, S. 23 und 28, 29

[842] Vgl. die Begründungen zu §§ 12 AuslInvestmG und 20 KAGG (in der damaligen Fassung des § 17 a), BT - Drucks. V/3494, S. 23 und 28, 29

In dem Schutz des Anlegers durch das Institut der Prospekthaftung kommt der Schutz der wirtschaftlichen Selbstbestimmung des Anlegers über die Verwendung seines Vermögens zum Ausdruck.[843] Der Anleger tauscht mithin im Rahmen eines Kapitalanlageentschlusses ihm zur Verfügung stehendes „freies" Kapital in durch die Anlage „gebundenes" Kapital. Der Anleger vertraut gleichsam sein Vermögen jenen Personen und Unternehmen an, die ihn vermittels des Prospekts geworben haben. Wurde der Anleger durch unrichtige oder unvollständige Prospektangaben getäuscht und sein Vertrauen somit „enttäuscht", besteht für ihn regelmäßig kein Anlass mehr, sein Vermögen weiterhin jenen Personen anzuvertrauen. Daher muss dem Anleger ein Rückgewähranspruch in solchen Fällen zugestanden werden, auch wenn ein Schaden noch nicht eingetreten ist. Es wird dadurch gleichsam die wirtschaftliche Dispositionsfreiheit des Anlegers im Rahmen des wirtschaftlich bedeutsamen Anlageentschlusses mit geschützt.

b) Allgemein-zivilrechtliche Prospekthaftung

Im Rahmen der allgemein-zivilrechtlichen Prospekthaftung ist grundsätzlich nur der Vertrauensschaden ersatzfähig, d.h. der Schaden, den der Anleger dadurch erlitten hat, dass er auf die Richtigkeit und Vollständigkeit der Prospektangaben vertraut hat.[844] Da der Kapitalanleger so zu stellen ist, als hätte er die Kapitalanlage nicht erworben, kann er Befreiung von der Verbindlichkeit nebst Ersatz seiner mit dem Erwerb der Kapitalanlage verbundenen Aufwendungen[845] verlangen.[846] Wurde bereits Zahlung auf eine wertlose Anlage geleistet, kann der Anleger die Rückzahlung des angelegten Kapitalbetrages und Ersatz seiner Aufwendungen verlangen.[847] Im Falle der Werthaltigkeit der Anlage erfolgt die entsprechende Rückzahlung Zug um Zug gegen Abtretung der erworbenen Beteiligungsrechte bzw. der Gesellschafterrechte oder Ansprüche auf das Auseinandersetzungsguthaben.[848] Bei der Beteiligung an einem Bauherrenmodell er-

[843] BGHZ 123, 106, 112, 113

[844] Vgl. nur BGHZ 72, 382, 389; BGHZ 115, 213, 220 f.; *Eyles* in: Vortmann, Prospekthaftung und Anlageberatung, S. 126 Rdn. 91

[845] Einschließlich der Erwerbs- und Nebenkosten

[846] BGHZ 115, 213, 221 ff; *Assmann*, in: Assmann/Schütze, Handbuch des Kapitalanlagerechts, § 7 Rdn. 156; *Eyles* in: Vortmann, Prospekthaftung und Anlageberatung, S. 126 Rdn. 92

[847] BGHZ 79, 337, 346; BGH WM 1990, 145, 148; BGHZ 115, 213, 221; *Canaris*, Bankvertragsrecht III/3, Rdn. 2285

[848] BGHZ 79, 337, 346 f.; *Assmann* in: Assmann/Schütze, Handbuch des Kapitalanlagerechts, § 7 Rdn. 157; *Eyles* in: Vortmann, Prospekthaftung und Anlageberatung, S. 126 f. Rdn. 92

folgt die Ersatzleistung Zug um Zug gegen Abtretung der Beteiligung bzw. Übertragung des Wohnungseigentums oder Teileigentums an der Immobilie.[849]

Diskutiert wird, ob ein Schadensersatzanspruch besteht, wenn trotz unrichtiger oder unvollständiger Prospektangaben, die für den Anlageentschluss wesentlich waren, die Kapitalanlage für den Anleger insgesamt nicht nachteilig ist, weil der Wert der Kapitalanlage die geleistete Einlage des Anlegers erreicht oder gar überschreitet. Der BGH kommt hierbei zu dem Ergebnis, dass ein Schaden nicht besteht und dem Anleger insofern auch kein Prospekthaftungsanspruch zuzusprechen ist.[850]

Dem gegenüber steht die Auffassung, dass es in solchen Fällen sachgerecht sei, dem Anleger einen Schadensersatzanspruch auf Rückzahlung des angelegten Betrages nebst Aufwendungsersatz zuzugestehen, Zug um Zug gegen Rückübertragung der Kapitalanlage. Denn nur so werde dem Umstand Rechnung getragen, dass Ziel und Zweck der Prospekthaftung nicht so sehr der Gesichtspunkt der Leistungsäquivalenz sei, sondern ein umfassender Dispositionsschutz des Anlegers in Vermögensangelegenheiten.[851]

c) Der Ersatzanspruch nach der einheitlichen Prospekthaftungstheorie

Dem methodischen Ansatz einer Rechtsanalogie zu den §§ 44 ff. BörsG, 127 InvG folgend, hat sich Art und Inhalt des prospekthaftungsrechtlichen Ersatzanspruchs nach den für die einheitliche Prospekthaftungstheorie maßgebenden §§ 44 ff. BörsG und 127 InvG zu bemessen. Grundlegend ist dabei die Frage zu beantworten, ob es legitim ist, im Rahmen der allgemein-zivilrechtlichen Prospekthaftung einen klassischen, auf das Vertrauensinteresse abzielenden Schadensersatzanspruch zu gewähren, während im Bereich der spezialgesetzlichen Prospekthaftung „lediglich" ein modifizierter Rückgewähranspruch besteht. Vor dem Hintergrund der hier vorgestellten Methodik der Rechtsanalogie zur Begründung eines einheitlichen Haftungsansatzes auch unter Einbeziehung der Prospekthaftung des „Grauen Kapitalmarktes" erscheint dies nicht gerechtfertigt. Die allgemein-zivilrechtliche Prospekthaftung als Institut der Vertrauenshaftung in einem vom Gesetzgeber nicht geregelten Bereich kann für sich ge-

---

[849] Vgl. BGHZ 115, 213, 221

[850] Für den Fall, dass sich die getätigte Anlage von dem im Prospekt beschriebenen Anlagemodell nicht grundlegend unterscheidet und es sich bei beiden um ein in keiner Weise austauschbares Investitionsmodell handelt; insbesondere BGHZ 115, 213, 221; vgl. auch BGH WM 1990, 145, 147

[851] So *Eyles* in: Vortmann, Prospekthaftung und Anlageberatung, S. 127 Rdn. 93; entsprechende Bedenken äußert auch *Assmann* in: Assmann/Schütze, Handbuch des Kapitalanlagerechts, § 7 Rdn. 156

nommen keine eigenständigen Haftungsanordnungen treffen. Es wurde bereits dargelegt, dass das Institut der Vertrauenshaftung die Gefahr einer „Generalklausel" und gar der Manipulierbarkeit birgt[852], wenn nicht klar umrissene Tatbestände formuliert werden, die sich überdies zumindest an gesetzliche Tatbestände anlehnen.[853] Methodisch konsequent ist daher die Ausrichtung der Haftungsanordnung der allgemein-zivilrechtlichen Prospekthaftung an den §§ 44 Abs. 1 und 2 BörsG, 127 InvG. Demnach ist ein „klassischer" Schadenersatzanspruch entsprechend § 44 Abs. 2 BörsG zu gewähren, wenn und soweit die aufgrund unrichtiger oder unvollständiger Prospektangaben erworbenen Kapitalanlagen bereits veräußert worden sind und ein Schaden bei dem Anleger haften geblieben ist. Ansonsten verbleibt dem Anleger ein Rückgewährsanspruch, der zur Übernahme der erworbenen Anlage gegen Erstattung der hierfür aufgebrachten Kosten, einschließlich etwaiger Nebenkosten durch den Prospektverantwortlichen verpflichtet. Ein anderes scheint auch unter sachlichen Aspekten nicht geboten. Der Prospekthaftung ist zugrunde gelegt, dass kapitalmarktübergreifend ein einheitlicher Anlegerschutz geboten ist.[854] Der Anleger am „Grauen Kapitalmarkt" wie auch derjenige am organisierten Kapitalmarkt trifft in Ausübung seines wirtschaftlichen Selbstbestimmungsrechts eine Vermögensdisposition auf der Grundlage eines Verkaufsprospekts. Für die Beurteilung wesentliche sachliche Gründe, die dem Inhaber eines allgemein-zivilrechtlichen Prospekthaftungsanspruchs durch z.B. die Gewährung eines entgangenen Gewinns mehr Schutz zusprechen als dem Inhaber des spezialgesetzlichen Prospekthaftungsanspruchs, dem solche Ansprüche nicht zustehen, bestehen ersichtlich nicht. Dabei stellt sich an dieser Stelle nicht die Frage, ob dies im Hinblick auf die spezialgesetzliche Prospekthaftung insgesamt und grundsätzlich so gerechtfertigt ist. Es geht vielmehr vorliegend um eine konsequente Dogmatik und Methodik, welche dem gegenwärtigen Unterschied der Prospekthaftungen in der Haftungsfolge eindeutig zuwiderlaufen.

Nach diesem Verständnis beantwortet sich auch die Frage, ob der Kapitalanleger im Bereich des „Grauen Kapitalmarktes" einen Prospekthaftungsanspruch geltend machen kann, wenngleich die Kapitalanlage trotz des Prospektmangels für ihn nicht nachteilig ist. Auch in diesem Falle greift vorliegend die den §§ 44 ff. BörsG, 127 InvG innewohnende und dargestellte[855] „ratio". Die Prospekthaftung dient demzufolge nicht alleine dem Ausgleich von erlittenen Vermögensschäden des Anlegers, sondern soll grundlegend das Selbstbestimmungsrecht

---

[852] Vgl. *Canaris*, ZHR 163 (1999), 206, 220

[853] Vgl. MünchKomm/*Mertens*, 3.Aufl., § 823 Rdn. 466; zum Ganzen auch Kapitel 3, V. 1. e)

[854] Vgl. die Ausführungen in Kapitel 5, I. 3. und insbesondere II. 3. c)

[855] vgl. dieses Kapitel 6 II. 3. a)

des Anlegers über die Verwendung seines Vermögens sicherstellen.[856] Denn der Anleger hat „trotz und gerade wegen der Tatsache, dass er mit seiner Anlage ein Risikogeschäft eingeht und ihm dieses wirtschaftliche Risiko bleiben muss, ein Recht darauf, seine Entscheidung eigenverantwortlich....zu treffen."[857] Insofern dient die Prospekthaftung neben der Gewährleistung der Leistungsäquivalenz zwischen Anleger und Prospektverantwortlichen ebenso sehr der Sicherstellung eines umfassenden Dispositionsschutzes des Anlegers in seinen anlagebezogenen Vermögensangelegenheiten.[858] Einem in seiner Anlageentscheidung aufgrund unrichtiger Prospektangaben getäuschten Anleger soll mithin das Recht zustehen, seine Vermögensanlage rückgängig zu machen, auch wenn diese für ihn wirtschaftlich nicht nachteilig ist. Hierbei steht im Vordergrund, dass der Anleger einer Kapitalanlage sein Vermögen nicht solchen Personen und Unternehmen weiterhin anvertrauen sollen muss, die ihn durch falsche Prospektangaben getäuscht und sein Vertrauen somit enttäuscht haben. Dieser Dispositionsschutz besteht unabhängig und abstrahiert von einem konkreten Schaden des Anlegers, der nicht erforderlich ist.

4. Die Verjährung der Prospekthaftungsansprüche

Gemäß den §§ 46 BörsG, 127 Abs. 5 InvG verjähren die spezialgesetzlichen Prospekthaftungsansprüche einheitlich in einem Jahr seit dem Zeitpunkt, zu dem der Anleger von der Unrichtigkeit oder Unvollständigkeit des Prospekts Kenntnis erlangt hat, spätestens jedoch in drei Jahren nach der Veröffentlichung des Prospekts bzw. dem Erwerb der Investmentanteile.

Die Verjährung der allgemein-zivilrechtlichen Prospekthaftungsansprüche wurde anhand der spezialgesetzlichen Verjährungsregeln entwickelt.[859] Interessanterweise hat der BGH schon seinerzeit bei der Begründung der Verjährung der allgemein-zivilrechtlichen Prospekthaftungsansprüche mit einer Rechtsana-

---

[856] BGHZ 123, 106, 112, 113

[857] BGHZ 123, 106, 113

[858] Daher ist *Eyles* in: Vortmann, Prospekthaftung und Anlageberatung, S. 126 Rdn. 92, im Grundsatz beizupflichten, wenn er auch eine dogmatisch nicht ganz korrekte Gewichtung trifft, indem er den Grundsatz der Leistungsäquivalenz hinter den Dispositionsschutz des Anlegers zurückstellt. Es sind m.E. keine Anhaltspunkte ersichtlich, die eine solch unterschiedliche Gewichtung sachlich stützen, da auch der Inhalt und die Art des hier vorgestellten Prospekthaftungsanspruch im Ergebnis der Verwirklichung einer Leistungsäquivalenz zwischen Anleger und Prospektverantwortlichen dient.

[859] Vgl. nur die diesbezügliche Leitentscheidung des BGH in: NJW 1982, 1514 f.

logie zu den §§ 20 Abs. 5 KAGG, 12 Abs. 5 AuslInvestmG und 47 BörsG[860] argumentiert[861], ohne diesen methodischen Ansatz in Bezug auf die allgemein-zivilrechtliche Prospekthaftung insgesamt weiterzuverfolgen. Demnach fand die Entwicklung der Verjährungsregelung der allgemein-zivilrechtlichen Prospekthaftung bereits unter Berücksichtigung des mit vorliegender Theorie präsentierten Analogieschlusses statt, so dass es insoweit keine methodischen oder dogmatischen Probleme und Fragestellungen zu beantworten gibt.[862]

Allein zu beachten ist, dass der im Rahmen der einheitlichen Prospekthaftungstheorie verfolgte Ansatz der Rechtsanalogie zu den §§ 44 ff. BörsG, 127 InvG zu berücksichtigen hat, dass sich die spezialgesetzlichen Verjährungsregelungen insoweit geändert haben, als die ursprüngliche fünfjährige Verjährungsregelung des Börsengesetzes bereits mit Inkrafttreten des Dritten Finanzmarktförderungsgesetzes aufgegeben wurde[863] und auch die Verjährungsfrist seit Kenntnis des Prospektmangels einheitlich von einem halben Jahr auf ein Jahr verlängert wurde.[864] Eine konsequente Methodik der Rechtsanalogie verlangt, dass die Verjährungsregeln der spezialgesetzlichen Prospekthaftung in der Gestalt ihrer geänderten Fassung in die allgemein-zivilrechtliche Prospekthaftung übernommen werden. Im Ergebnis unterliegt damit auch die allgemein-zivilrechtliche Prospekthaftung der einjährigen Verjährungsfrist ab Kenntnis des Prospektmangels, begrenzt durch das Maximum der dreijährigen Verjährung. Der Beginn der dreijährigen Verjährungsfrist bestimmt sich dabei in Anlehnung an die investmentrechtliche Prospekthaftung nach dem Zeitpunkt des Erwerbs der Kapitalanlage[865], da bei der allgemein-zivilrechtlichen Prospekthaftung regelmäßig kein Vertrieb von Wertpapieren im Sinne des Börsengesetzes vorliegt, weshalb die investmentrechtlichen Regeln über Anteilsscheine sachlich vorzuziehen sind.[866]

Die einzig sachlich gebotene und zuzulassende Ausnahme hinsichtlich der vorgestellten Verjährungsregelungen findet sich im Bereich der allgemein-

---

[860] Sämtlich alter Fassung, entspricht den heutigen §§ 46 BörsG und 127 Abs. 5 InvG

[861] BGH NJW 1982, 1514

[862] Zu der Verjährungsproblematik bei der allgemein - zivilrechtlichen Prospekthaftung umfassend *Assmann*, Handbuch des Kapitalanlagerechts, § 7 Rdn. 170 ff.

[863] Vgl. die amtliche Begründung zum 3.FFG, BT - Drucks. 13/8933, S. 54, 81

[864] Durch Inkrafttreten des 4. FFG zum 01.07.2002, BGBl. I Nr. 39, S. 2024, 2040 und 2044

[865] So bereits BGH NJW 1982, 1514, 1515

[866] Im Ergebnis so schon die Fassung des § 7 Abs. 4 des (nicht umgesetzten) Entwurfs eines Gesetzes über den Vertrieb von Vermögensanlagen, BT - Drucks. 8/1405, S. 6

zivilrechtlichen Prospekthaftung bei den Bauherrenmodellen[867] und dem sog. „Hamburger Modell“[868], welches Elemente der reinen Kapitalbeteiligung und des konventionellen Bauherrenmodells vereinigt, soweit wesentliche Elemente des konventionellen Bauherrenmodells vorhanden sind. Dort galt in Anlehnung an die werkvertragliche Regelung des § 638 (a.F.; jetzt insoweit differenzierter in § 634 a) BGB bislang eine fünfjährige Verjährungsfrist.[869] Die aus fehlerhaften Prospekten abgeleiteten Ansprüche sind überwiegend von Elementen des Werkvertrages geprägt, wodurch sich eine rechtliche und wirtschaftliche Gleichstellung des Anlegers mit dem „Besteller“ rechtfertigt.[870] Die Neuregelung des § 638 BGB (a.F.) durch den differenzierteren § 634 a BGB vermag im Rahmen von Bauherren- oder gemischten Anlagemodellen je nach Art der Anlagegestaltung durchaus auch zu verschiedenen Verjährungsfristen gelangen, wobei die fünfjährige Verjährungsfrist nach Maßgabe des § 634 a BGB jedenfalls die Höchstfrist darstellt. Dies ist unter Berücksichtigung der Varianten des § 634 a BGB im Einzelfall zu prüfen.

III. Folgerungen und Erkenntnisse

Durch das Konzept der partiellen Verantwortung für den Prospekt, die Erfassung der nicht der spezialgesetzlichen Prospekthaftung unterfallenden „Prospekte“ durch die allgemein-zivilrechtliche Prospekthaftung und die „weite“ Auslegung des Prospektbegriffs im Rahmen der allgemein-zivilrechtlichen Prospekthaftung wird eine gesamtkapitalmarktübergreifende, lückenlose Prospekthaftung möglich, die einen umfassenden Anlegerschutz gewährleistet. Das Konzept der partiellen Verantwortlichkeit erschließt sich aus der Dogmatik der Prospekthaftung unmittelbar. Ausgangspunkt ist der in § 44 Abs. 1 Nr. 1 BörsG verankerte Begriff der „Verantwortlichkeit“. Den bisherigen Erkenntnissen folgend, kann sich die Inhaltsbestimmung dieses Begriffes für das Verständnis der Prospekthaftung nur nach dem Gedanken vertrauenstheoretischer Dogmatik richten. Da sich Inhalt und Reichweite der Vertrauenshaftung objektiv nach der gesetzten Vertrauensgrundlage bemessen, ist es möglich, dass die Haftung auf abgrenzbare Teile der Vertrauensgrundlage, also vorliegend des Prospekts, beschränkt ist.

---

[867] Vgl. BGHZ 111, 314 ff.

[868] Vgl. BGHZ 115, 213 ff.

[869] Vgl. BGHZ 111, 314, 322, 323; BGHZ 115, 213, 224; zustimmend *Wüst* in: Anmerkung zu BGHZ 115, 213, JZ 1992, 475, 476

[870] BGHZ 115, 213, 224

Eine Prospekthaftung findet dadurch auch dann statt, wenn dritte Personen, gleichsam als Fachleute und Garanten, Erklärungen in den Prospekt einstellen, die dazu geeignet sind, bei dem Kapitalanleger Vertrauen zu erwecken. Darüber hinaus werden Lücken geschlossen, die sich durch die Wahl anderer Formen und Präsentationen der Prospektgestaltung ergeben können, indem der „Prospektbegriff" nicht auf Form und Gestalt, sondern auf Inhalt und Zweck abstellt. Denn unter der Berücksichtung der funktionalen Bedeutung des „Prospekts" und seiner Rolle innerhalb der zugrunde liegenden vertrauenstheoretischen Dogmatik wird deutlich, dass es nicht um die Form des „Prospekts", sondern vielmehr um die darin eingestellten Informationen und die damit bezweckte Absicht im Bereich des Vertriebs von Kapitalanlagen geht. Dies heißt, dass ein „Prospekt" nur, aber auch bereits dann vorliegt, wenn zum Zwecke der Gewinnung von Kapitalanlegern „schriftliche Angaben die Beurteilung von Kapitalanlagen ermöglichen sollen".[871] Ausreichend ist mithin das Vorliegen einer „marktbezogenen schriftlichen Erklärung"[872], da bei diesem Verständnis gerade der wichtige, sich aus der funktionalen Bedeutung des Prospekts ergebende Bezug der Informationsübermittlung zum Zwecke der „Überredung zum Anlageentschluss" gegeben ist. Eine letzte Lücke wird schließlich durch die Anwendung der Grundsätze der allgemein-zivilrechtlichen Prospekthaftung für den Bereich des organisierten Kapitalmarktes geschlossen, der mangels Vorliegen eines „spezialgesetzlichen Prospekts" nicht von der spezialgesetzlichen Prospekthaftung abgedeckt ist, soweit die betroffenen Erklärungen vor den genannten Anforderungen des allgemein-zivilrechtlichen Prospektbegriffs bestehen. Die einheitliche Prospekthaftungstheorie gewährleistet folglich ein schlüssiges und lückenloses System der Prospekthaftung und damit des Anlegerschutzes, welches vor Missbrauch und Umgehungsversuchen ersichtlich geschützt ist und somit den Anspruch darauf erheben kann, ein reaktionsfähiges und nachhaltiges System des Vermögensschutzes im Bereich des prospektvermittelten Vertriebs von Kapitalanlagen zu sein.

Neben der Gewährleistung eines lückenlosen Anlegerschutzes stellt die Methodik und Dogmatik der hier vorgestellten Prospekthaftungstheorie einen sachlich gebotenen kapitalmarktübergreifenden und einheitlichen Anlegerschutz sicher. Ein Gleichlauf der Prospekthaftung wird vor allem in den wichtigen Bereichen des Verschuldensmaßstabes und der Frage der Haftungsfreizeichnung hergestellt. Im Rahmen der spezialgesetzlichen Prospekthaftung wird der abgestufte Verschuldensmaßstab damit begründet, dass er den Umstand ausgleicht, „dass im Bereich der Prospekthaftung auf das Erfordernis eines rechtsgeschäftlichen

---

[871] *Schwark*, BörsG, §§ 45, 46 (a.F.) Rdn. 9; *ders.*, BB 1979, 897

[872] So *Assmann*, in: Assmann/Schütze, Handbuch des Kapitalanlagerechts, § 7 Rdn. 57

Kontakts verzichtet wird".[873] Der Kontakt zwischen potentiellem Anleger und Prospektverantwortlichen findet vielmehr in einem „rechtsgeschäftsähnlichen" Bereich statt, der dogmatisch als vertrauenstheoretische Grundlage einzuordnen ist. Im Rahmen der allgemein-zivilrechtlichen Prospekthaftung gilt indes nichts anderes. Auch hier existiert ein „Verzicht" auf den rechtsgeschäftlichen Kontakt, potentielle Anleger und Prospektverantwortliche stehen sich in einem vertrauenstheoretischen Verhältnis gegenüber, in welchem die Prospekthaftung letztlich insgesamt wurzelt. Der solchermaßen bestehende dogmatische Gleichlauf sowie die von einem Gedanken der systematischen Einheit getragene methodische Begründung der allgemein-zivilrechtlichen Prospekthaftung im Wege der Rechtsanalogie gebietet, dass das Konzept des abgestuften Verschuldensmaßstabes auch für die allgemein-zivilrechtliche Prospekthaftung zu gelten hat. Im Sinne der konsequenten Weiterführung der methodischen Begründung der allgemein-zivilrechtlichen Prospekthaftung im Wege der Rechtsanalogie ergibt sich auch das Verbot der Haftungsfreizeichnung für die freiwilligen Prospekte des „Grauen Kapitalmarktes" aus der Rechtsanalogie zu den §§ 44 ff. BörsG, 127 InvG. Obwohl es sich im Bereich des „Grauen Kapitalmarktes" durchweg um überobligatorisch aufgestellte Prospekte handelt, greifen die entscheidenden Grundgedanken hinsichtlich Funktion und Bedeutung des Prospekts im Rahmen der Prospekthaftung auch in diesem Zusammenhang durch. Als Instrument der Werbung von Kapitalanlegern kommt dem Prospekt im Rahmen des Prozesses der Anlageentscheidung die wesentliche Funktion zu, das Anlagepublikum sachlich richtig und vollständig über die Kapitalanlage zu informieren.[874] Die Möglichkeit einer Haftungsfreizeichnung würde jede Anordnung einer Prospekthaftung unweigerlich zu einer Makulatur machen.[875] Die Bedeutung des Prospekts als Grundlage jeder Prospekthaftung existierte als solche nicht mehr, die Gewährleistung eines effektiven Anlegerschutzes würde damit grundlegend unterlaufen, wodurch ein funktionsfähiger Kapitalmarkt im Ergebnis nicht mehr aufrecht zu erhalten wäre. Auf der Basis der im Rahmen der Entwicklung der einheitlichen Prospekthaftungstheorie gewonnen Erkenntnisse macht es dabei keinen Unterschied, ob es sich um freiwillige Prospekte oder Pflichtprospekte handelt, da sich beide davon betroffene Segmente des Kapitalmarktes in den für ihre

---

[873] Vgl. die Regierungsbegründung des Dritten Finanzmarktförderungsgesetzes, BT - Drucks. 13/8933, S. 54, 80

[874] *Wiedemann/Schmitz*, ZGR 1980, 129, 132; BGH NJW 1980, 1840, 1841

[875] Nach diesem Verständnis ersichtlich auch *Köndgen*, AG 1983, 120, 130, der von der „Verallgemeinerungsfähigkeit" der ratio des Freizeichnungsverbotes ausgeht, wobei sich die Reichweite dieser „Verallgemeinerungsfähigkeit" durch die Anordnung von Prospektpflicht (diesen Bezug setzt *Köndgen* hinsichtlich der „Prospektpflicht" zu Unrecht, vgl. Kapitel 5, II. 3. a) bb))und Prospekthaftung konkretisiere; m.E. legt dieser Gedankengang in seinem Grundansatz bereits einen Analogieschluss nahe, welchen Köndgen jedoch nicht bereit ist, zu Ende zu denken.

rechtliche Bewertung maßgeblichen Hinsichten entsprechen.[876] Methodisch korrekt im Sinne der vorliegenden einheitlichen Prospekthaftungstheorie ist somit die Begründung des Verbots der Haftungsfreizeichnung im Wege der Rechtsanalogie zu §§ 44 ff. BörsG, 127 InvG.[877]

Der Vorwurf, dass die Qualität der allgemein-zivilrechtlichen Prospekthaftung die der geordneten und spezialgesetzlich geregelten Prospekthaftung übersteigt, kann vor dem Hintergrund vorliegender Theorie nicht mehr erhoben werden. Methodisch korrekt erfolgt eine Anpassung der allgemein-zivilrechtlichen Prospekthaftung an die Regeln der im Sinne der Rechtsanalogie auch maßgebenden spezialgesetzlichen Prospekthaftung. Die Frage, ob z.B. die Haftungsmaßstäbe der Prospekthaftung oder die Verjährungskonzeption insgesamt in ihrer Ausgestaltung sachlich nicht angemessen sind, bleibt der rechtspolitischen Diskussion überlassen. Es sei betont, dass es vorliegend um die Entwicklung eines methodisch und dogmatisch stringenten Haftungsansatzes auf der Grundlage des geltenden Rechts, mithin um die Entwicklung einer rechtsdogmatischen Theorie, geht, die sich an den positiven Gegebenheiten der Rechtsordnung auszurichten hat. Eine einheitliche Prospekthaftung, auch im Sinne eines einheitlichen Qualitäts- und Haftungsmaßstabes, ist mit vorliegender Theorie gegeben.

---

[876] Vgl. hierzu umfassend Kapitel 5

[877] Hinsichtlich der dadurch hergestellten methodischen Kontinuität bejahend auch *Canaris*, Bankvertragsrecht III/3, Rdn. 2294

Kapitel 7: Fazit und kapitalmarktrechtlicher Ausblick

I. Zusammenfassung der gewonnenen Erkenntnisse

1. Die allgemein-zivilrechtliche Prospekthaftung ist dogmatisch als ein Institut der Vertrauenshaftung zu begreifen. Damit fügt sie sich systematisch als „Dritte Spur“ der Haftung zwischen den klassischen Disziplinen vertragliche Haftung und deliktische Haftung ein.
2. Zentrales Element der allgemein-zivilrechtlichen Prospekthaftung ist die hervorragende Bedeutung des Prospekts für die Anlageentscheidung des Interessenten. Der Prospekt als regelmäßig einzige Informationsquelle des interessierten Anlegers und als Medium zur Beeinflussung der Anlageentscheidung rechtfertigt die Verantwortlichkeit derjenigen, die durch den Prospekt Einfluss auf den Anlageentschluss des Anlegers nehmen.
3. Die Kernproblematik der Prospekthaftung liegt daher unabhängig von gewählten Gesellschaftsformen und Vertriebsformen in dem Vertrieb der Anlagen vermittels eines Prospekts, der die objektive Vertrauensgrundlage im Verhältnis zwischen Anleger und Prospektverantwortlichen darstellt.
4. Das der allgemein – zivilrechtlichen Prospekthaftung zugrunde liegende Verhältnis zwischen Anleger und Prospektverantwortlichen entspricht, seiner dogmatischen Ableitung folgend, ganz dem „gedanklichen Urbild“ eines Schuldverhältnisses nach § 241 BGB. Indes lassen sich aus § 241 BGB und auch generell aus dem „Institut der Vertrauenshaftung“ keine konkreten Haftungsansprüche herleiten. Eine „allgemeine“ Vertrauenshaftung als Anspruchsgrundlage einer Prospekthaftung wird damit klar zurückgewiesen.
5. Es ist schließlich erforderlich, dass sich die Vertrauenshaftung zur Begründung einer konkreten Haftung zumindest an gesetzliche Tatbestände anlehnen muss.
6. Auch die spezialgesetzliche Prospekthaftung ist dogmatisch als Institut der Vertrauenshaftung zu verstehen, bewegt sich folglich ebenfalls als „Dritte Spur“ der Haftung zwischen Vertrag und Delikt.
7. Im Gegensatz zur allgemein-zivilrechtlichen Prospekthaftung ist die spezialgesetzliche Prospekthaftung positivrechtlich verankert und grenzt sich daher durch die verschiedenen gesetzlichen Tatbestände bereits von der Gefahr einer „wildwüchsigen“ Verbreitung dieses Vertrauenshaftungsinstitut im Bereich der Haftung zwischen Vertrag und Delikt ab.

8. Vor dem Hintergrund der Betrachtung der spezialgesetzlichen Prospekthaftung als Institut der Vertrauenshaftung wird mit Nachdruck deutlich, dass es bei der Begründung eines Instituts der Prospekthaftung nicht um die Konstatierung einer „allgemeinen“ Vertrauenshaftung geht. Die spezialgesetzliche Prospekthaftung als gesetzliche Vertrauenshaftung mit präzisen Tatbeständen zeigt, dass die Problematik einer Haftung zwischen Vertrag und Delikt vermittels der Dogmatik der Vertrauenshaftung in den Griff zu bekommen ist, ohne sie gleichzeitig der Gefahr einer weitgehend beliebigen Manipulierbarkeit auszusetzen.

9. In der spezialgesetzlichen Prospekthaftung findet sich ein gesetzlicher Tatbestand der Prospekthaftung, welcher auf dem gleichen dogmatischen Fundament steht wie die allgemein-zivilrechtliche Prospekthaftung. An dieser Stelle schließt sich somit der Kreis zu der bereits ausgesprochenen Überlegung, dass sich ein Institut der Vertrauenshaftung, zur Begründung einer Haftung zumindest an gesetzliche Tatbestände anlehnen muss.

10. Der dogmatische und systematische Gleichlauf von allgemein-zivilrechtlicher und spezialgesetzlicher Prospekthaftung stellt daher das rechtsdogmatische Fundament für die einheitliche Theorie der Prospekthaftung dar.

11. Elementarer Kern der einheitlichen, kapitalmarktrechtlichen Prospekthaftungstheorie ist, dass der allgemein-zivilrechtlichen und spezialgesetzlichen Prospekthaftung das gleiche rechtliche Problem zugrunde liegt. Grundlegend dogmatisch ist dies die Regelung der Haftung für die Verursachung primärer Vermögensschäden außerhalb des vertraglich geregelten Bereiches. Vorliegend konkretisiert durch die Prospekthaftung ist dies die Regelung der Haftung für den Vertrieb von Kapitalanlagen vermittels unrichtiger oder unvollständiger Prospekte.

12. Darüber hinaus ist Erkenntnis und Bestandteil der einheitlichen Prospekthaftungstheorie, dass sich beide Bereiche der Prospekthaftung in den für die rechtliche Bewertung maßgebenden Hinsichten einander gleichen. Dies umfasst zum einen den Gleichlauf von zugrunde liegenden Interessenkonflikten- und deren Bewertung auf der real - sozialen Ebene. Daneben aber auch die dogmatische und systematische Fundierung der Prospekthaftung im Institut der Vertrauenshaftung.

13. Letztlich ist auch der Ähnlichkeitsschluss im Rahmen einer funktional - rechtlichen Betrachtung, die vor allem die Rolle des Prospekts und die Bedeutung des Prinzips des Anlegerschutzes beleuchtet, Element der einheitlichen Prospekthaftungstheorie.

14. Über die Erkenntnisse der theoretischen Grundlagen hinaus enthält die einheitliche Prospekthaftungstheorie auch einen einheitlichen, methodisch legitimen Haftungsansatz. Dieser gründet unter Zuhilfenahme der

theoretischen Grundlagen auf der Feststellung, dass die Haftung im Bereich des „Grauen Kapitalmarktes“ im Wege eines Analogieschlusses zu den spezialgesetzlichen Prospekthaftungsnormen begründet werden kann. Diese Analogie ist als Rechtsanalogie zu begreifen, wodurch auf der Grundlage des aus den spezialgesetzlichen Prospekthaftungsnormen ermittelten „allgemeinen Rechtssatzes“ eine einheitlich nutzbare „ratio“ zur Lösung der gemeinsamen Problematik herangezogen werden kann.

15. Die auf diese Inhalte und Erkenntnisse gegründete einheitlich kapitalmarktrechtliche Prospekthaftungstheorie ist offen für neue Vertriebs- und Anlageformen. Kriterien der Vertriebsform und Anlageform sind zu Recht nicht Bestandteil der Theorie geworden, da sie nach der der Prospekthaftung innewohnenden „ratio“ keine bestimmende Bedeutung für die rechtliche Bewertung haben. Neue Phänomene des Kapitalmarktes können daher künftig mit Hilfe der einheitlichen Prospekthaftungstheorie als methodischem „Handwerkszeug“ erfasst und rechtlich bewertet werden, wobei man sich damit von einer paradigmatischen Problemlösung weitgehend entfernt.

16. Während die Prospekthaftung bislang eine weitgehend sonderprivatrechtliche Stellung einnimmt, findet durch die einheitliche Prospekthaftungstheorie auf der Basis der Vertrauenshaftung eine Harmonisierung der Prospekthaftung im Rahmen allgemein-zivilrechtlicher Regeln statt. Dadurch gelingt es, das Problem der systematischen und dogmatischen Erfassung der Prospekthaftung in einen allgemeinen und grundlegenden Zusammenhang der Rechtsdogmatik einzufügen.

17. Die dogmatische, institutionelle und damit auch strukturelle Verknüpfung mit dem Haftungsrecht des organisierten Kapitalmarkts erzeugt eine Stärkung des „Grauen Kapitalmarkts“, die der Verwirklichung eines gesamtkapitalmarktrechtlichen, transparenten Haftungsrechts dient.

18. Die einheitliche, kapitalmarktrechtliche Prospekthaftungstheorie ist schließlich Bestandteil eines Gedankens, der nach der Schaffung eines allgemeinen Kapitalmarktrechts strebt, welches an den öffentlichen Vertrieb von Kapitalanlagen anknüpft.

19. Die einheitliche Prospekthaftungstheorie ist letztlich Grundlage des Konzepts einer lückenlosen und einheitlichen Prospekthaftung zum Schutze des Anlegers.

20. Durch das Konzept der partiellen Verantwortung für den Prospekt, die Erfassung der nicht der spezialgesetzlichen Prospekthaftung unterfallenden „Prospekte“ durch die allgemein-zivilrechtliche Prospekthaftung und die „weite“ Auslegung des Prospektbegriffs im Rahmen der allgemein-zivilrechtlichen Prospekthaftung wird eine gesamtkapitalmarktübergreifende, lückenlose Prospekthaftung möglich, die einen umfassenden Anlegerschutz gewährleistet.

21. Neben der Gewährleistung eines lückenlosen Anlegerschutzes stellt die Methodik und Dogmatik der vorgestellten Prospekthaftungstheorie einen sachlich gebotenen kapitalmarktübergreifenden und einheitlichen Anlegerschutz sicher. Ein Gleichlauf der Prospekthaftung wird vor allem in den wichtigen Bereichen des Verschuldensmaßstabes und der Frage der Haftungsfreizeichnung hergestellt.

II. Gesamtwürdigung und kapitalmarktrechtlicher Ausblick

Die einheitliche kapitalmarktrechtliche Prospekthaftungstheorie versteht sich als kapitalmarktübergreifender Lösungsansatz für das Problem der Haftung für den Vertrieb von Kapitalanlagen vermittels unrichtiger oder unvollständiger Prospekte. Die Entwicklung des dogmatischen Fundamentes der Prospekthaftung im Sinne eines Vertrauenshaftungsinstituts trifft daneben eine klare Grundentscheidung über die Beantwortung der Frage, wie der Schutz primärer Vermögensschäden im deutschen Privatrecht ausgeweitet werden kann und soll. Dem deliktsrechtlichen Konzept wurde ebenso wie dem rechtsgeschäftlichen Ansatz eine Absage erteilt, da ein adäquater Vermögensschutz im geschäftlichen Rechtsverkehr ohne einschneidende Veränderungen in der Dogmatik von Deliktsrecht und Rechtsgeschäftslehre nicht gewährleistet werden kann. Damit ist die einheitliche Prospekthaftungstheorie gleichsam ein Beitrag zur Abgrenzung der juristischen Systemkategorien vertragliche Haftung, Vertrauenshaftung als „zwischen Vertrag und Delikt stehend" und deliktische Haftung.

Die einheitliche Prospekthaftungstheorie konzentriert sich auf die Feststellung, dass eine Haftung stets zu erfolgen hat, wenn durch den öffentlichen Vertrieb von Kapitalanlagen vermittels unrichtiger oder unvollständiger Prospekte das bei den Anlegern erzeugte Vertrauen enttäuscht wird. Zu haften haben diejenigen Personen, die durch den Prospekt, oder durch innerhalb des Prospekts abgrenzbare Teile, Anlegervertrauen in Anspruch genommen und dieses enttäuscht haben. Durch die Begründung einer Rechtsanalogie zu den spezialgesetzlichen Haftungsnormen wird der Prospekthaftung eine klare tatbestandliche und kapitalmarktübergreifende Struktur gegeben. Dadurch wird der Gefahr einer „Manipulierbarkeit" der Vertrauenshaftung und der Entstehung einer vertrauensrechtlichen Generalklausel wirkungsvoll begegnet.

Die Prospekthaftung gestaltet sich von der Entwicklung neuer Gesellschaftsstrukturen und Vertriebsformen insgesamt unabhängig, entfaltet also gleichsam durch ein flexibles vertrauenstheoretisches Haftungssystem eine präventive Wirkung hinsichtlich der Entstehung möglicher Haftungslücken. Die Anlehnung und Angleichung der allgemein-zivilrechtlichen Prospekthaftung an die spezialgesetzlichen Haftungsnormen schafft einen transparenten und abwägbaren Anlegerschutz, der sich von einer rein kasuistischen Lösung distanziert. Daneben erfolgt eine strukturelle Stärkung des „Grauen Kapitalmarktes", dessen wichtige Bedeutung im Bereich des Gesamtkapitalmarktes mittlerweile unbestritten ist. Dadurch wird ein „Mehr" an Vertrauen für den Kapitalmarkt erzeugt, was für die künftige Entwicklung des deutschen Kapitalmarktes als Finanzplatz eine wichtige Rolle einnimmt.

Die einheitliche Prospekthaftungstheorie kann, in einem größeren Zusammenhang betrachtet, nur ein erster Schritt zur Schaffung eines modernen Gesamtkapitalmarkts sein. Auf der Basis der gewonnenen Erkenntnisse wäre es notwendig, auch den Bereich der allgemein-zivilrechtlichen Prospekthaftung einer gesetzlichen Regelung zu unterziehen, um den Kapitalmarkt insgesamt und nachhaltig strukturell zu stärken. Institutionelle Sicherungen, wie das Erfordernis eines obligatorischen Verkaufsprospekts trügen zur Stärkung des deutschen Kapitalmarkts ebenso bei, wie die Implementierung aufsichtsrechtlicher Gremien. Dabei ist auch die Überlegung anzustellen, dass ein flexibles und anlegerschutzgerechtes Kapitalmarktrecht auf allgemeinen Strukturen begründet werden muss, wie sie vorliegend für den Bereich der Prospekthaftung ermittelt worden sind. Der Gedanke eines erstrebenswerten Gesamtkapitalmarktrechts hat sich auf die grundlegenden Probleme und Strukturen einer kapitalmarktrechtlichen Ordnung zu besinnen, als welche vor allem der Anlegerschutz und die Funktionsfähigkeit des Kapitalmarktes in seiner Gesamtheit zu nennen sind. Eine allgemeine Lösung und Ordnung kapitalmarktrechtlicher Aufgabenstellungen nach dem Verständnis eines Gesamtkapitalmarktrechts würde den deutschen Kapitalmarkt, auch im internationalen Vergleich, transparenter, übersichtlicher, anlegerfreundlicher und dadurch letztlich auch moderner und stärker machen.

Literaturverzeichnis

Assmann, Heinz-Dieter — Die Befreiung von der Pflicht zur Veröffentlichung eines Börsenzulassungsprospektes nach § 45 Nr. 1 BörsZulVO und die Prospekthaftung: Eine Lücke im Anlegerschutz!, AG 1996, 508
Entwicklungstendenzen der Prospekthaftung, WM 1983, 138
Prospekthaftung als Haftung für die Verletzung kapitalmarktbezogener Informationsverkehrspflichten nach deutschem und US-amerikanischem Recht, Berlin 1985 (zitiert: Prospekthaftung)

Assmann, H.D./ Kübler, Friedrich — Prospekthaftung im Kapitalmarktrecht, Vertragsrecht, Quasivertragsrecht, Deliktsrecht. Kapitalmarkttheorie. In: W. Rainer Walz (Hrsg.), Sozialwissenschaften im Zivilrecht, Darmstadt 1983 (zitiert: Prospekthaftung im Kapitalmarktrecht)

Assmann, H.D./ Schütze, Rolf — Handbuch des Kapitalanlagerechts, 2. Aufl., München 1997Handbuch des Kapitalanlagerechts, 1.Ergänzungslieferung zur 2. Aufl. von 1997, München 1999

Ballerstedt, Kurt — Zur Haftung für culpa in contrahendo bei Geschäftsabschluss durch Stellvertreter, AcP 151 (1950/51), 501

v. Bar, Christian — Verkehrspflichten. Richterliche Gefahrsteuerungsgebote im deutschen Deliktsrecht, Köln u.a. 1980 (zitiert: Verkehrspflichten)
Vertrauenshaftung ohne Vertrauen, ZGR 1983, 476

Baumbach, Adolf/ Hopt, Klaus J. — HGB, 30. Aufl. 2000

Baumbach, Adolf/ Hefermehl, Wolfgang — Wettbewerbsrecht, 22. Aufl., München 2001

Baur, Jürgen — Investmentgesetze, 1. Teilband §§ 1 - 25j KAGG, 2. Teilband §§ 26 - 55 KAGG, AuslInvestmG, 2. Aufl. 1997, Berlin, N.Y.

Bosch, Ulrich Expertenhaftung gegenüber Dritten - Überlegungen aus Sicht der Bankpraxis, ZHR 163 (1999), 274

Brahms, Johannes Die Kapitalmarktentwicklung in der BRD und ihr Einfluss auf die Finanzierung der Unternehmen, Münster 1969

Bremer, Heinz Grauer Kapitalmarkt und Anlegerschutz, ZGR 1973, 410

Brondics, Klaus/ Mark, J. Die Verletzung von Informationspflichten im amtlichen Markt nach der Reform des Börsengesetzes, AG 1989, 339

Bydlinski, Franz System und Prinzipien des Privatrechts, Wien, N.Y. 1996

Canaris, Claus-Wilhelm Ansprüche wegen "pVV“ und "Schutzwirkung für Dritte" bei nichtigen Verträgen, JZ 1965, 475
Bankvertragsrecht, Großkommentar HGB, 3. Aufl., Band III/3, 2. Bearbeitung, Berlin, N.Y. 1981
Die Feststellung von Lücken im Gesetz, 2. Aufl., Berlin 1983
Die Reichweite der Expertenhaftung gegenüber Dritten, ZHR 163 (1999), 206
Die Vertrauenshaftung im deutschen Privatrecht, München 1971 (zitiert: Vertrauenshaftung)
Funktion, Struktur und Falsifikation juristischer Theorien, JZ 1993, 377
Schutzgesetze - Verkehrspflichten - Schutzpflichten, Festschrift für Karl Larenz II, München 1983, 27
Systemdenken und Systembegriff in der Jurisprudenz, Berlin 1969

Claussen, Carsten Peter Bank- und Börsenrecht, 2. Aufl., München 2000

Coing, Helmut Grundzüge der Rechtsphilosophie, 5. Aufl., Berlin 1993
Haftung aus Prospektwerbung für Kapitalanlagen in der neueren Rechtsprechung des Bundesgerichtshofs, WM 1980, 206

Crezelius, Georg Grauer Kapitalmarkt und Rechtsordnung, BB 1985, 209

Eichler, Hermann	Die Rechtslehre vom Vertrauen. Privatrechtliche Untersuchungen über den Schutz des Vertrauens, Tübingen 1950
Eisenhardt, Ulrich	Kapitalanlegerschutz und Schadensersatz nach geltendem Recht, Heidelberg, Karlsruhe 1978
Ellenberger, Jürgen	Prospekthaftung im Wertpapierhandel, N. Y., Berlin 2001
Emmerich, Volker	Anmerkung zu BGHZ 115, 213, JuS 1992, 342
Engisch, Karl	Einführung in das juristische Denken, 8. Aufl., Stuttgart 1989
Fikentscher, Wolfgang	Das Schuldrecht, 9. Aufl. 1997
Flume, Werner	Allgemeiner Teil des bürgerlichen Rechts, Bd. 2, das Rechtsgeschäft, 4. Aufl. 1992
Förster, Heinrich H.	Die Prospekthaftung der organisierten und grauen Kapitalmärkte, Diss. Frankfurt 2002
Frhr. v. Teuffel, Nikolai	Zur Zulässigkeit der Prospekthaftung als eigenständiges Rechtsinstitut, DB 1985, 373
Frohne, Ronald	Prospektpflicht und Prospekthaftung in Deutschland, Frankreich und USA, München 1971
Gerhardt, Walter	Die Haftungsfreizeichnung innerhalb der gesetzlichen Schuldverhältnisse, JZ 1970, 535
Gernhuber, Joachim	Das Schuldverhältnis, Tübingen 1989
Giersch, Hans-Helmut	Investitionsfinanzierung und Besteuerung, Wiesbaden 1961
Gottwald, Peter	Die Haftung für culpa in contrahendo, JuS 1982, 877
Graf v. Westphalen, Friedrich	Zusammenhang zwischen der Prospekthaftung und der Haftung aus der individuellen Anlageberatung, BB 1994, 85

Groß, Wolfgang Die börsenrechtliche Prospekthaftung, AG 1999, 199
Kapitalmarktrecht, 2. Aufl., München 2002

Grumann, Marc-Olaf Prospektbegriff, -pflicht und -verantwortlichkeit im Rahmen der allgemeinen bürgerlich-rechtlichen Prospekthaftung, BKR 2002, 310

Grundmann, Stefan/ Selbherr, B. Börsenprospekthaftung in der Reform - Rechtsvergleichung, Europarecht, Interessenbewertung mit ökonomischer Analyse, WM 1996, 985

Grunewald, Barbara Zur Haftung von Fachleuten im Zivilrechtsverkehr, JZ 1982, 627

Hoffmann, Haymo Haftung für Vermögensschäden im Zusammenhang mit der Herausgabe von Prospekten über Abschreibungsgesellschaften, Diss. Passau 1989 (zitiert: Vermögensschäden)

Hopt, Klaus J. Berufshaftung und Berufsrecht der Börsendienste, Anlageberater und Vermögensverwalter, Festschrift Robert Fischer, Berlin 1979, 237
Die Haftung des Wirtschaftsprüfers, Festschrift für Klemens Pleyer, Köln u.a. 1986, 341
Die Publizität von Kapitalgesellschaften - Grundsätzliche Überlegungen zum Stand nach der 4. EG - Richtlinie und zur Reformdiskussion in den USA -, ZGR 9 (1980), 225
Die Verantwortlichkeit der Banken bei Emissionen: Recht und Praxis in der EG, in Deutschland und in der Schweiz, München 1991
Haftung der Banken bei der Finanzierung von Publikumsgesellschaften und Bauherrenmodellen, Festschrift für Walter Stimpel, Berlin, N.Y., 1985, 265
Nichtvertragliche Haftung außerhalb von Schadens- und Bereicherungsausgleich, AcP 183 (1983), 608

Horst, Peter Michael Kapitalanlegerschutz - Haftung bei Emissionen und Vertrieb von Kapitalanlagen, München 1987 (zitiert: Kapitalanlegerschutz)

Jost, Fritz Vertragslose Auskunfts- und Beraterhaftung, 1. Aufl., Baden - Baden, 1991

Kersting, Marc Oliver	Die rechtliche Behandlung des öffentlichen Angebots von Anteilen an Future - Fonds in der Bundesrepublik Deutschland, WM 1997, 1969
Kohl/Kübler/Walz/ Wüstrich	Abschreibungsgesellschaften, Kapitalmarkteffizienz und Publizitätszwang, ZHR 138, 3
Köndgen, Johannes	Selbstbindung ohne Vertrag, Tübingen 1981 (zitiert: Selbstbindung) Zur Theorie der Prospekthaftung, AG 1983, 85 und 120
Kort, Michael	Neuere Entwicklungen im Recht der Börsenprospekthaftung (§§ 45 ff.) und der Unternehmensberichtshaftung (§§ 77 ff.), AG 1999, 9
Kroeber-Riel, Werner	Werbung als beeinflussende Kommunikation, in: Specht, Karl Gustav/Wiswede Günter (Hrsg.), Marketing - Soziologie, Berlin 1976
Kübler, Friedrich	Anlageberatung durch Kreditinstitute, ZHR 145 (1981), 204 Müssen Anlageempfehlungen anlagegerecht sein?, Festschrift für Helmut Coing II, München 1982, 193 Transparenz am Kapitalmarkt, AG 1977, 85
Kümpel, Siegfried	Bank- und Kapitalmarktrecht, 2.Aufl., Köln 2000
Lammel, Siegbert	Zur Auskunftshaftung AcP 179 (1979), 337
Larenz, Karl	Methodenlehre der Rechtswissenschaft, 6. Aufl., Berlin, Heidelberg, N.Y. 1991
Lehmann, Michael	Vertragsanbahnung durch Werbung, München 1981
Lenenbach, Markus	Kapitalmarkt- und Börsenrecht, Köln 2002
Littbarski, Sigurd	Die Berufshaftung - eine unerschöpfliche Quelle richterlicher Rechtsfortbildung?, NJW 1984, 1667
Lorenz, Werner	Das Problem der Haftung für primäre Vermögensschäden bei der Erteilung einer unrichtigen Auskunft, Festschrift für Karl Larenz I, München 1973, 575

Luhmann, Niklas Funktionale Methode und juristische Entscheidung, AÖR 94 (1969), 1
Vertrauen. Ein Mechanismus der Reduktion sozialer Komplexität, 4. Aufl., Stuttgart 2000 (zitiert: Vertrauen)

Lutter, Marcus Zur Haftung des Emissionsgehilfen im grauen Kapitalmarkt, Festschrift für Johannes Bärmann, München 1975, 605

Mertens, Hans-Joachim Privatrecht und Sonderprivatrecht - Zur Rechtsfortbildung des deliktischen Schutzes von Vermögensinteressen, AcP 178 (1978), 227
Verkehrspflichten und Deliktsrecht - Gedanken zu einer Dogmatik der Verkehrspflichtverletzung, VersR 1980, 397

Meyer, Andreas Aspekte einer Reform der Prospekthaftung, WM 2003, 1301

Mülbert, Peter O. Empfiehlt es sich, im Interesse des Anlegerschutzes und zur Förderung des Finanzplatzes in Deutschland das Kapitalmarkt- und Börsenrecht neu zu regeln?, JZ 2002, 826

Müller, Friedrich Normstruktur und Normativität, Berlin 1966
Strukturierende Rechtslehre, 2.Aufl., Berlin 1994

Münchner Kommentar zum bürgerlichen Gesetzbuch, Bd. 5, 3. Aufl., München 1997 (zitiert: MünchKomm/*Bearbeiter*)
zum bürgerlichen Gesetzbuch, Bd. 1 und 2a, 4. Aufl., München 2001 (zitiert: MünchKomm/*Bearbeiter*)
zum bürgerlichen Gesetzbuch, Bd. 5, 4. Aufl., München 2004 (zitiert: MünchKomm/*Bearbeiter*)

Palandt, Otto Bürgerliches Gesetzbuch, 62. Aufl., 2003 (zitiert: Palandt/*Bearbeiter*)

Philippsen, Gunther Zur Dritthaftung des privat beauftragten Gutachters für fahrlässig verursachte Vermögensschäden, Karlsruhe 1999

Picker, Eduard PFV und CIC - zur Problematik der Haftung "zwischen" Vertrag und Delikt, AcP 183 (1983), 369
Vertragliche und deliktische Schadenshaftung, JZ 1987, 1041

Pleyer, Klemens/ Hegel, Thomas — Zur Grundlage der Prospekthaftung bei der Publikums - KG in der Literatur, ZIP 1986, 681

Pötsch, Thorsten — Das Dritte Finanzmarktförderungsgesetz, WM 1998, 949

Schacht, Guido — Die deutsche Kapitalmarktaufsicht im internationalen Vergleich, München 1980

Schäfer, Frank A. — Grundzüge des neues Börsenrechts, ZIP 1987, 953

Schellhammer, Kurt — Zivilrecht nach Anspruchsgrundlagen, BGB Allgemeiner Teil und gesamtes Schuldrecht mit Nebengesetzen, 3. Aufl., Heidelberg 1999

Schimansky/Bunte/ Lwowski (Hrsg.) — Bankrechts - Handbuch, Band I, III, München 1997

Schmidt, Karsten — Handelsrecht, 5. Aufl. 2002

Schmidt/Weidert — Zur Verjährung von Prospekthaftungsansprüchen bei geschlossenen Immobilienfonds, DB 1998, 2309

Schwark, Eberhard — Börsengesetz, 2. Aufl., München 1994
Das neue Kapitalmarktrecht, NJW 1987, 2041
Die Haftung aus dem Prospekt über Kapitalanlagen, BB 1979, 897
Lücken im Anlegerschutz, ZRP 1973, 7
Zur Haftung der Emissionsbank bei Aktienemissionen - börsen-, bilanz- und gesellschaftsrechtliche Aspekte -, ZGR 12 (1983), 162

Seibel, Claudia/Graf v.Westphalen, Friedrich — Prospekthaftung beim Immobilien - Leasing, BB 1998, 169

Sittmann, Jörg W. — Die Prospekthaftung nach dem Dritten Finanzmarktförderungsgesetz, NZG 1998, 490

Soergel — BGB, 12. Aufl. 1987 (zitiert: Soergel/*Bearbeiter*)

Spannagel, Wolfgang — Kapitalanlagen, ZfK 1981, 1080

Staudinger — BGB, 13. Bearbeitung 1996 (zitiert: Staudinger/*Bearbeiter*)

Stein, Ekkehard	Die rechtswissenschaftliche Arbeit, Tübingen 2000
Vortmann, Jürgen (Hrsg.)	Prospekthaftung und Anlageberatung, Stuttgart 2000
Wellspacher, Moritz	Das Vertrauen auf äußere Tatbestände im bürgerlichen Recht, Wien 1906
Westa, Rudolf	Prospekthaftung und Vertriebshaftung bei steuerbegünstigten Kapitalanlagen, Frankfurt a.M., Bern, N.Y., Paris
Wiedemann, Herbert/ Schmitz, Erich	Kapitalanlegerschutz bei unrichtiger oder unvollständiger Information, ZGR 1980, 129
Wolf, Manfred	BGH - Rechtsprechung aktuell: Prospekthaftung und Verschulden bei Vertragsschluss - Entscheidungen und LM-Anmerkungen 1992-1993, NJW 1994, 24
Wüst, Günther	Anmerkung zu BGHZ 115, 213, JZ 1992, 475

Kolibri 360 GmbH
Ferdinand-Jühlke-Straße 7
99095 Erfurt, Deutschland
produktsicherheit@kolibri360.de

Druck:
CPI Druckdienstleistungen GmbH
im Auftrag der
Kolibri 360 GmbH
Ferdinand-Jühlke-Str. 7
99095 Erfurt